环球书业
Huanqiushuye

严格依据全新
考试大纲编写

U0864700

基金从业资格考试专用教材

JIJIN FALV FAGUI ZHIYE DAODE YU YEWU GUIFAN

基金法律法规、职业道德与业务规范

FUND

基金从业资格考试研究中心 编

中国商业出版社

图书在版编目(CIP)数据

基金法律法规、职业道德与业务规范/基金从业资格考试研究中心编．—北京：中国商业出版社，2017.11(2022.3 重印)
基金从业资格考试专用教材
ISBN 978-7-5208-0091-4

Ⅰ.①基… Ⅱ.①基… Ⅲ.①证券投资基金法—中国—资格考试—自学参考资料②基金—投资—职业道德—资格考试—自学参考资料 Ⅳ.①D922.287②F830.59

中国版本图书馆 CIP 数据核字(2017)第 285719 号

责任编辑：朱丽丽

中国商业出版社出版发行
(www.zgsycb.com　100053　北京广安门内报国寺 1 号)
总编室：010-63180647　　编辑室：010-63033100
发行部：010-83120835/8286
新华书店经销
三河市中晟雅豪印务有限公司印刷
★
787 毫米×1092 毫米　16 开　12 印张　300 千字
2017 年 11 月第 1 版　　2022 年 3 月第 5 次印刷
定价：49 元
★　★　★　★
(如有印装质量问题可更换)

前言 FOREWORD

根据《中华人民共和国证券投资基金法》的规定，基金从业人员应当具备基金从业资格。2015年9月，中国证券投资基金业协会（以下简称基金业协会）在48个城市首次组织了科目一《基金法律法规、职业道德与业务规范》、科目二《证券投资基金基础知识》的考试。为了进一步规范私募股权投资基金的发展，基金业协会于2016年9月，又新增了科目三《私募股权投资基金基础知识》考试。

基金从业资格考试采用闭卷、计算机方式进行，单科考试时间为120分钟。考试题型均为单项选择题，每科题量为100道，每题分值为1分，总分100分，60分为合格线。

为了适应基金从业资格考试的新要求、新变化，更好地满足考生需求，我们组织了多位从事基金从业考试培训的一线讲师和业内专家通力合作，总结多年教学经验，深入研究新考纲和新考题，透彻把握考试的内在规律，编写了本套辅导教材。

※双色印刷——赏心悦目，便于识记

本书采用双色印刷，给考生较好的阅读体验；对关键词句采用字体变色的方式突出标记，便于考生抓住重点，进行有针对性记忆。

※知识结构——章节架构，厘清脉络

本书通过图文并茂的形式，将章节内容的逻辑关系和层级关系清晰呈现，考生可以根据知识结构对每章的核心知识点有一个整体认知。

※图表结合——化繁为简，高效备考

本书针对庞杂的知识点，利用图表归纳总结，使烦琐的知识点变得更系统、更条理；针对易混淆的知识点对比梳理，让考生知其然还知其所以然，在理解的基础上轻松掌握。

※考题精练——学练结合，强化记忆

从考点中来，到考题中去，理论与实战结合，并配有独家解析，随学随练、查漏补缺，帮助考生抓住命题规律和趋势，准确把握复习方向。

※增值服务——机考题库，互动直播

本书每节都配有二维码，扫码注册、登录便可获取海量题库，免费刷好题，随时随地复习巩固。

虽然编者一再精益求精，但由于编写时间紧张和编者水平有限，书中疏漏之处在所难免，恳请广大考生和读者指正。最后，衷心祝愿广大考生能考出理想成绩，顺利通关！

基金从业资格考试研究中心

目录 CONTENTS

第四章　证券投资基金的监管

第五章　基金职业道德

第六章　基金的募集、交易与登记

第七章　基金的信息披露

第八章　基金客户和销售机构

第九章　基金销售行为规范及信息管理

第十章　基金客户服务

第十一章　基金管理人公司治理和风险管理

第十二章　基金管理人的内部控制

第十三章　基金管理人的合规管理

第一章　金融市场、资产管理与投资基金

知识结构

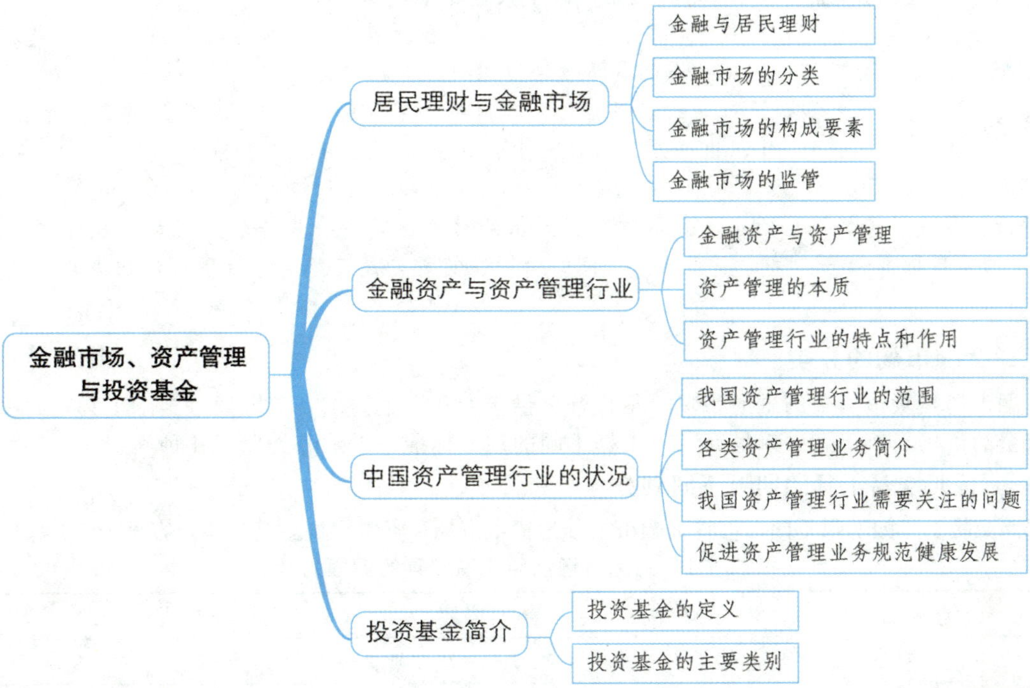

第一节　居民理财与金融市场

一、金融与居民理财

对于金融，简单而言就是货币资金的融通。货币资金来源于居民（包括个人和企业）从事的生产活动。在市场经济逐步发展的过程中，居民的经济活动与金融的联结越来越紧密。现代居民经济生活中的日常收入、支出活动和储蓄、投资等理财活动构成了现代金融供求的重要组成部分。对于居民来说，收入主要是货币性的收入，如果货币收入大于支出，就会产生盈余，如果货币收入小于支出，就会出现赤字。对于产生了货币盈余的居民，如果想实现财产的保值、增值，就需要对财务进行管理。目前，居民理财主要方式是货币储蓄与投资两类。

储蓄是指居民将其结余的货币收入存入银行或其他金融机构的活动。对于储蓄而言，接受储蓄的银行或其他金融机构需要首先保证储蓄的本金安全，所以具有保值性。当然，除了本金之外，储蓄还会带来一定的利息收益。

投资是指投资者当期投入一定数额的资金而期望在未来获得回报，所得回报应该能补偿投资资金被占用的时间，预期的通货膨胀率以及期望更多的未来收益，未来收益具有不确定性。股票、债券、基金等金融工具是最常见和普遍的投资产品。

考题精练

1. 关于金融与居民理财关系的表述，以下判断正确的有（　　）。

Ⅰ. 居民的经济活动和金融的联结越来越紧密

Ⅱ. 现代居民的日常收入和支出等构成了现代金融供求的重要组成部分

A. Ⅰ错误、Ⅱ正确　　B. Ⅰ正确、Ⅱ错误

C. Ⅰ错误、Ⅱ错误　　D. Ⅰ正确、Ⅱ正确

[答案] D

2. 关于金融、金融市场与居民理财的关系，以下表述错误的有（　　）。

Ⅰ. 居民经济生活中的日常收入、支出活动与现代金融供需不存在的直接关系

Ⅱ. 通过投资金融工具，居民持有的货币盈余可以进入金融市场

Ⅲ. 居民的投资意愿和金融市场的表现相关，其消费和储蓄意愿则与金融市场的表现无关

A. Ⅰ、Ⅱ　　B. Ⅱ、Ⅲ　　C. Ⅰ、Ⅱ、Ⅲ　　D. Ⅰ、Ⅲ

[答案] D

[解析] 现代居民经济生活中的日常收入、支出活动和储蓄、投资等理财活动构成了现代金融供求的重要组成部分，第Ⅰ项错误。居民的消费、储蓄与投资意愿与金融市场的表现相关，第Ⅲ项错误。

二、金融市场的分类

金融市场是货币资金的融通市场，是指资金供应者和资金需求者双方通过金融工具进行交易而融通资金的市场。对于金融市场而言，根据不同的划分标准，大致分为以下几种类型。

（一）按照交易工具的期限不同划分

按照交易工具的期限不同，可将金融市场分为货币市场和资本市场。其具体内容见表1-1-1。

表1-1-1　金融市场按照交易工具的期限划分

市场	内容
货币市场	又称短期金融市场，是指专门融通不超过一年短期资金的场所
	短期资金多在流通领域起货币作用，主要解决市场参与者短期性的资金周转和余额调剂问题
资本市场	又称长期金融市场，是指以期限在一年以上的有价证券为交易工具进行长期资金交易的市场
	广义的资本市场包括两大部分：一是银行中长期存贷款市场；二是有价证券市场，包括中长期债券市场和股票市场。狭义的资本市场专指中长期债券市场和股票市场

（二）按照交易标的物的不同划分

按照交易标的物的不同，可将金融市场分为票据市场、证券市场、衍生工具市场、外汇市场以及黄金市场。其具体内容见表1-1-2。

表1-1-2　金融市场按照交易标的物划分

市场	内容
票据市场	是指各种票据进行交易的市场，按交易方式主要分为票据承兑市场和贴现市场。票据市场是货币市场的重要组成部分
证券市场	主要是股票、债券、基金等有价证券发行和转让流通的市场
衍生工具市场	是各种衍生金融工具进行交易的市场
	衍生金融工具包括远期合约、期货合约、期权合约、互换协议等。衍生金融工具在金融交易中具有套期保值、防范风险的作用

续表

市场	内容
外汇市场	是指各国中央银行、外汇银行、外汇经纪人及客户组成的外汇买卖、经营活动的总和，包括外汇批发市场以及银行同企业、个人之间进行外汇买卖的零售市场
黄金市场	是专门集中进行黄金买卖的交易中心或场所

（三）按照交割期限不同划分

按照交割期限不同，可将金融市场分为现货市场和期货市场。其具体内容见表1-1-3。

表1-1-3 金融市场按照交割期限划分

市场	内容
现货市场	现货市场的交易协议达成后在两个交易日内进行交割
	由于现货市场的成交与交割之间几乎没有时间间隔，因而对交易双方来说，利率风险和汇率风险很小
期货市场	期货市场的交易在协议达成后并不立刻交割，而是约定在某一特定时间后进行交割，协议成交和标的交割是分离的
	在期货交易中，由于交割要按成交时的协议价格进行，交易对象价格的升降，就可能使交易者获得利润或蒙受损失

三、金融市场的构成要素

一个完整的金融市场需要一些必备的市场要素。金融市场的主要构成要素见表1-1-4。

表1-1-4 金融市场的主要构成要素

要素	内容
市场参与者	主要包括政府、中央银行、金融机构、个人和企业居民
	金融机构的作用较为特殊。首先，它是金融市场上最重要的中介机构，是储蓄转化为投资的重要渠道。其次，金融机构在金融市场上充当资金的供给者、需求者和中间人等多重角色，它既发行、创造金融工具，也在市场上购买各类金融工具；既是金融市场的中介人，也是金融市场的投资者、货币政策的传递者和承受者。金融机构作为机构投资者在金融市场具有支配性的作用。居民是金融市场上主要的资金供给者
金融工具	是金融市场上进行交易的载体，最初被称为信用工具，是证明债权债务关系并据以进行货币资金交易的合法凭证
	金融工具一般具有广泛的社会可接受性，随时可以流通转让。不同的金融工具具有不同的特点
金融交易的组织方式	是指组织金融工具交易时采用的方式
	金融交易主要有以下三种组织方式：一是场内交易方式，指有固定场所、有制度、集中进行交易的方式，如交易所交易方式；二是场外交易方式，指在证券交易所之外各金融机构柜台上买卖双方进行面议的、分散交易的方式，如柜台交易方式；三是电信网络交易方式，即没有固定场所，交易双方也不直接接触，主要借助电子通信或互联网络技术手段来完成交易的方式。这几种组织方式各有特点，分别可以满足不同的交易需求。一个完善的金融市场上这几种组织方式通常是并存的

四、金融市场的监管

（一）金融市场“市场失灵”的表现

同商品市场类似，金融市场同样存在着“市场失灵”的现象，如果对其置之不理，往往会降低经济运行的效率，更有甚者，会出现不可阻挡的金融危机。金融市场的“市场失灵”主要表现在以下几个方面，具体问题见表1-1-5。

表 1-1-5　金融市场存在的问题

问题	内容
外部性问题	金融机构总是从自身微观的利益出发开展业务活动，这就决定了其在决策时不可能充分考虑到宏观利益所在，甚至为追求自身利润的最大化往往可能实施一些冒险行为。同时为了防止加大经营成本，更容易忽视对操作程序的规范和监控，从而影响到其对风险的防范与控制能力
脆弱性问题	金融机构的业务性质决定了其高负债经营的特点。金融发展是建立在集体信心基础上的，如果市场信心崩溃，金融机构是脆弱的。次贷危机是金融脆弱性积累到一定程度的突发表现
不完全竞争问题	金融市场是一个不完全竞争市场，金融机构特别是一些大型的金融机构存在一定程度的垄断，对金融市场价格具有一定程度的影响力甚至控制力，金融市场难以实现完全自由竞争
信息不对称问题	金融资产的无形性、金融交易的灵活性、金融行业的专业性等特点，决定了投资者、融资者和金融机构等参与主体之间的信息存在较为严重的信息不对称问题，特别是广大的中小投资者容易受到不公平的对待，甚至被欺诈

因此，各国政府都建立了比较严格的监管制度，以弥补“市场失灵”带来的风险。由于各国金融市场的具体情况不同，监管模式也不尽相同。

（二）中国金融监管的模式

我国金融监管采取的是银行业、证券业、保险业分业监管的模式。

在国务院领导下，中国人民银行作为中央银行，承担制定和执行货币政策，防范和化解金融风险，维护金融稳定的宏观监管职责。中国银监会、证监会和保监会分别对银行业金融机构、证券业金融机构和保险业金融机构以及这些机构的业务活动实施监督管理，交易所、行业协会等自律机构在各自范围内实施自律管理。目前，银监会与保监会已经合并为中国银行保险监督管理委员会，对银行业和保险业进行监督管理。

第二节　金融资产与资产管理行业

『扫码』免费刷好题 听考点串讲

一、金融资产与资产管理

在金融市场上，对于资金的供给者一般是通过投资金融工具来获得各类金融资产的。金融资产和资产管理的区别见表 1-2-1。

表 1-2-1　金融资产与资产管理的区别

项目	定义	内容
金融资产	金融资产是代表未来收益或资产合法要求权的凭证，标示了明确的价值，表明了交易双方的所有权关系和债权关系	金融资产一般分为债券类金融资产和股权类金融资产两类。其中，债券类金融资产以票据、债券等契约型投资工具为主，股权类金融资产以各类股票为主
资产管理	一般是指金融机构受投资者委托，为实现投资者的特定目标和利益，进行证券和其他金融产品的投资并提供金融资产管理服务、收取费用的行为	资产管理具有以下特征： （1）从参与方来看，资产管理包括委托方和受托方，委托方为投资者，受托方为资产管理人。资产管理人根据投资者授权，进行资产投资管理，承担受托人义务 （2）从受托资产来看，主要为货币等金融资产，一般不包括固定资产等实物资产 （3）从管理方式来看，资产管理主要通过投资于银行存款、证券、期货、基金、保险、实体企业股权以及其他可被证券化的资产实现增值

考题精练

关于资产管理受托资产，以下表述正确的是（　　）。

A. 主要是固定资产等实物资产，也可以是商标、专利等工业产权

B. 主要是货币等金融资产和固定资产等实物资产

C. 主要是货币等金融资产，或者是固定资产等实物资产，二者一般不混同

D. 主要是货币等金融资产，一般不包括固定资产等实物资产

[答案] D

二、资产管理的本质

资产管理的本质主要表现在三个方面，具体内容见表 1-2-2。

表 1-2-2　资产管理的本质

主要表现	内容
一切资产管理活动都要求风险和收益相匹配	与储蓄产品的区别： (1) 对储蓄而言，存款人与银行是债权人与债务人的关系，银行必须按照约定到期偿还本金，支付利息；而对资产管理而言，投资人与管理人是委托人和受托人的关系，投资人自担风险，自享收益，管理人只能作为管理顾问收取一定比例的管理费 (2) 资产管理人对于投资人的根本效用价值在于通过集合资金、组合投资、有效管理风险，获取更合理的风险回报，所获取的收益与其承担的风险相匹配
管理人必须坚持“卖者有责”	“卖者有责”是指管理人受人之托，必须忠人之事，在产品设计、投资管理和产品销售全链条做到诚实守信、勤勉尽责，严格兑现对投资人的法律承诺，始终坚持“投资人利益至上”原则。“卖者有责”还要求管理人在销售产品时要实事求是，不弄虚作假，充分履行风险告知，做好信息披露，严格保护投资者利益
投资人必须做到“买者自负”	“买者自负”是指投资人承担最终的收益和风险，不存在保底保收益等“刚性兑付”。作为委托人，投资人要根据自身的风险承受能力选择合适的产品

三、资产管理行业

从事资产管理业务的金融机构构成资产管理行业。从外延看，广泛涉及银行、证券、保险、基金、信托、期货等行业，但具体范围无法明确界定。

资产管理行业无论是对宏观经济还是微观的个体、企业都有重要的作用，具体体现在以下几个方面：①资产管理行业能够为市场经济体系有效配置资源，使有限的资源配置到最有效率的产品和服务部门，提高整个社会经济的效率和生产服务水平。②通过资产管理行业专业的管理活动，能够帮助投资人搜集、处理各种和投资有关的宏观、微观信息，提供各类投资机会，帮助投资者进行投资决策，并提供决策的最佳执行服务，使投资融资更加便利。③资产管理行业创造出十分广泛的投资产品和服务，满足投资者的各种投资需求，使资金的需求方和提供方能够便利地连接起来。④资产管理行业还能对金融资产合理定价，给金融市场提供流动性，降低交易成本，使金融市场更加健康有效，最终有利于一国经济的发展。

考题精练

关于资产管理行业功能，以下表述错误的是（　　）。

A. 资产管理行业能够促进市场经济体系有效配置资源

B. 资产管理行业能够对金融资产进行合理定价

C. 资产管理行业能够使投资融资更加便利

D. 资产管理行业将资金需求方和提供方连接起来并收取费用，提高了金融市场的交易成本

[答案] D

[解析] 资产管理行业创造出十分广泛的投资产品和服务，满足投资者的各种投资需求，使资金的需求方和提供方能够便利地连接起来。但是对于资产管理行业还能对金融资产进行合理定价，给金融市场提供流动性，降低交易成本，D项错误。

第三节　中国资产管理行业的状况

『扫码』免费刷好题 听考点串讲

一、行业概况

中国证券投资基金业协会（简称基金业协会）从我国金融业实践出发，根据资金来源、投资范围、管理方式和权利义务四方面特点，将我国资产管理行业的范围进行了界定，见表 1-3-1。

表 1-3-1　我国资产管理行业的范围

机构类型	资产管理业务
基金管理公司及子公司	公募基金和各类非公募资产管理计划
私募机构	私募证券投资基金、私募股权投资基金、创业投资基金等
信托公司	单一资金信托、集合资金信托
证券资产管理公司	集合资产管理计划、定向资产管理计划
期货资产管理公司	期货资产管理业务
保险公司、保险资产管理公司	万能险、投连险、管理企业年金、养老保障及其他委托管理资产
商业银行	银行理财产品、私人银行业务

二、各类资产管理业务简介

（一）基金管理公司及其子公司资产管理业务

证券投资基金管理公司是经中国证监会批准的在中国境内设立，从事证券投资基金管理业务和中国证监会许可的其他业务的企业法人。对于基金公司及其子公司而言，可以从事的业务主要包括表 1-3-2 中的几类。

表 1-3-2　基金管理公司及其子公司资产管理业务

类型	内容
公开募集基金	包括向不特定对象募集资金、向特定对象募集资金超过 200 人以及法律、行政法规规定的其他情形
	公开募集基金应当经国务院证券监督管理机构注册
特定客户资产管理业务	即基金管理公司向特定客户募集资金或接受特定客户财产委托担任资产管理人，由托管机构担任资产托管人，为资产委托人的利益，运用委托财产进行投资的活动。通过设立资产管理计划从事特定资产管理业务，可以采取为单一客户办理特定资产管理业务以及为特定的多个客户办理特定资产管理业务
	为单一客户办理特定资产管理业务的，客户委托的初始资产不得低于 3 000 万元人民币，中国证监会另有规定的除外
	为多个客户办理特定资产管理业务的，资产管理人应当向符合条件的特定客户销售资产管理计划。符合条件的特定客户是指委托投资单个资产管理计划初始金额不低于 100 万元人民币，且能够识别、判断和承担相应投资风险的自然人、法人、依法成立的组织或中国证监会认可的其他特定客户。资产管理人为多个客户办理资产管理业务的，单个资产管理计划的委托人不得超过 200 人，但单笔委托金额在 300 万元人民币以上的投资者数量不受限制；客户委托的初始资产合计不得低于 3 000 万元人民币，但不得超过 50 亿元人民币；中国证监会另有规定的除外

续表

类型	内容
专项资产管理计划	是指基金管理公司设立专门的子公司，投资于未通过证券交易所转让的股权、债权及其他财产权利以及中国证监会认可的其他资产的特定资产管理计划
私募股权基金管理业务	是指基金管理公司可以设立专门的子公司，通过设立特殊目的机构或者设立合伙企业或者公司形式的私募股权投资基金来从事私募股权投资基金管理业务

（二）私募机构资产管理业务

私募基金设立私募基金管理机构和发行私募基金不设行政审批，允许各类发行主体在依法合规的基础上，向累计不超过法律规定数量的投资者发行私募基金。

非公开募集基金应该向合格投资者募集，合格投资者累计不得超过 200 人。

合格投资者是指具备相应的风险识别能力和承担能力，投资于单只私募基金的金额不低于 100 万元人民币且符合下列相关标准的单位和个人：①净资产不低于 1 000 万元人民币的单位；②金融资产不低于 300 万元人民币或者最近 3 年个人年均收入不低于 50 万元人民币的个人。金融资产包括银行存款、股票、债券、基金份额、资产管理计划、银行理财产品、信托计划、保险产品、期货权益等。

下列投资者视为合格投资者：①社会保障基金、企业年金等养老基金，慈善基金等社会公益基金；②依法设立并在基金业协会备案的投资计划；③投资于所管理私募基金的私募基金管理人及其从业人员；④中国证监会规定的其他投资者。

以合伙企业、契约等非法人形式，通过汇集多数投资者的资金直接或者间接投资于私募基金的，私募基金管理人或者私募基金销售机构应当穿透核查最终投资者是否为合格投资者，并合并计算投资者人数。但是，符合本条第①、②、④项规定的投资者投资私募基金的，不再穿透核查最终投资者是否为合格投资者和合并计算投资者人数。

私募基金可以从事私募证券投资基金、私募股权投资基金、创业投资基金等募集和管理业务。各类私募基金管理人应当向基金业协会申请登记，募集完毕后应当办理基金备案手续。

（三）证券公司资产管理业务

证券公司可以依法从事下列客户资产管理业务：①为单一客户办理定向资产管理业务；②为多个客户办理集合资产管理业务；③为客户办理特定目的的专项资产管理业务。

集合资产管理计划应当面向合格投资者推广，合格投资者累计不得超过 200 人。合格投资者是指具备相应风险识别能力和承担所投资集合资产管理计划风险能力且符合下列条件之一的单位和个人：①个人或者家庭金融资产合计不低于 100 万元人民币；②公司、企业等机构净资产不低于 1 000万元人民币。依法设立并受监管的各类集合投资产品视为单一合格投资者。

《资产管理机构开展公募证券投资基金管理业务暂行规定》，在中国境内依法设立的证券公司、保险资产管理公司以及专门从事非公开募集证券投资基金管理业务的资产管理机构（私募证券基金管理机构）符合条件的，也可以申请开展公募基金管理业务。

（四）期货公司资产管理业务

期货公司及其依法设立的专门从事资产管理业务的子公司可以在中国境内从事资产管理业务，接受单一客户或特定多个客户的书面委托，根据规定和合同约定，运用客户委托资产进行投资，并按照合同约定收取费用或报酬。

期货公司及其子公司从事资产管理业务包括为单一客户办理资产管理业务和为特定多个客户办理资产管理业务。资产管理业务的客户应当具有较强的资金实力和风险承受能力，单一客户的起始委托资产不得低于 100 万元人民币。资产管理计划的资产委托人应当为合格投资者，单个资产管理计划的投资者人数不得超过 200 人。

（五）信托公司资产管理业务

信托公司可以在境内设立和管理单一资金信托计划和集合资金信托计划。所谓集合资金信托计划，是由信托公司担任受托人，按照委托人意愿，为受益人的利益，将两个及以上委托人交付的资金进行集中管理、运用或处分的资金信托业务活动。

信托公司设立集合资金信托计划，应当符合的要求见图 1-3-1。

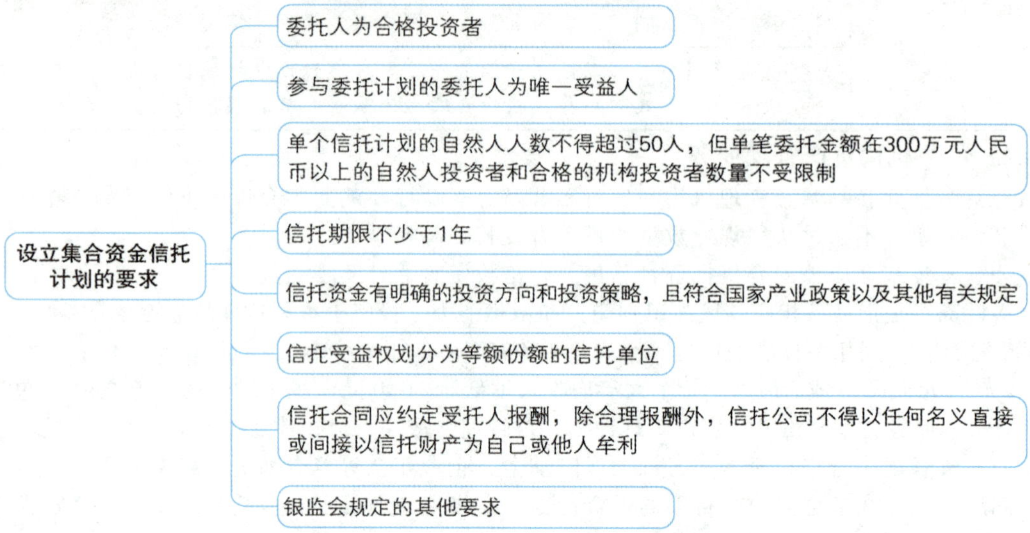

图 1-3-1　设立集合资金信托计划的要求

所谓合格投资者，是指符合下列条件之一，能够识别、判断和承担信托计划相应风险的人：①投资一个信托计划的最低金额不少于 100 万元人民币的自然人、法人或者依法成立的其他组织；②个人或家庭金融资产总计在其认购时超过 100 万元人民币，且能提供相关财产证明的自然人；③个人收入在最近 3 年内每年收入超过 20 万元人民币或夫妻双方合计收入在最近 3 年内每年收入超过 30 万元人民币，且能提供相关收入证明的自然人。

（六）保险公司、保险资产管理公司业务

保险集团（控股）公司、保险公司根据投资管理能力和风险管理能力，可以自行投资或者委托保险资产管理机构进行投资。保险公司、保险资产管理公司的业务包括：①保险资金委托投资业务；②保险资产管理产品业务；③资产支持计划业务；④私募基金业务；⑤投资连结保险产品和非寿险非预定收益投资型保险产品的资金管理；⑥公募证券投资基金业务。

（七）商业银行资产管理业务

个人理财产品业务和私人银行业务是商业银行资产管理业务的主要内容。商业银行可以向特定目标客户群销售理财计划。按照客户获取收益的方式不同，理财计划可以分为保证收益理财计划和非保证收益理财计划。非保证收益理财计划又可以分为保本浮动收益理财计划和非保本浮动收益理财计划。

商业银行为私人银行客户和高资产净值客户提供理财产品销售服务应当进行客户风险承受能力评估。私人银行客户是指金融净资产达到 600 万元人民币及以上的商业银行客户。高资产净值客户是满足如图 1-3-2 所示条件之一的商业银行客户。

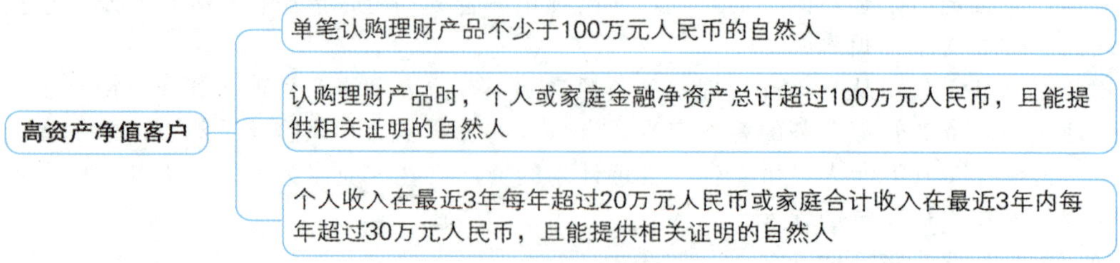

图 1-3-2　高资产净值客户

考题精练

以下同时符合私募机构资产管理业务，证券公司资产管理业务和信托公司资产管理业务合格投资者标准的是（　　）。

A. 资产为 2 000 万元人民币的法人

B. 拥有 100 万元人民币金融资产的个人

C. 最近 3 年家庭年均收入 30 万元人民币

D. 最近 3 年个人年均收入 20 万元人民币

［答案］A

［解析］私募机构资产管理业务的合格投资者拥有的金融资产不低于 300 万元人民币或最近 3 年个人年均收入不低于 50 万元人民币，故 B、D 两项错误，信托公司资产管理业务的合格投资者需满足“最近 3 年家庭年均收入超过 30 万元人民币”，故 C 项错误。

三、我国资产管理行业需要关注的问题

目前来说，我国的资产管理行业仍然是处于发展的初期，与国际上的资产管理机构相比，仍然存在着比较大的差距。当前我国资产管理行业的问题主要体现在以下几个方面，具体内容见表 1-3-3。

表 1-3-3　资产管理行业的主要问题

主要问题	具体体现
资金池操作存在流动性风险隐患	在资产管理业务中，通过滚动发行、集合运作、期限错配、分离定价等方式，资产管理机构将募集的低价、短期资金投放到长期的债权或股权项目，以寻求收益最大化。但是一旦难以募集到后续资金，可能会发生流动性紧张，并通过产品链条向对接的其他资产管理机构传导
产品多层嵌套导致风险传递	多层嵌套的资产管理产品夹杂多层法律关系，如果委托机构主动管理缺失，通道机构尽职调查能力不足，发生损失时也容易出现责任推诿
影子银行面临监管不足	银行的表外理财，银信合作、银证合作、银基合作中投向非标准化债权类资产的产品，保险机构“名股实债”类投资等，具有影子银行的特征
刚性兑付使风险仍停留在金融体系	资产管理业务主要涉及信托关系或委托代理关系，也有部分业务的法律关系不清晰，实质是债权债务关系，存在隐性刚性兑付
部分非金融机构无序开展资产管理业务	如将线下私募发行的资产管理产品通过线上分拆向非特定公众销售等

四、促进资产管理业务规范健康发展

针对我国资产管理行业所存在的这些问题，要想有效地解决，主要是从监管制度入手：第一，分类统一标准规制，逐步消除套利空间；第二，引导资产管理业务回归本源，有序打破刚性兑付；第三，加强流动性风险管控，控制杠杆水平；第四，消除多层嵌套，抑制通道业务；第五，加强“非标”业务管理，防范影子银行风险；第六，建立综合统计制度，为穿透式监管提供根本基础。

第四节　投资基金简介

一、投资基金的定义

投资基金是资产管理的主要方式之一。它是一种组合投资、专业管理、利益共享、风险共担的集合投资方式。它可以通过向投资者发行基金份额，将社会上的闲散资金集中起来。对于投资基金而言，一般将募集来的资金交由专业的基金管理机构投资，以实现资金保值增值的目的。

投资基金所投资的资产既可以是金融资产如股票、债券、期货、期权、外汇、股权等，也可以

是大宗能源、房地产、林权、艺术品等其他资产。

投资基金作为一种间接投资工具，基金投资者、基金管理人和基金托管人是基金运作中的主要当事人。

二、投资基金的主要类别

对于投资基金而言，按照不同的标准可以区分不同的类别，其中比较重要的分类方式就是按投资对象不同来划分，主要类别见表1-4-1。

表1-4-1　证券投资基金的主要类别

类别	内容
证券投资基金	证券投资基金是依照利益共享、风险共担的原则，将分散在投资者手中的资金集中起来委托专业投资机构进行证券投资管理的投资工具。基金所投资的有价证券主要是在证券交易所或银行间市场上公开交易的证券，包括股票、债券、货币、金融衍生工具等
私募股权基金	私募股权基金（PE），是指对非上市企业进行的权益性投资，在交易实施过程中附带考虑了将来的退出机制，即通过上市、并购或管理层回购等方式，出售持股获利
风险投资基金	风险投资基金（VC），又叫创业基金，是以一定的方式吸收机构和个人的资金，投向于那些不具备上市资格的初创期的或者是小型的新型企业，尤其是高新技术企业，帮助所投资的企业尽快成熟，取得上市资格，从而使资本增值
对冲基金	对冲基金（hedge fund），意为"风险对冲过的基金"，是基于投资理论和极其复杂的金融市场操作技巧，充分利用各种金融衍生产品的杠杆效用，承担高风险、追求高收益的投资模式。对冲基金一般也采用私募方式，广泛投资于金融衍生产品
不动产投资基金	不动产投资基金（REITs）是一种以发行权益凭证的方式汇集投资者的资金，由专门投资机构进行不动产投资经营管理，并将投资综合收益按比例分配给投资者的一种基金。不动产投资基金可以采用私募方式，也可以采用公募方式
另类投资基金	另类投资基金，是指投资于传统的股票、债券外的金融和实物资产的基金，如房地产、证券化资产、对冲基金、大宗商品、黄金、艺术品等。另类投资基金一般也采用私募方式，种类非常广泛，外延也很不确定

考题精练

另类投资基金的投资范围包括（　　）。

Ⅰ.房地产　　Ⅱ.证券化资产

Ⅲ.大宗商品　　Ⅳ.黄金

A.Ⅰ、Ⅱ、Ⅲ、Ⅳ　　B.Ⅰ、Ⅱ、Ⅲ

C.Ⅰ、Ⅲ、Ⅳ　　D.Ⅰ、Ⅱ

[答案] A

第二章　证券投资基金概述

知识结构

- 证券投资基金概述
  - 证券投资基金的概念与特点
    - 证券投资基金的概念、特点
    - 证券投资基金与股票、债券等的比较
  - 证券投资基金的运作与参与主体
    - 证券投资基金的运作
    - 证券投资基金的参与主体
  - 证券投资基金的法律形式和运作方式
    - 契约型基金与公司型基金
    - 基金财产的独立性的表现
    - 封闭式基金与开放式基金
    - 伞型基金的概念、特点、功能
  - 证券投资基金的起源与发展
    - 证券投资基金的起源与早期发展
    - 全球基金业发展的趋势与特点
  - 中国证券投资基金业的发展历程
  - 基金业在金融体系中的地位与作用

第一节　证券投资基金的概念与特点

『扫码』免费刷好题 听考点串讲

一、证券投资基金的概念

证券投资基金，是指通过发售基金份额，将众多不特定投资者的资金汇集起来，形成独立财产，委托基金管理人进行投资管理，基金托管人进行财产托管，由基金投资人共享投资收益，共担投资风险的集合投资方式。证券投资基金的运作方式见图 2-1-1。

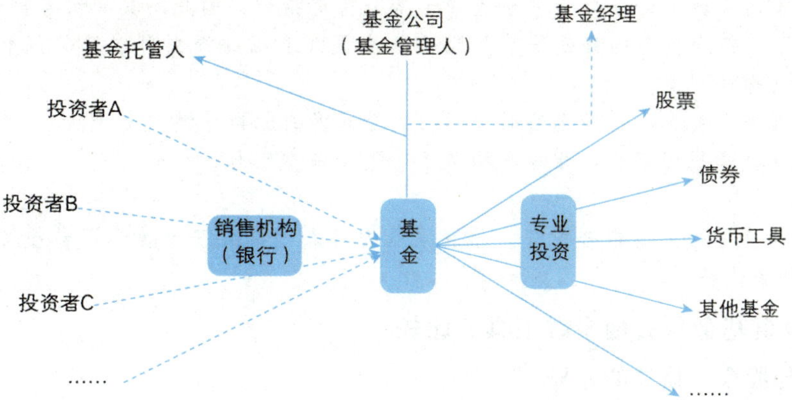

图 2-1-1　证券投资基金的运作

二、证券投资基金的特点

证券投资基金的特点主要有五个，具体内容见表 2-1-1。

表 2-1-1　证券投资基金的特点

特点	含义
集合理财、专业管理	基金将众多投资者的资金集中起来，委托基金管理人进行共同投资，具有集合理财的特点。通过汇集众多投资者的资金，积少成多，有利于发挥资金的规模优势，降低投资成本
	基金管理人一般拥有大量的专业投资研究人员和强大的信息网络，能够更好地对证券市场进行全方位的动态跟踪与深入分析
	将资金交给基金管理人管理，使中小投资者也能享受到专业化的投资管理服务
组合投资、分散风险	对于基金而言，其一大特色就是"组合投资、分散风险"。因为基金一般是以组合投资的方式来进行投资运作的，当然这里也不是绝对的，因为一些国家的法律法规可能对此另有规定
	基金通常会购买几十种甚至上百种股票，但是对于中小投资者而言由于资金量小，很难通过购买数量众多的股票来达成分散投资风险的目的。投资者购买基金就相当于用很少的资金购买了一篮子股票，这时候一种股票价格下跌，另一种股票价格可能会上涨，从而间接实现了分散风险的目的
利益共享、风险共担	基金投资收益在扣除由基金承担的费用后的盈余全部归基金投资者所有，基金投资者一般会按照所持有的基金份额比例进行分配
	为基金提供服务的基金托管人、基金管理人一般按基金合同的规定从基金资产中收取一定比例的托管费、管理费，并不参与基金收益的分配
严格监管、信息透明	各国（地区）基金监管机构都对证券投资基金业实行严格的监管，对各种有损于投资者利益的行为进行严厉打击，并强制基金进行及时、准确、充分的信息披露
独立托管、保障安全	对于基金来说，基金财产的保管是独立于基金管理的。基金管理人负责基金的投资操作，基金托管人负责基金财产的保管。这种相互制约、相互监督的制衡机制为投资者的利益提供了重要保障

考题精练

证券投资基金具有组合投资、分散风险的特点，以下表述错误的是（　　）。

A. 一般情况下，指数类证券投资基金投资于某个特定指数，因此不具有组合投资的特点

B. 一般情况下，组合投资的好处是某些股票价格下跌造成的损失可以用其他股票价格上涨产生的盈利来弥补

C. 中小投资者资金较少，一般无法通过购买数量众多的股票分散投资风险

D. 投资者购买证券投资基金，相当于购买了一篮子证券组合

［答案］A

［解析］证券投资基金具有组合投资、分散风险的特点，指数基金属于证券投资基金，所以具有证券投资基金的特点。

三、证券投资基金与其他金融工具的比较

（一）基金与股票、债券的差异

基金与股票、债券的差异见表 2-1-2。

表 2-1-2　基金与股票、债券的差异

项目	反映的经济关系不同	所筹资金的投向不同	投资收益与风险大小不同
股票	股票是一种所有权凭证，反映的是一种所有权关系。投资者购买股票后就成为公司的股东	属于直接投资工具，筹集的资金主要投向实业领域	股票价格的波动性较大，是一种高风险、高收益的投资品种
债券	债券是一种债权凭证，反映的是债权债务关系。投资者购买债券后就成为公司的债权人		债券可以给投资者带来较为确定的利息收入，波动性也较股票要小，是一种低风险、低收益的投资品种
基金	基金是一种受益凭证，反映的是一种信托关系。投资者购买基金份额就成为基金的受益人	是一种间接投资工具，所筹集的资金主要投向有价证券等金融工具或产品	基金的投资收益和风险取决于基金种类以及其投资的对象，总体来说由于基金可以投资于众多金融工具或产品，能有效分散风险，是一种风险相对适中、收益相对稳健的投资品种

（二）基金与银行储蓄存款的差异

基金不等同于银行储蓄存款，具体差异见表 2-1-3。

表 2-1-3　基金与银行储蓄存款的差异

项目	性质不同	收益与风险特性不同	信息披露程度不同
基金	基金是一种受益凭证，基金财产独立于基金管理人，基金管理人只是受托管理投资者资金，并不承担投资损失的风险	基金收益具有一定的波动性，存在投资风险	基金管理人必须定期向投资者公布基金的投资运作情况
银行储蓄存款	银行储蓄存款表现为银行的负债，是一种信用凭证；银行对存款者负有法定的保本付息责任	银行存款利率相对固定，投资者损失本金的可能性也很小	银行吸收存款之后，不需要向存款人披露资金的运用情况

考题精练

关于基金与银行储蓄的差异，以下表述错误的是（　　）。

A. 基金需要定期向投资者公布基金投资运作情况，银行储蓄不需要向存款人披露资金运用信息

B. 银行储蓄收益相对固定，而基金的收益具有一定的波动性

C. 银行破产存款人本金也可能遭受损失，因此基金和银行储蓄在性质上没有显著区别

D. 银行储蓄是银行的负债，基金是管理人受托管理的资产，并非管理人自己的负债

[答案] C

[解析] 基金是一种受益凭证，基金财产独立于基金管理人，基金管理人只是受托管理投资者资金，并不承担投资损失的风险；银行储蓄存款表现为银行的负债，是一种信用凭证，银行对存款人负有法定的保本付息责任。

（三）基金与保险产品的差异

基金与保险产品也是存在差异的，具体差异见表 2-1-4。

表 2-1-4　基金与保险产品的差异

项目	目的不同	对投资人要求不同	变现能力不同
基金	投资基金的目的是获得投资收益	基金特别是公募基金的投资对投资人没有太多要求，不同人申购和赎回价格计算是一致的	基金特别是主流的开放式基金是可以随时变现的

续表

项目	目的不同	对投资人要求不同	变现能力不同
保险产品	保险的主要功能是保障，意义在于分散或者转移风险	保险产品的购买是个性化的，要根据被保险人的年龄、身体健康等情况来计算	保险是一种专款专用的解决中长期问题的“储蓄”，不可以随时变现

第二节 证券投资基金的运作与参与主体

『扫码』免费刷好题 听考点串讲

一、证券投资基金的运作

基金的运作包括基金的募集、基金的投资管理、基金资产的托管、基金份额的登记交易、基金的估值与会计核算、基金的信息披露以及其他基金运作活动在内的所有相关环节。基金的运作活动从基金管理人的角度看，可以分为基金的市场营销、基金的投资管理与基金的后台管理三大部分。

基金的市场营销主要涉及基金份额的募集与客户服务，基金的投资管理体现了基金管理人的服务价值，而基金份额的注册登记、基金资产的估值、会计核算、基金的信息披露等后台管理服务则对保障基金的安全运作起着重要的作用。

考题精练

从管理人的角度来看，基金运作活动可以分为三大部分，分别为（　　）。

A. 基金的市场营销、基金的估值和会计核算、基金的后台管理

B. 基金的市场营销、基金份额的登记交易、基金的后台管理

C. 基金的市场营销、基金的投资管理、基金的后台管理

D. 基金的投资管理、基金的后台管理、基金的信息披露

[答案] C

二、证券投资基金的参与主体

(一) 基金当事人

基金当事人主要包括基金份额持有人、基金管理人和基金托管人，具体内容见表 2-2-1。

表 2-2-1　基金当事人

当事人	内容
基金份额持有人	基金份额持有人，也称基金投资者，是基金的出资人、基金资产的所有者和基金投资回报的受益人
	按照《证券投资基金法》的规定，我国基金份额持有人享有以下权利：①分享基金财产收益；②参与分配清算后的剩余基金财产；③依法转让或者申请赎回其持有的基金份额；④按照规定要求召开基金份额持有人大会；⑤对基金份额持有人大会审议事项行使表决权；⑥查阅或者复制公开披露的基金信息资料；⑦对基金管理人、基金托管人、基金销售机构损害其合法权益的行为依法提出诉讼；⑧基金合同约定的其他权利
基金管理人	基金管理人作为基金产品的募集者和管理者，其最主要职责就是按照基金合同的约定，负责基金资产的投资运作，在有效控制风险的基础上为基金投资者争取最大的投资收益
	基金管理人在基金运作中具有核心作用，基金产品的设计、基金份额的销售与注册登记、基金资产的管理等重要职能多半由基金管理人或基金管理人选定的其他服务机构承担。在我国，基金管理人只能由依法设立的基金管理公司担任
基金托管人	《证券投资基金法》规定，基金资产必须由独立于基金管理人的基金托管人保管。这些托管人只能是由依法设立并取得基金托管资格的商业银行或其他金融机构担任
	基金托管人主要负责基金资产保管、基金资金清算、会计复核以及对基金投资运作的监督等

考题精练

以下不属于基金份额持有人权利的是（　　）。

A. 要求召开基金份额持有人大会并对大会审议事项行使表决权

B. 参与分配清算后的剩余基金财产

C. 对基金托管人履行账户开设、净值复核等托管职责进行核查

D. 申请赎回持有的基金份额

［答案］C

（二）基金市场服务机构

基金管理人、基金托管人既是基金的当事人，又是基金的主要服务机构。除基金管理人与基金托管人外，基金市场还有许多面向基金提供各类服务的其他机构，比如基金销售机构、基金份额登记机构等，具体分类见表 2-2-2。

表 2-2-2　基金市场服务机构

机构	内容
基金销售机构	基金销售机构是指从事基金销售业务活动的机构，包括基金管理人以及经中国证券监督管理委员会（以下简称“中国证监会”）认定的可以从事基金销售的其他机构
	目前，商业银行、证券公司、保险公司、证券投资咨询机构、独立基金销售机构都可以申请从事基金代理销售业务
基金销售支付机构	基金销售支付机构从事销售支付活动的，应当取得中国人民银行颁发的《支付业务许可证》（商业银行除外），并制定了完善的资金清算和管理制度，能够确保基金销售结算资金的安全、独立和及时划付。基金销售支付机构从事公开募集基金销售支付业务的，应当按照中国证监会的规定进行备案
基金份额登记机构	基金管理人可以办理其募集基金的份额登记业务，也可以委托基金份额登记机构代为办理基金份额登记业务
	基金份额登记机构的主要职责包括：①建立并管理投资人的基金账户；②负责基金份额的登记；③基金交易确认；④代理发放红利；⑤建立并保管基金份额持有人名册；⑥法律法规或份额登记服务协议规定的其他职责
基金估值核算机构	基金估值核算是指基金会计核算、估值及相关信息披露等业务活动。基金估值核算机构是指从事基金估值核算业务活动的机构。基金管理人可以自行办理基金估值核算业务，也可以委托基金估值核算机构代为办理基金估值核算业务。基金估值核算机构拟从事公开募集基金估值核算业务的，应当向中国证监会申请注册
基金投资顾问机构	基金投资顾问是指按照约定向基金管理人、基金投资人等服务对象提供基金以及其他中国证监会认可的投资产品的投资建议，辅助客户做出投资决策，并直接或者间接获取经济利益的业务活动
	基金投资顾问机构是指从事基金投资顾问业务活动的机构。基金投资顾问机构提供公开募集基金投资顾问业务的，应当向工商登记注册地中国证监会派出机构申请注册。未经中国证监会派出机构注册，任何机构或者个人不得从事公开募集基金投资顾问业务
基金评价机构	基金评价是指对基金投资收益和风险或者基金管理人管理能力进行的评级、评奖、单一指标排名或者中国证监会认定的其他评价活动
	基金评价机构是指从事基金评价业务活动的机构。基金评价机构从事公开募集基金评价业务并以公开形式发布基金评价结果的，应当向基金业协会申请注册
律师事务所和会计师事务所	律师事务所和会计师事务所作为专业、独立的中介服务机构，为基金提供法律、会计服务

续表

机构	内容
基金信息技术系统服务机构	基金信息技术系统服务是指为基金管理人、基金托管人和基金服务机构提供基金业务核心应用软件开发、信息系统运营维护、信息系统安全保障和基金交易电子商务平台等的业务活动
	从事基金信息技术系统服务的机构应当具备国家有关部门规定的资质条件或者取得相关资质认证，具有开展业务所需要的人员、设备、技术、知识产权等条件。其信息技术系统服务应当符合法律法规、中国证监会以及行业自律组织等的业务规范要求

（三）基金监管机构和自律组织

基金监管机构通过依法行使审批或核准权，依法办理基金备案，对基金管理人、基金托管人以及其他从事基金活动的服务机构进行监督管理，对违法违规行为进行查处，在基金的运作过程中起着重要的作用。

我国的证券交易所是依法设立的，不以营利为目的，为证券的集中和有组织的交易提供场所和设施，履行国家有关法律法规、规章、政策规定的职责，实行自律性管理的法人。一方面，封闭式基金、上市开放式基金和交易型开放式指数基金等需要通过证券交易所募集和交易，必须遵守证券交易所的规则；另一方面，经中国证监会授权，证券交易所对基金的投资交易行为还承担着重要的一线监控职责。

基金行业自律组织是由基金管理人、基金托管人及基金市场服务机构共同成立的同业协会。中国证券投资基金业协会 2012 年 6 月 6 日成立，是我国的基金自律组织。

考题精练

作为实行自律管理的法人，证券交易所（　　）。

A. 是市场的管理者，具有法定的管理权限

B. 负责组织证券交易，没有监管权限

C. 不是市场的管理者，没有监管权限

D. 是市场的管理者，不受政府监管机构的监管

［答案］A

第三节　证券投资基金的法律形式和运作方式

扫码 免费刷好题 听考点串讲

一、契约型基金与公司型基金

证券投资基金依据法律形式的不同，可分为契约型基金与公司型基金。目前，我国的证券投资基金均为契约型基金，美国的投资公司的证券投资基金主要是公司型基金。

契约型基金是依据基金合同设立的一类基金。在基金合同里，规定基金当事人之间的权利义务。在我国，契约型基金也是依据基金合同设立，基金合同主要是由基金管理人、基金托管人签署的。基金投资者购买基金份额后，就成为基金份额持有人和基金合同的当事人，可以依法享受权利并承担义务。

公司型基金在法律上是具有独立法人地位的股份投资公司。公司型基金依据基金公司章程设立，基金投资者是基金公司的股东，并按所持有的股份承担有限责任，分享投资收益。公司型基金公司设有董事会，代表投资者的利益行使职权。公司型基金的优点是法律关系明确清晰，监督约束机制较为完善，但契约型基金在设立上更为简单易行。

虽然公司型基金在形式上类似于一般股份公司，但与一般股份公司也有区别。公司型基金委托基金管理公司作为专业的投资顾问来经营与管理其基金资产。

契约型基金与公司型基金的主要区别见表 2-3-1。

表 2-3-1 契约型基金与公司型基金的主要区别

区别 分类	法律主体资格不同	投资者的地位不同	基金组织方式和营运依据不同
契约型基金	不具有法人资格	契约型基金持有人大会赋予基金持有者的权利相对较小	契约型基金依据基金合同营运基金
公司型基金	具有法人资格	基金持有者是公司股东，享有股东权	依据公司章程营运基金

考题精练

依据法律形式来界定，目前我国的证券投资基金（　　）。

A. 都是契约型基金　　B. 大部分为契约型基金

C. 都是公司型基金　　D. 大部分为公司型基金

[答案] A

[解析] 依据法律形式来界定，目前我国的证券投资基金都是契约型基金。

二、基金财产的独立性

无论是公司型基金还是契约型基金最重要的特征就是其财产的独立性。对于公司型基金而言，具有独立法人地位，因此其财产具有独立性。契约型基金采用的是信托法律原理，信托财产也具有独立性。

基金财产的独立性主要表现在以下几个方面：

（1）基金财产的债务由基金财产本身承担，基金份额持有人以其出资为限对基金财产的债务承担责任。

（2）基金财产独立于基金管理人、基金托管人的固有财产。基金管理人、基金托管人因依法解散、被依法撤销或被依法宣告破产等原因进行清算的，基金财产不属于其清算财产。

（3）基金管理人、基金托管人因基金财产的管理、运用或者其他情形而取得的财产和收益，归入基金财产。

（4）基金财产的债权，不得与基金管理人、基金托管人固有财产的债务相抵销，不同基金财产的债权债务不得相互抵销。

非因基金财产本身承担的债务，不得对基金财产强制执行。

三、封闭式基金与开放式基金

依据运作方式的不同，可以将基金分为封闭式基金与开放式基金。

封闭式基金是指基金份额在基金合同期限内固定不变，基金份额可以在依法设立的证券交易所交易，但基金份额持有人不得申请赎回的一种基金运作方式。

开放式基金是指基金份额不固定，基金份额可以在基金合同约定的时间和场所进行申购或者赎回的一种基金运作方式。这里所指的开放式基金专指传统的开放式基金，不包括交易型开放式指数基金（ETF）和上市开放式基金（LOF）等新型开放式基金。

封闭式基金和开放式基金的对比见表 2-3-2。

表 2-3-2 封闭式基金与开放式基金的对比

分类 区别	封闭式基金	开放式基金
规模	固定	不固定
存续期限	确定	不确定，理论上可以无限期存续
交易方式	上市流通	一般不上市，通过向基金管理公司和代销机构进行申购赎回

续表

区别＼分类	封闭式基金	开放式基金
交易价格	根据市场行情变化，相对于单位资产净值可能折价或者溢价，多为折价	按照每日基金单位资产净值
信息披露	每周公布基金单位资产净值，每季度公布资产组合	每日公布基金单位资产净值，每季度公布资产组合，每6个月公布变更的招募说明书
投资策略	全部资金在封闭期内可进行长期投资	强调流动性管理，基金资产中要保持一定现金及流动性资产

考题精练

1. 关于封闭式基金的特点，以下表述错误的是（　　）。

A. 基金份额在基金合同期限内固定不变

B. 基金份额可以在依法设立的证券交易所交易

C. 基金无特定存续期限

D. 基金份额持有人不得随时申购赎回

[答案] C

[解析] 封闭式基金一般有一个固定的存续期限。

2. 按照运作方式，可将证券投资基金分为（　　）。

A. 契约型基金与公司型基金　　B. 主动型基金与指数型基金

C. 在岸基金与离岸基金　　D. 封闭式基金与开放式基金

[答案] D

四、伞型基金

伞型基金，也称系列基金，是指多个基金共用一个基金合同，子基金独立运作，子基金之间可以进行相互转换的一种基金结构形式。

从基金公司管理经营的角度看，采取伞型结构比单一结构具有优势。其特点见表 2-3-3。

表 2-3-3　伞型基金的特点

特点	内容
简化管理，降低成本	不同子基金均隶属于一个总契约和总体管理框架，可以很大程度地简化管理，享有规模经济，从而降低设立及管理一只新基金的成本
强大的扩张功能	包括基金品种上的扩张及基金销售地区上的扩张

第四节　证券投资基金的起源与发展

一、证券投资基金的起源与早期发展

1868 年诞生于英国的“海外及殖民地政府信托”被认为是世界上第一只公认的证券投资基金。投资基金真正的大发展却是在美国。1924 年 3 月 21 日，世界上第一只开放式基金诞生于美国，也就是“马萨诸塞投资信托基金”。

二、全球基金业发展的趋势与特点

全球基金业发展的趋势和特点主要体现在以下几个方面：

（1）美国占据主导地位，其他国家和地区发展迅猛。

（2）开放式基金成为证券投资基金的主流产品。

（3）基金市场竞争加剧，行业集中趋势突出。

（4）基金资产的资金来源发生了重大变化。

（5）ETF 等被动基金规模迅速扩大。

（6）另类投资基金兴起。

考题精练

1. 目前人们大多认为 1868 年在英国成立的（　　）是最早的基金。

A. 海外及殖民地政府信托　　B. 苏格兰美国投资信托

C. 马萨诸塞投资信托　　D. 英国投资信托

[答案] A

[解析] 世界上第一只公认的证券投资基金——“海外及殖民地政府信托”诞生在 1868 年的英国。

2. 下列（　　）不是全球基金业的发展主要趋势和特点。

A. 美国占据主导地位，其他国家发展迅猛

B. 开放式基金成为基金的主流产品

C. 基金市场竞争加剧，行业集中度趋于分散

D. 越来越多的机构投资者成为基金的重要资金来源

[答案] C

第五节　中国证券投资基金业的发展历程

扫码 免费刷好题 听考点串讲

我国证券投资基金业伴随着证券市场的发展而诞生，发展线索主要有五个：第一，基金业的主管机构从中国人民银行过渡为中国证监会；第二，基金的监管法规从地方行政法规起步，到国务院证券委员会出台行政条例，再到全国人民代表大会通过并修订《证券投资基金法》，中国证监会根据《证券投资基金法》制定一系列配套规则；第三，基金市场的主流品种从不规范的“老基金”，到封闭式基金，再到开放式基金，乃至各类基金创新产品纷纷出现；第四，随着居民财产收入的增加和理财意识的觉醒，中国百姓对证券投资基金从不熟悉到熟悉，投资基金逐渐成为人们家庭金融理财的主要工具之一；第五，在新的时期，基金行业面临新的机遇和挑战。

中国证券投资基金业的发展历程见表 2-5-1。

表 2-5-1　中国证券投资基金业的发展历程

发展阶段	主要特点
萌芽和早期发展时期（1985—1997 年）	总体而言，这一阶段中国基金业的发展带有很大的探索性、自发性与不规范性
试点发展阶段（1998—2002 年）	1997 年 11 月当时的国务院证券委员会颁布了《证券投资基金管理暂行办法》，为我国证券投资基金业的规范发展奠定了法律基础，1998 年 3 月 27 日，经中国证监会批准，新成立的南方基金管理公司和国泰基金管理公司分别发起设立了规模均为 20 亿元的两只封闭式基金——基金开元和基金金泰，由此拉开了中国证券投资基金试点的序幕
	在封闭式基金成功试点的基础上，2000 年 10 月 8 日，中国证监会发布并实施了《开放式证券投资基金试点办法》，由此揭开了我国开放式基金发展的序幕。2001 年 9 月，我国第一只开放式基金——华安创新诞生。2002 年 10 月，首家中外合资基金管理公司国联安基金管理公司批准筹建。2002 年 12 月，首家中外合资基金管理公司招商基金管理公司成立开业

续表

发展阶段	主要特点
行业快速发展阶段（2003—2007 年）	在此期间，基金管理公司管理的资产规模普遍增长，2007 年年底有九家基金公司规模超过千亿元，前十大基金管理公司占总市场份额的 49.78%
	2006 年、2007 年两年受益于股市繁荣，我国证券投资基金得到有史以来最快的发展，主要表现在以下几个方面： (1) 基金业绩表现异常出色，创历史新高 (2) 基金业资产规模急速增长，基金投资者队伍迅速壮大 (3) 基金产品和业务创新继续发展 (4) 基金管理公司分化加剧、业务呈现多元化发展趋势 (5) 构建法规体系，强化基金监管，规范行业发展
	针对基金业迅速扩张中出现的问题，中国证监会在《证券投资基金法》的框架下出台了多项法规，规范基金行业，保护投资者利益。先后出台了《基金管理公司管理办法》《基金运作管理办法》《基金销售管理办法》《基金信息披露管理办法》等六项行政规章及若干配套监管文件，形成了以“一法六规”为核心的比较完善的监督管理法规体系
行业平稳发展及创新探索阶段（2008—2014 年）	2008 年以后，由于全球金融危机，基金行业管理资产规模停滞徘徊，股票型基金呈现净流出状态。面对不利的外部环境，基金业进行了积极的改革和探索：①完善规则、放松管制、加强监管；②基金管理公司业务和产品创新，不断向多元化发展；③互联网金融与基金业有效结合；④股权与公司治理创新得到突破；⑤专业化分工推动行业服务体系创新；⑥私募基金机构和产品发展迅猛；⑦混业化与大资产管理的局面初步显现；⑧国际化与跨境业务的推进
	2012 年 12 月 28 日，全国人大常委会审议通过了修订后的《证券投资基金法》，并于 2013 年 6 月 1 日正式实施。新《证券投资基金法》对私募基金监管、基金公司准入门槛、投资范围、业务运作等多个方面进行了修改和完善，主要修订内容包括：①扩大调整范围，将私募基金产品纳入管制范围；②放宽机构准入，松绑基金业务运作；③规范服务机构，定义了基金服务机构的种类和监管要求；④防范业务风险，加强投资者保护；⑤强调自我约束和自律管理
	2012 年 6 月 6 日，中国证券投资基金业协会正式成立
防范风险和规范发展阶段（2015 年至今）	2015 年，因为证券市场的剧烈波动以及理财市场上的风险事件的发生，基金管理行业中存在的一些问题暴露出来。到了 2015 年的下半年，监管部门为了降低和防范风险，完善法规规范和加强监督检查，采取的主要措施如下：①加强私募机构的规范和清理；②规范基金管理公司及其子公司的资产管理业务；③规范分级、保本等特殊类型基金产品，发展基金中基金产品；④对基金管理公司业务实施风险压力测试；⑤专业人士申请设立基金公司的数量攀升，申请主体渐趋多元；⑥基金产品呈现货币化、机构化特点

第六节　基金业在金融体系中的地位与作用

『扫码』免费刷好题 听考点串讲

证券投资基金是通过发行基金份额的形式向社会公众募集资金，同时，将募集的资金通过专业理财、分散投资的方式投资于资本市场。因为具有独特的制度优势，所以在金融体系中的地位和作用也不断上升，见表 2-6-1。

表 2-6-1 基金业的地位和作用

地位和作用	内容
为中小投资者拓宽投资渠道	对中小投资者来说，比较稳妥的方式是储蓄或购买债券，但这两种投资方式收益率较低。投资于股票有可能获得较高收益，但对于手中资金有限、投资经验不足的中小投资者来说，直接进行股票投资有一定困难，而且风险较大。在资金量有限的情况下，很难做到组合投资、分散风险。此外，股票市场变幻莫测，中小投资者由于缺乏投资经验，再加上信息条件的限制，很难在股市中获得良好的投资收益。投资基金作为一种面向中小投资者设计的间接投资工具，把众多投资者的小额资金汇集起来进行组合投资，由专业投资机构进行管理和运作，从而为投资者提供了有效参与证券市场的投资渠道，已经成为广大民众普遍接受的一种理财方式
优化金融结构，促进经济增长	证券投资基金将投资者的资金汇集起来投资于证券市场，扩大了直接融资的比例，为企业在证券市场筹集资金创造了良好的融资环境，实际上起到了将储蓄资金转化为生产资金的作用。以基金和股票为代表的直接融资工具能够有效分流储蓄资金，在一定程度上降低金融行业系统性风险，为产业发展和经济增长提供重要的资金来源，以利于生产力的提高和国民经济的发展
有利于证券市场的稳定和健康发展	证券投资基金在投资组合管理过程中对所投资证券进行的深入研究与分析，有利于促进信息的有效利用和传播，有利于市场合理定价，有利于市场有效性的提高和资源的合理配置。证券投资基金发挥专业理财优势，推动市场价值判断体系的形成，倡导理性的投资文化，有助于防止市场的过度投机。证券投资基金的发展有助于改善我国目前以个人投资者为主的不合理的投资者结构，充分发挥机构投资者对上市公司的监督和制约作用，推动上市公司完善治理结构
完善金融体系和社会保障体系	通过为保险资金提供专业化的投资服务和投资于货币市场，证券投资基金行业的发展有利于促进保险市场和货币市场的发展壮大，增强证券市场与保险市场、货币市场之间的协同，改善宏观经济政策和金融政策的传导机制，完善金融体系。证券投资基金的专业化服务，还可以为社会保障基金、企业年金、养老金等各类社会保障型资金提供长期投资，实现保值增值的平台，促进社会保障体系的建立与完善
推动责任投资，实现可持续发展	社会责任投资（ESG），代表的是环境、社会和公司治理，是倡导在投资决策过程中充分考虑环境、社会和公司治理因素的投资理念。以 ESG 为核心的社会责任投资理念代表了当前国际投资和经济发展新趋势，社会责任投资运用 ESG 标准指导投资实践，将投资决策标准从财务绩效扩展到绿色发展、公共利益和稳健成长，摒弃短期利益驱动而损害上市公司长期健康发展的行为

考题精练

关于证券投资基金有利于证券市场的稳定和健康发展的作用，以下表述错误的是（　　）。

A. 防止证券市场过度投机

B. 证券投资基金能够为投资人创造比个人直接进行证券投资更高的收益，稳定了中小投资者的投资信心

C. 促进证券市场合理定价

D. 不同类型的证券投资基金为资本市场变革和金融产品创新提供了源泉

[答案] B

[解析] 证券投资基金是一种间接通过基金管理人代理投资的一种方式，投资人通过基金管理人的专业资产管理，以期得到比自行管理更高的报酬，而非能够获得更高的收益。

第三章　基金的类型

知识结构

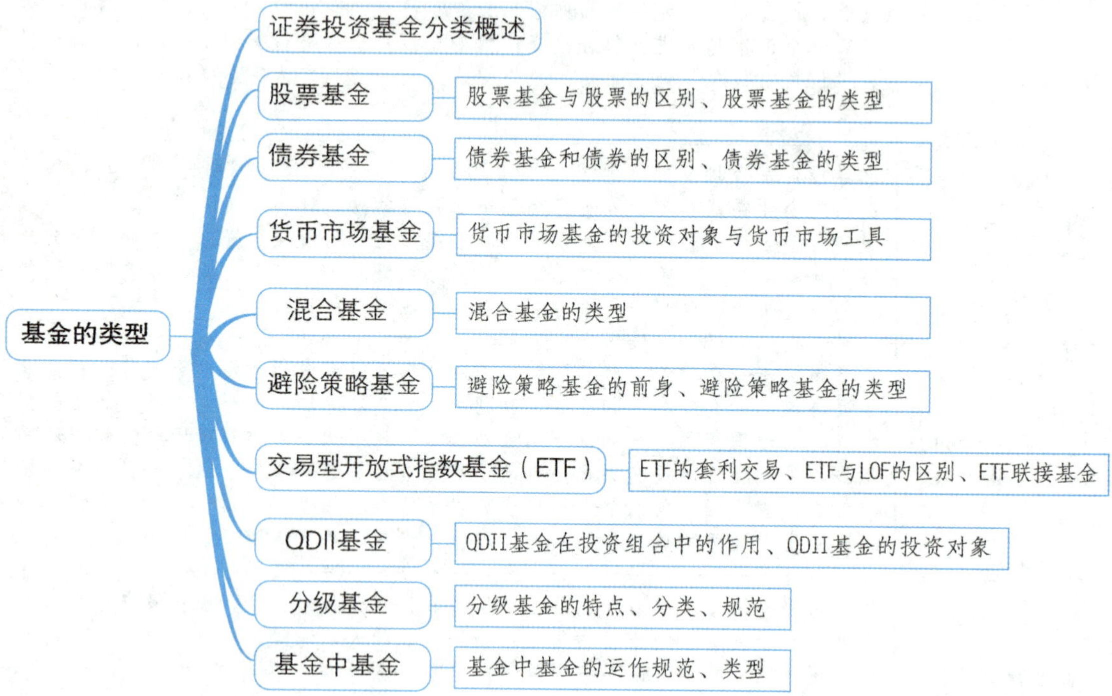

第一节　证券投资基金分类概述

扫码 免费刷好题 听考点串讲

一、主要基金类别

随着基金数量、品种的不断增多，对基金进行科学的、合理的分类，无论是对投资者、基金管理公司，还是基金研究评价机构，甚至是监管部门来说，都是十分重要的。

对于证券投资基金，因为其构成的要素比较多样，因此在分类的时候也有不同的标准，比如按照法律形式，主要将基金分为契约型基金和公司型基金。按照运作方式，可以将基金分为封闭式基金和开放式基金，但是对于这两种分类我们在这节当中并不做具体介绍。我们主要介绍的是按照投资对象、投资目标、投资理念等进行的分类。

《公开募集证券投资基金运作管理办法》由中国证监会颁布，于 2014 年 8 月 8 日正式生效。根据该管理办法的规定，将公募证券投资基金划分为股票基金、债券基金、货币市场基金、混合基金以及基金中的基金等类别。

（一）根据投资对象分类

根据投资对象可将基金分为股票基金、债券基金、货币市场基金、混合基金、基金中基金、另类投资基金等，具体内容见表 3-1-1。

表 3-1-1　基金根据投资对象分类

类别		内容
股票基金		是指以股票为主要投资对象的基金
		股票基金在各类基金中历史最为悠久，也是各国（地区）广泛采用的一种基金类型
		根据中国证监会对基金类别的分类标准，基金资产 80%以上投资于股票的为股票基金
债券基金		主要以债券为投资对象
		根据中国证监会对基金类别的分类标准，基金资产 80%以上投资于债券的为债券基金
货币市场基金		以货币市场工具为投资对象
		根据中国证监会对基金类别的分类标准，仅投资于货币市场工具的为货币市场基金
混合基金		同时以股票、债券等为投资对象，以期望通过在不同资产类别上的投资来实现收益与风险之间的平衡
		根据中国证监会对基金类别的分类标准，投资于股票、债券和货币市场工具，但股票投资和债券投资的比例不符合股票基金、债券基金规定的为混合基金
基金中基金（FOF）		是指以基金为主要投资标的的证券投资基金
		对于基金中基金，80%以上的基金资产投资于其他基金份额
ETF 联接基金		全称是交易型开放式证券投资基金联接基金，是将绝大部分基金资产投资于跟踪同一标的指数的 ETF，紧密跟踪标的指数的表现，采用开放式运作方式的基金
另类投资基金	商品基金	以商品现货或者期货合约为投资对象，主要有黄金 ETF 和商品期货 ETF
	非上市股权基金	2014 年，嘉实基金管理公司发行了首只以投资于非上市公司股权的形式参与国企混合所有制改革的公募基金——嘉实元和封闭式混合型发起式基金
	房地产基金	2015 年，鹏华基金管理公司发行了鹏华前海万科封闭式混合型发起式证券投资基金，以不高于基金总资产 50%的比例，投资于深圳市万科前海公馆建设管理有限公司 50%的股权，收益主要来源于租金收入和房地产升值

（二）根据投资目标分类

根据投资目标可将基金分为增长型基金、收入型基金和平衡型基金，具体内容见表 3-1-2。

表 3-1-2　基金根据投资目标分类

类别	内容
增长型基金	是指以追求资本增值为基本目标，较少考虑当期收入的基金，主要以具有良好增长潜力的股票为投资对象
收入型基金	是指以追求稳定的经常性收入为基本目标的基金，主要以大盘蓝筹股、公司债、政府债券等稳定收益证券为投资对象
平衡型基金	是指既注重资本增值又注重当期收入的基金

（三）根据投资理念分类

根据投资理念不同可将基金分为主动型基金和被动型基金，具体内容见表 3-1-3。

表 3-1-3　基金根据投资理念分类

类别	内容
主动型基金	通过主动管理，力图取得超越基准组合表现的基金

续表

类别	内容
被动型基金	被动型基金并不主动寻求取得超越市场的表现，而是试图复制指数的表现。被动型基金一般选取特定的指数作为跟踪的对象，因此通常又被称为指数基金

（四）根据基金的资金来源和用途分类

根据基金的资金来源和用途，可将基金分为在岸基金、离岸基金和国际基金，具体内容见表 3-1-4。

表 3-1-4　基金根据资金来源和用途分类

类别	内容
在岸基金	在岸基金是指在本国募集资金并投资于本国证券市场的证券投资基金。由于在岸基金的投资者、基金组织、基金管理人、基金托管人及其他当事人和基金的投资市场均在本国境内，所以基金的监管部门比较容易运用本国法律法规及相关技术手段对证券投资基金的投资运作行为进行监管
离岸基金	离岸基金是指一国（地区）的证券投资基金组织在他国（地区）发售证券投资基金份额，并将募集的资金投资于本国（地区）或第三国（地区）证券市场的证券投资基金
国际基金	国际基金是指资本来源于国内，并投资于国外市场的投资基金，如我国的 QDII 基金。QDII 是合格境内机构投资者的首字母缩写。QDII 基金是指在一国境内设立，经该国有关部门批准从事境外证券市场的股票、债券等有价证券投资的基金。它为国内投资者参与国际市场投资提供了便利

（五）特殊类型基金

特殊基金包含的范围比较广，上面提到的基金中基金和另类投资基金，其实严格意义上讲也属于特殊基金，但是本书介绍的仅仅是一些具有代表性的特殊型基金。其具体内容见表 3-1-5。

表 3-1-5　特殊类型基金

类型	内容
避险策略基金	避险策略基金原称保本基金，指通过一定的保本投资策略进行运作，同时引入保本保障机制，以保证基金份额持有人在保本周期到期时可以获得投资本金保证的基金
上市开放式基金（LOF）	既可以在场外市场进行基金份额申购、赎回，又可以在交易所（场内市场）进行基金份额交易和基金份额申购或赎回的开放式基金
分级基金	分级基金是指通过事先约定基金的风险收益分配，将基础份额分为预期风险收益不同的子份额，并可将其中部分或全部份额上市的结构化证券投资基金

考题精练

以下不属于按照投资对象进行基金分类的是（　　）。

A. 货币市场基金、混合基金　　B. 股票基金、债券基金

C. 基金中基金、混合基金　　D. 公募基金、私募基金

［答案］D

二、证券投资基金分类的实践

一般情况下，监管部门和行业协会只是对基金进行泛泛的划分，对于投资者而言，实际的参考意义并不大，在实际的操作过程中，投资者经常借助基金评级机构对于基金的分类。

2009 年年底、2010 年年初中国证监会和中国证券业协会相继发布《证券投资基金评价业务管理暂行办法》和《证券投资基金评价业务自律管理规则（试行）》。

依照规定，基金评价机构对证券投资基金进行评价并通过公开形式发布基金评价结果的，应当成为中国证券业协会的特别会员。

第二节　股票基金

『扫码』免费刷好题 听考点串讲

一、股票基金在投资组合中的作用

股票基金以追求长期的资产增值为目的，比较适合长期投资。与其他类型的基金相比，股票基金的风险较高，但预期收益也较高。因为股票基金的增值性比较强，股票基金可以用来满足教育支出、退休支出等这样一些远期支出的需要。

二、股票基金与股票的区别

股票基金虽然是以股票为主要投资对象，但是，这里对于股票的投资其实是相当于一个一篮子股票组合的投资，所以与投资单一股票相比，二者之间还是存在很多差异的，具体的区别见表 3-2-1。

表 3-2-1　股票基金与股票的区别

区别	股票基金	股票
价格变动	股票基金份额净值的计算每天只进行 1 次	股票价格在每一交易日内始终处于变动之中
价格变动影响因素	股票基金份额净值不会由于买卖数量或申购、赎回数量的多少而受到影响	股票价格会由于投资者买卖股票数量的多少和多空力量强弱的对比而受到影响
投资依据	人们不能对股票基金份额净值进行合理与否的评判。对基金份额净值高低进行合理与否的判断是没有意义的，因为基金份额净值是由其持有的证券价格复合而成的	人们在投资股票时，一般会根据上市公司的基本面，如财务状况、市场竞争力、盈利预期等方面的信息对股票价格高低的合理性做出判断
投资风险	股票基金由于分散投资，投资风险低于单一股票的投资风险	单一股票的投资风险较为集中且风险较大

考题精练

关于股票基金净值与股票价格，以下说法正确的是（　　）。

A. 股票基金净值与股票价格，均可以通过基本面评判其是否被低估

B. 股票基金净值与股票价格均在交易日内不断变动

C. 股票基金净值与其持有的股票组合价格无关

D. 股票基金净值与股价不同，不受基金份额二级市场交易量影响

[答案] D

[解析] 股票价格会由于投资者买卖股票数量的多少和多空力量强弱的对比而受到影响；股票基金份额净值不会由于买卖数量或申购、赎回数量的多少而受到影响。

三、股票基金的类型

根据所在的市场、规模、性质以及所属行业等，可以将股票基金归纳为以下几种主要类型。

（一）按投资市场分类

按投资市场分类，股票基金可分为国内股票基金、国外股票基金与全球股票基金三大类。其具体内容见表 3-2-2。

表 3-2-2　股票基金按投资市场分类

类型	含义
国内股票基金	国内股票基金以本国股票市场为投资场所，投资风险主要受国内市场的影响
国外股票基金	国外股票基金以非本国的股票市场为投资场所，由于币制不同，存在一定的汇率风险
	国外股票基金又可进一步分为单一国家型股票基金、区域型股票基金、全球股票基金三种类型

续表

类型	含义
全球股票基金	全球股票基金以全球股票市场为投资对象，进行全球化分散投资，可以有效克服单一国家或区域投资风险，但由于投资跨度大，费用相对较高

（二）按股票规模分类

按股票市值的大小可将股票分为小盘股票、中盘股票与大盘股票。因此，对应投资于不同规模的股票，股票基金也分为不同的类型。其具体内容见表 3-2-3。

表 3-2-3　股票基金按专注投资的股票的规模分类

类型	含义
小盘股票基金	专注于投资小盘股票的基金就称为小盘股票基金
中盘股票基金	专注于投资中盘股票的基金就称为中盘股票基金
大盘股票基金	专注于投资大盘股票的基金就称为大盘股票基金

对股票规模的划分并不严格，通常有两种划分方法：

(1) 依据市值的绝对值进行划分。如通常将市值小于 5 亿元人民币的公司归为小盘股，将超过 20 亿元人民币的公司归为大盘股。

(2) 依据相对规模进行划分。如将一个市场的全部上市公司按市值大小排名：市值排名靠后、累计市值占市场总市值 20%以下的公司归为小盘股；市值排名靠前，累计市值占市场总市值 50%以上的公司为大盘股。

（三）按股票性质分类

根据股票性质的不同，可将股票分为价值型股票与成长型股票。价值型股票通常是指收益稳定、价值被低估、安全性较高的股票，其市盈率、市净率通常较低。成长型股票通常是指收益增长速度快、未来发展潜力大的股票，其市盈率、市净率通常较高。价值型股票的投资者比成长型股票的投资者一般表现得更有耐心，更倾向于长期投资。因此，对应投资于不同性质的股票，股票基金也分为不同的类型，具体内容见表 3-2-4。

表 3-2-4　股票基金按所投资股票的性质分类

类型	含义
价值型股票基金	专注于价值型股票投资的股票基金称为价值型股票基金。价值型股票基金的投资风险要低于成长型股票基金，但回报通常也不如成长型股票基金
成长型股票基金	专注于成长型股票投资的股票基金称为成长型股票基金
平衡型基金	同时投资于价值型股票与成长型股票的基金称为平衡型基金。平衡型基金的收益、风险介于价值型股票基金与成长型股票基金之间

（四）按基金投资风格分类

人们常常会根据基金所持有的全部股票市值的平均规模与性质的不同而将股票基金分为不同投资风格的基金，如大盘价值型基金、大盘平衡型基金、大盘成长型基金、小盘价值型基金、小盘平衡型基金、小盘成长型基金等。

（五）按行业分类

以某一特定行业或板块为投资对象的基金就是行业股票基金，如房地产基金、金融服务基金、科技股基金等。

不同行业在不同经济周期中的表现不同，为追求较好的回报，出现了行业轮换型基金。行业轮换型基金主要集中于行业投资，因此投资风险相对较高。

考题精练

股票基金分类方式不包括（　　）。

A. 按收益率分类　　B. 按投资风格分类

C. 按投资市场分类　　D. 按股票规模分类

[答案] A

第三节　债券基金

『扫码』免费刷好题　听考点串讲

一、债券基金在投资组合中的作用

债券基金的投资对象主要是债券，其风险和收益都比较适中，因此对追求稳定收入的投资者具有较强的吸引力。

二、债券基金与债券的区别

作为投资于一篮子债券的组合投资工具，债券基金与单一债券存在比较大的区别，具体内容见表 3-3-1。

表 3-3-1　债券基金与债券的区别

项目	债券基金	债券
收益	债券基金作为不同债券的组合，尽管也会定期将收益分配给投资者，但债券基金分配的收益有升有降，不如债券的利息固定	投资者购买固定利率性质的债券，在购买后会定期得到固定的利息收入，并可在债券到期时收回本金
到期日	债券基金由一组具有不同到期日的债券组成，因此并没有一个确定的到期日。不过仍可以对债券基金所持有的所有债券计算出一个平均到期日	一般债券会有一个确定的到期日
收益率预测	债券基金由一组不同的债券组成，收益率较难计算和预测	单一债券的收益率可以根据购买价格、现金流以及到期收回的本金计算其投资收益率
投资风险	债券基金没有固定到期日，所承担的利率风险将取决于所持有的债券的平均到期日。债券基金的平均到期日常常会相对固定，债券基金所承受的利率风险通常也会保持在一定的水平。债券基金通过分散投资可以有效避免单一债券可能面临的较高的信用风险	单一债券随着到期日的临近，所承担的利率风险会下降。单一债券的信用风险比较集中

考题精练

关于债券基金与债券的区别，以下描述错误的是（　　）。

A. 债券基金的收益率比单一债券的收益率更难以预测

B. 债券基金可以有效分散单一债券信用风险

C. 债券基金没有确定的平均剩余期限

D. 债券基金的收益不如债券的收益固定

[答案] C

[解析] 债券基金由一组具有不同到期日的债券组成，因此并没有一个确定的到期日。不过为分析债券基金的特性，仍可以对债券基金所持有的所有债券计算出一个平均到期日，或者平均剩余期限。

三、债券基金的类型

根据债券发行者不同，可将债券分为政府债券、企业债券、金融债券等。根据债券到期日不同，可将债券分为短期债券、长期债券等。根据债券信用等级不同，可将债券分为低等级债券、高等级债券等。与此相适应，也就产生了以某一类债券为投资对象的债券基金。

我国市场上的债券基金有其自身特点，常见类型见表 3-3-2。

表 3-3-2　我国债券基金的常见类型

类型	内容
标准债券型基金	仅投资于固定收益类金融工具，不能投资于股票市场，常称为“纯债基金”。标准债券型基金中又可细分为短债基金、信用债基金等品种
普通债券型基金	主要进行债券投资（即 80%以上基金资产投资于债券），但也投资于股票市场。这类基金在我国市场上占主要部分，其中可再细分为两类：①以债券投资策略为主，可适当参与新股申购和股票增发等称为“一级债基”；②以债券投资策略为主，同时可适当参与新股申购和股票增发、二级市场股票等权益资产投资的称为“二级债基”
其他策略型的债券基金	如可转债基金等

考题精练

关于债券的分类，以下表述错误的是（　　）。

A. 可根据收益率高低分类
B. 可根据债券期限分类
C. 可根据债券信用等级分类
D. 可根据债券发行者分类

[答案] A

第四节　货币市场基金

一、货币市场基金的基本特点

货币市场基金主要投资于货币市场工具，因此具有风险低、流动性好的特点。货币市场基金的投资者一般是厌恶风险、对资产流动性和安全性要求较高的投资者。但是货币市场资金只适合进行短期投资和现金管理，并不适合长期投资。

二、货币市场工具

对于货币市场工具而言，通常指到期日不足 1 年的短期金融工具。因为货币市场工具到期日非常短，也被称为现金投资工具。货币市场工具通常由政府、金融机构以及信誉卓著的大型工商企业发行。

货币市场进入门槛通常很高，这就限制了一般投资者的进入。此外，货币市场主要是场外交易市场，对于交易双方而言，在进行交易的时候买卖双方主要通过电话或电子交易系统以协商价格完成。

与货币市场不同，货币市场基金的投资门槛极低，因此，货币市场基金为普通投资者进入货币市场提供了重要通道。

三、货币市场基金的投资对象

按照《货币市场基金监督管理办法》的规定，货币市场基金应当投资于以下金融工具：①现金；②期限在 1 年以内（含 1 年）的银行存款、债券回购、中央银行票据、同业存单；③剩余期限在 397 天以内（含 397 天）的债券、非金融企业债务融资工具、资产支持证券；④中国证监会、中国人民银行认可的其他具有良好流动性的货币市场工具。

货币市场基金不得投资于以下金融工具：

（1）股票；

（2）可转换债券、可交换债券；

（3）以定期存款利率为基准利率的浮动利率债券，已进入最后一个利率调整期的除外；

（4）信用等级在AA+以下的债券与非金融企业债务融资工具；

（5）中国证监会、中国人民银行禁止投资的其他金融工具。

考题精练

1. 关于货币市场基金所投资的市场与金融工具，以下说法错误的是（　　）。

　A. 货币市场属于进入门槛较低的场外交易市场

　B. 货币市场基金不得投资于可交换债券

　C. 货币市场基金通常投资于到期日不足 1 年的金融工具

　D. 货币市场工具的收益率通常低于其他证券

　[答案] A

　[解析] 货币市场进入门槛通常很高。

2. 货币市场基金的主要投资对象包括（　　）。

　A. 股票

　B. 期限在 1 年以内（含 1 年）的银行存款

　C. 可转换债券

　D. 剩余期限在 397 天以上的债券

　[答案] B

　[解析] A、C、D 三项属于货币市场基金不得投资的金融工具。

四、货币市场基金的支付功能

对于货币市场基金而言，其流动性比较好、风险也比较低。因此，其功能除了投资之外，还具有支付功能。

货币市场基金的支付功能主要体现在以下三个方面：①每个交易日办理基金份额的申购、赎回；②在基金合同中将收益分配的方式约定为红利再投资，并每日进行收益分配；③每日按照面值（一般为 1 元）进行报价。

国外货币市场基金账户可以开出支票，甚至可以通过 ATM 机从货币市场基金账户中提取现金。

第五节　混合基金

『扫码』免费刷好题 听考点串讲

一、混合基金的基本特点

混合基金在投资的时候，同时投资股票、债券等不同的资产类别。因此，与股票基金和债券基金相比，其风险低于股票基金，预期收益则要高于债券基金。它为投资者提供了一种在不同资产类别之间进行分散投资的工具，适合较为保守的投资者。

二、混合基金的类型

通常，依据资产配置的不同，可将混合基金分为偏股型基金、偏债型基金、灵活配置型基金、股债平衡型基金等。偏股型基金中股票的配置比例比较高，债券的配置比例相对较低；偏债型基金与偏股型基金正好相反；股债平衡型基金中股票与债券的配置比例较为均衡。

2017 年中国银河证券基金研究中心最新调整的分类体系，把混合基金分为偏股型基金、灵活配置型基金、偏债型基金等，具体的分类见表 3-5-1。

表 3-5-1　中国银河证券基金研究中心对混合基金的分类

类型	含义
偏股型基金	即基金合同载明或者合同本义是以股票为主要投资方向的，业绩比较基准中是以股票指数为主。偏股型基金分为两个三级分类。基金合同中载明有约束力的股票投资下限是 60% 的是偏股型基金（股票下限 60%）。不满足 60% 股票投资比例下限要求但业绩比较基准中股票比例值等于或大于 60% 的是偏股型基金（基准股票比例 60%—100%）
灵活配置型基金	原则上，基金名称中标明“灵活配置”4 个字。它是指基金合同载明或者合同本义是股票和债券等大类资产之间较大比例灵活配置的混合基金
偏债型基金	与偏股型基金正好相反，债券的配置比例较高，以债券为主要的投资方向，债券投资下限等于或大于 60%，业绩比较基准中债券比例等于或者大于 70%

续表

类型	含义
保本型基金	基金名称中标明“保本”字样。它是指基金合同载明基金管理人或者第三方承担保本保证责任的混合基金
避险策略型基金	是指基金合同载明通过一定的避险投资策略进行投资运作，引入相关保障机制，以在避险策略周期到期时，力求避免基金份额持有人投资本金出现亏损的混合基金
绝对收益目标基金	是指基金合同载明基金投资运作比较宽泛，没有明确的投资方向，没有股票、债券80%比例的最低持仓要求，业绩比较基准为银行定期存款收益或者定期存款收益基础上增加某个固定值或者某个年化固定值的混合基金
	绝对收益目标基金不能保证保本或保证收益，根据投资策略的差异分为灵活策略基金与对冲策略基金
其他混合型基金	指不适合与其他混合基金进行收益与风险评价比较，在上述分类中无法明确归属的混合基金

考题精练

(　　) 不属于混合基金。

A. 偏债型基金　　B. 股债平衡型基金

C. 对冲配置型基金　　D. 偏股型基金

[答案] C

[解析] 依据资产配置的不同可以将混合基金分为偏股型基金、偏债型基金、股债平衡型基金、灵活配置型基金等，不包括对冲配置型基金。

第六节　避险策略基金

『扫码』免费刷好题 听考点串讲

一、避险策略基金的前身

避险策略基金的前身是保本基金，其最大特点是在招募说明书中明确引入保本保障机制。基金份额持有人在保本周期到期时，可以获得投资本金的保证。

根据中国证监会2010年10月26日公布的《关于保本基金的指导意见》，目前我国保本基金的保本保障机制主要包括以下几个方面：

(1) 由基金管理人对基金份额持有人的投资本金承担保本清偿义务；同时，基金管理人与符合条件的担保人签订保证合同，由担保人和基金管理人对投资人承担连带责任。

(2) 基金管理人与符合条件的保本义务人签订风险买断合同，约定由基金管理人向保本义务人支付费用；保本义务人在保本基金到期出现亏损时，负责向基金份额持有人偿付相应损失。保本义务人在向基金份额持有人偿付损失后，放弃向基金管理人追偿的权利。

(3) 经中国证监会认可的其他保本保障机制。

保本基金从本质上讲是一种混合基金，投资目标是在锁定风险的同时力争有机会获得潜在的高回报。此类基金锁定了投资亏损的风险，产品风险较低，也并不放弃追求超额收益的空间，因此比较适合那些不能忍受投资亏损，比较稳健和保守的投资者。

中国证监会于2017年年初对《关于保本基金的指导意见》进行了修订，将“保本基金”名称调整为“避险策略基金”，把《关于保本基金的指导意见》调整为《关于避险策略基金的指导意见》(以下简称《指导意见》)。《指导意见》的内容做了如下修订：①取消连带责任担保制度；②完善对避险策略基金的风控要求；③限定避险策略基金规模上限；④完善基金管理人风控管理要求。

考题精练

1. 下列关于避险策略基金的说法中，错误的是（　　）。

A. 避险策略基金一般都有保本期

B. 避险策略基金在本质上属于混合基金

C. “保本”的性质限制了基金收益的上升空间

D. 避险策略型基金可以规避通货膨胀风险

[答案] D

[解析] 尽管投资避险策略型基金亏本的风险几乎等于零，但投资者仍必须考虑投资的机会成本与通货膨胀损失。

2. 关于避险策略基金的描述，不正确的是（　　）。

A. 在任意时点保证投资者本金安全

B. 投资目标是在锁定下跌风险的同时力争有机会获取潜在的回报

C. 保证投资者投资到期时至少能够获得投资本金或一定回报

D. 采用投资组合保险策略

[答案] A

[解析] 避险策略基金的前身是保本基金，其最大特点是其招募说明书中明确引入保本保障机制，以保证基金份额持有人在保本周期到期时，可以获得投资本金的保证，而不是保证在任意时点投资者本金的安全。

二、避险策略基金的投资策略

因为国内市场与国际市场上的金融工具有所不同，所以国内和国际市场上的避险策略基金的投资策略有所不同，具体内容见表 3-6-1。

表 3-6-1　国内外避险策略基金的投资策略

项目	国际成熟市场	国内市场
对比	对冲保险策略主要依赖金融衍生产品，如股票期权、股指期货等，实现投资组合价值的保本与增值	国内尚缺乏衍生金融工具，所以国内主要选择固定比例投资组合保险策略作为投资的保本策略（CPPI）
		CPPI 是一种通过比较投资组合现时净值与投资组合价值底线，从而动态调整投资组合中风险资产与保本资产的比例，以兼顾保本与增值目标的保本策略

三、避险策略基金的类型

基金提供的保证有本金保证、收益保证和红利保证，具体比例由基金公司自行规定。

一般本金保证比例为 100%，但也有低于 100% 或高于 100% 的情况。至于是否提供收益保证和红利保证，各基金情况各不相同（我国目前的避险策略基金并没有保证收益的类型）。

四、避险策略基金的分析

避险策略基金的分析指标主要包括封闭周期、保本比例（到期时投资者可获得的本金保障比率）、赎回费、安全垫（风险资产投资可承受的最高损失限额）、担保人等。

第七节　交易型开放式指数基金（ETF）

『扫码』免费刷好题 听考点串讲

一、ETF 的特点

ETF 特点主要有三个，具体内容见表 3-7-1。

表 3-7-1　ETF 的特点

特点	内容
被动操作的指数基金	ETF 一般在投资的时候采用完全复制或抽样复制，是一种被动投资的指数式基金。ETF 的投资对象主要是某一选定的指数所包含的成分证券（股票、债券等）或商品，需要考虑构成指数的证券或商品的种类和比例。ETF 是一种比较纯粹的指数基金，具有传统指数基金的全部特色

续表

特点	内容
独特的实物申购、赎回机制	所谓实物申购、赎回机制，是指投资者需要拿某只ETF指定的一篮子证券或商品来向基金管理公司申购对应的ETF；赎回时得到的也是一篮子证券或商品而不是现金。如果想变现，需要再卖出这些证券或商品。实物申购、赎回机制是ETF最大的特色之一。此外，ETF有“最小申购、赎回份额”的规定，只有资金达到一定规模的投资者才能参与ETF一级市场的实物申购、赎回
	中国市场上目前仅有跨时区ETF，由于暂时无法买到跨时区的市场证券所以采用全现金替代模式进行申购、赎回，部分商品和债券ETF采用实物申购、赎回和全现金替代申购、赎回两种模式并行，股票ETF基本都采用实物申购、赎回制度
实行一级市场与二级市场并存的交易制度	ETF实行一级市场与二级市场并存的交易制度。在一级市场上，只有资金达到一定规模的投资者（基金份额通常要求在30万份以上或者更高）可以随时在交易时间内进行以股票换份额（申购）、以份额换股票（赎回）的交易，这种资金规模的限制把中小投资者排斥在了一级市场之外。在二级市场上，ETF与普通股票一样在市场挂牌交易。这里就没有了资金规模的限制，中小投资者也可按市场价格进行ETF份额的交易
	一级市场的存在使二级市场交易价格不可能偏离基金份额净值很多，否则两个市场的差价会引发套利交易。套利交易会使套利机会终消失，使二级市场价格恢复到基金份额净值附近

ETF的交易模式见图3-7-1。

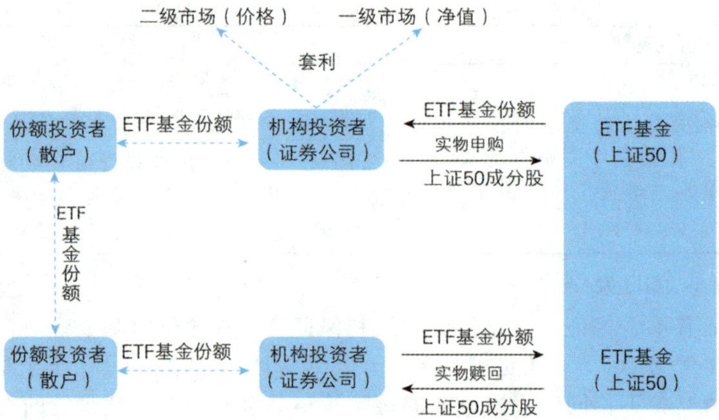

图3-7-1　ETF的交易模式

ETF本质上是一种指数基金，因此对ETF的需求主要体现在对指数产品的需求上。由一级市场和二级市场的差价所引致的套利交易则属于一种派生需求。与传统的指数基金相比，ETF的复制效果更好、效率更高、成本更低，买卖更为方便（可以在交易日随时进行买卖），并可以进行套利交易，因此对投资者具有独特的吸引力。

二、ETF的套利交易

ETF的独特之处在于实行一级市场与二级市场交易同步进行的制度安排，因此，投资者可以在ETF二级市场交易价格与基金份额净值两者之间存在差价时进行套利交易。

具体而言，当二级市场ETF交易价格低于其份额净值，即发生折价交易时，大的投资者可以通过在二级市场低价买进ETF，然后在一级市场赎回（高价结算）份额，再于二级市场上卖掉股票而实现套利交易。相反，当二级市场ETF交易价格高于其份额净值，即发生溢价交易时，大的投资者可以在二级市场买进一篮子股票，于一级市场按份额净值转换为ETF（相当于低价买入ETF）份额，再于二级市场上高价卖掉ETF而实现套利交易。套利机制的存在会迫使ETF二级市场价格与份额净值趋于一致，使ETF既不会出现类似封闭式基金二级市场大幅折价交易和溢价交易的现象，也克服了开放式基金不能进行盘中交易的弱点。

折价套利会导致 ETF 总份额的减少，溢价套利会导致 ETF 总份额的扩大。但正常情况下，套利活动会使套利机会消失，因此套利机会并不多，通过套利活动引致的 ETF 规模的变动也就不会很大。ETF 规模的变动最终取决于市场对 ETF 的真正需求。

三、ETF 与 LOF 的区别

ETF 与 LOF 都具备开放式基金可以申购、赎回和场内交易的特点，但两者存在本质区别，见表 3-7-2。

表 3-7-2　ETF 与 LOF 的区别

区别	ETF	LOF
申购、赎回的标的不同	ETF 与投资者交换的是基金份额与一篮子证券或商品	LOF 的申购、赎回是基金份额与现金的对价
申购、赎回的场所不同	ETF 的申购、赎回通过交易所进行	LOF 的申购、赎回既可以在代销网点进行，也可以在交易所进行
对申购、赎回的限制不同	只有资金在一定规模以上的投资者（基金份额通常要求在 30 万份以上）才能参与 ETF 一级市场的申购、赎回交易	LOF 在申购、赎回上没有特别要求
基金投资策略不同	ETF 通常采用完全被动式管理方法，以拟合某一指数为目标	LOF 是普通的开放式基金增加了交易所的交易方式，它可以是指数型基金，也可以是主动管理型基金
二级市场的净值报价频率不同	ETF 每 15 秒提供一个基金份额参考净值（IOPV）报价	LOF 的净值报价频率要比 ETF 低，通常 1 天只提供 1 次或几次基金参考净值报价

四、ETF 联接基金

ETF 联接基金是将绝大部分基金财产投资于某一 ETF（称为目标 ETF），密切跟踪标的指数表现，可以在场外（银行渠道等）申购赎回的基金。

根据中国证监会的规定，ETF 联接基金投资于目标 ETF 的资产不得低于联接基金资产净值的 90%，其余部分应投资于标的指数成分股和备选成分股。并且，ETF 联接基金的管理人不得对 ETF 联接基金财产中的 ETF 部分计提管理费。

ETF 联接基金的主要特征见表 3-7-3。

表 3-7-3　ETF 联接基金的主要特征

特征	内容
依附于主基金	ETF 联接基金通过主基金投资，若主基金不存在，联接基金也不存在。因此，联接基金和 ETF 是同一法律实体的两个不同部分，联接基金处于从属地位
申购渠道多样	联接基金提供了银行、证券公司场外、互联网公司平台等申购 ETF 的渠道，可以吸引大量的银行和互联网公司平台客户直接通过联接基金介入 ETF 的投资，增强 ETF 的影响力。大多数 ETF 都是场内交易的，也就是说需要开立股票账户才能交易 ETF。在联接基金成立和开放申赎后，投资者可以通过申购联接基金的方式（联接基金最少投资 10 元、100 元或 1 000 元），参与 ETF 投资。联接基金主要是为银行和互联网公司平台的中小投资者申购 ETF 打开了通道
定期定额投资方式	联接基金可以提供目前 ETF 基金不具备的定期定额等方式来介入 ETF 基金的运作
不能参与 ETF 的套利	发展联接基金主要是为了做大指数基金的规模。联接基金的目的不在于套利，而是通过把场外渠道的资金引进来，做大指数基金的规模，推动指数化投资
是一种特殊的基金中基金（FOF）	ETF 联接基金持有目标 ETF 的市值不得低于该联接基金资产净值的 90%

2009 年 9 月，我国最早的两只联接基金——华安上证 180ETF 联接基金和交银 180 治理 ETF

联接基金成立。

ETF联接基金与ETF的比较见表3-7-4。

表3-7-4　ETF联接基金与ETF的比较

<table>
<tr><th>项目</th><th colspan="2">ETF联接基金</th><th>ETF</th></tr>
<tr><td>业绩</td><td colspan="3">紧密跟踪标的指数表现</td></tr>
<tr><td>运作方式</td><td colspan="3">开放式</td></tr>
<tr><td>申购门槛</td><td colspan="2">低（1 000份）</td><td>高（至少30万份、50万份、100万份等）</td></tr>
<tr><td rowspan="4">投资标的</td><td colspan="2">跟踪同一标的指数的组合证券</td><td rowspan="4">一篮子股票或其他资产组合，这一组合中的股票或其他资产种类与某一特定指数构成完全一致；ETF的投资组合通常完全复制标的指数，其净值表现与盯住的特定指数高度一致</td></tr>
<tr><td colspan="2">标的指数的成分股和备选成分股</td></tr>
<tr><td colspan="2">中国证监会规定的其他证券品种</td></tr>
<tr><td colspan="2">ETF联接基金财产中，目标ETF不得低于基金资产净值的90%。它更类似于增强指数基金。90%的基金资产用来投资跟踪指数，10%的基金资产通过主动管理来强化收益</td></tr>
<tr><td>申购、赎回渠道</td><td colspan="2">银行、证券公司、互联网公司平台</td><td>证券公司</td></tr>
<tr><td rowspan="3">费用</td><td>管理费</td><td>ETF联接基金的管理人不得对ETF联接基金财产中持有的自身管理的基金部分收取管理费</td><td rowspan="3">ETF在交易所交易的费用与封闭式基金的交易费用相同，远比开放式基金申购、赎回费低</td></tr>
<tr><td>托管费</td><td>ETF联接基金的基金托管人不得对ETF联接基金财产中的ETF部分计提托管费</td></tr>
<tr><td>费率</td><td>认购、申购、赎回的费率可以参照开放式基金的相关费率水平</td></tr>
</table>

考题精练

关于ETF与ETF联接基金，以下叙述错误的是（　　）。

A. ETF联接基金能够参与ETF套利

B. ETF联接基金可以帮助中小投资者申购ETF

C. ETF联接基金的托管人不对所联接的ETF计提托管费

D. ETF联接基金财产中，目标ETF不得低于基金资产净值的90%

[答案] A

第八节　QDII基金

『扫码』免费刷好题 听考点串讲

一、概述

2007年6月18日，中国证监会颁布的《合格境内机构投资者境外证券投资管理试行办法》规定，符合条件的境内基金管理公司和证券公司，经中国证监会批准，可在境内募集资金进行境外证券投资管理。

QDII是指经中国证监会批准可以在境内募集资金进行境外证券投资的机构。QDII是人民币在没有实现可自由兑换、资本项目尚未完全放开的情况下的一项过渡性的制度安排。而对应的QDII基金在募集的时候，可以使用人民币、美元或其他主要外汇货币为计价货币。

通过QDII基金进行国际市场投资，不但为投资者提供了新的投资机会，而且由于国际证券市场常常与国内证券市场具有较低的相关性，也为投资者降低组合投资风险提供了新的途径。

二、QDII 基金的投资对象

QDII 基金的投资对象见表 3-8-1。

表 3-8-1　QDII 基金的投资对象

项目	内容
QDII 基金可投资的金融产品或工具	①银行存款、可转让存单、银行承兑汇票、银行票据、商业票据、回购协议、短期政府债券等货币市场工具。②政府债券、公司债券、可转换债券、住房按揭支持证券、资产支持证券等及经中国证监会认可的国际金融组织发行的证券。③与中国证监会签署双边监管合作谅解备忘录的国家或地区证券市场挂牌交易的普通股、优先股、全球存托凭证和美国存托凭证、房地产信托凭证。④在已与中国证监会签署双边监管合作谅解备忘录的国家或地区证券监管机构登记注册的公募基金。⑤与固定收益、股权、信用、商品指数、基金等标的物挂钩的结构性投资产品。⑥远期合约、互换及经中国证监会认可的境外交易所上市交易的权证、期权、期货等金融衍生产品
QDII 基金禁止投资行为	①购买不动产。②购买房地产抵押按揭。③购买贵重金属或代表贵重金属的凭证。④购买实物商品。⑤除应付赎回、交易清算等临时用途以外，借入现金。该临时用途借入现金的比例不得超过基金、集合计划资产净值的 10%。⑥利用融资购买证券，但投资金融衍生产品除外。⑦参与未持有基础资产的卖空交易。⑧从事证券承销业务。⑨中国证监会禁止的其他行为

考题精练

关于 QDII 基金的特点，以下表述错误的是（　　）。

A. QDII 基金可以人民币、美元或者其他主要外汇货币为计价货币

B. QDII 基金与境内证券市场的相关性较低

C. QDII 基金可以在境外募集资金进行境内证券投资

D. QDII 基金的管理人须有合格境内机构投资者的资格

[答案] C

[解析] 2007 年 6 月 18 日，中国证监会颁布的《合格境内机构投资者境外证券投资管理试行办法》规定，符合条件的境内基金管理公司和证券公司，经中国证监会批准，可在境内募集资金进行境外证券投资管理。

第九节　分级基金

『扫码』免费刷好题 听考点串讲

一、分级基金的基本概念

分级基金是指通过事先约定基金的风险收益分配，将母基金份额分为预期风险收益不同的子份额，并可将其中部分或全部类别份额上市交易的结构化证券投资基金。其中，分级基金的基础份额称为母基金份额，预期风险收益较低的子份额称为 A 类份额，预期风险收益较高的子份额称为 B 类份额。分级基金的收益情况示例可以参考图 3-9-1。

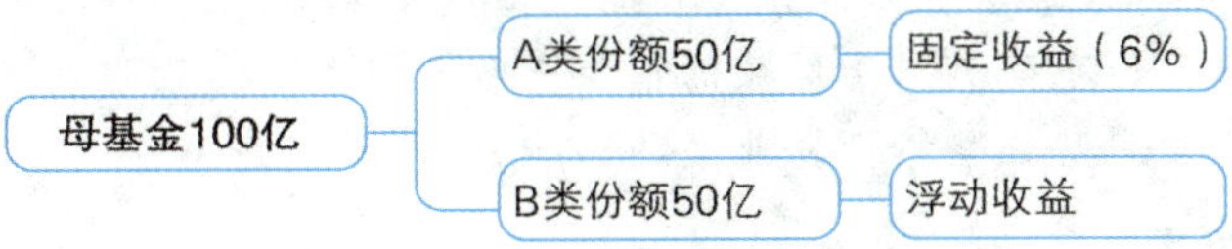

图 3-9-1　分级基金收益情况示例

二、分级基金的特点

分级基金作为一种创新型基金，具有一些与普通基金不同的特点，具体内容见表 3-9-1。

表 3-9-1　分级基金的特点

特点	内容
一只基金，多类份额，多种投资工具	分级基金借助结构化设计将同一基金资产划分为预期风险收益特征不同的份额类别
	母基金份额即为普通股票指数基金份额，具有较高风险、较高预期收益的特征
	A类份额根据基金合同的约定可以定期获得约定收益，通常是在基准利率的基础上有所上浮，同时通过不定期折算等特殊机制，使得B类份额以自身的净值保证A类份额的本金安全及约定收益，从而使A类份额体现出类固定收益产品的特性，具有低风险、收益相对稳定的特征
	B类份额获取扣除了A类份额的约定收益以外的母基金的全部收益或亏损，具有鲜明的杠杆特性，因此，B类份额具有高风险、高预期收益的特征
A类、B类份额分级，资产合并运作	尽管分级基金将基础份额拆分为不同风险收益特征的子份额，但基金资产仍然作为一个整体进行投资运作，不同类别子份额的估值与收益分配一方面跟事先约定的收益分配条件有关，另一方面又会受到基金整体投资业绩的影响
基金份额可在交易所上市交易	目前主流的股票型分级基金与LOF类似，母基金可以通过场外、场内两种方式募集，通过场外与场内获得的基金份额分别被注册登记在场外系统与场内系统，但基金份额可以通过跨系统转托管实现在场外市场与场内市场的转换
	分级基金A类、B类份额的上市交易，满足了投资者根据不同的风险收益偏好进行交易选择的需求。需要注意的是，并非所有的分级基金份额均可上市交易
内含衍生工具与杠杆特性	分级基金涉及收益分配权的分割与收益保障等结构性条款的设置，使其普遍具有杠杆化的特性，具有了内含衍生工具特性。此外，由于结构设计、运作方式、定价和杠杆的不同，不同的分级基金表现出较大的差异性，这些情况都使分级基金的复杂程度超过普通基金
多种收益实现方式、投资策略丰富	分级基金由于份额分类和结构化设计，使其内含了期权、杠杆等多种特性，为投资者提供了多种投资工具，投资者通过折（溢）价套利、A类份额持有策略、B类份额波段操作策略、定期折算与不定期折算投资机会捕捉等多种投资策略，可寻求多样化的收益实现方式

考题精练

关于分级基金的特点，以下表述错误的是（　　）。

A. 不同类别子份额的基金资产分别进行投资运作

B. 分级基金的子份额通常可以在交易所上市交易

C. 一只分级基金同时具有风险收益特征不同的份额类别

D. 分级基金具有内含衍生工具与杠杆的特征

[答案] A

[解析] 尽管分级基金将母基金份额拆分为不同风险收益特征的子份额，但基金资产仍然作为一个整体进行投资运作，不同类别子份额的估值与收益分配一方面取决于事先约定的收益分配条件，另一方面则会受到基金整体投资业绩的影响。

三、分级基金的类型

（一）按运作方式分类

按运作方式，可将分级基金分为封闭式分级基金与开放式分级基金。其具体内容见表3-9-2。

表 3-9-2 分级基金按运作方式分类

类型	内容
封闭式分级基金	封闭式分级基金的母基金份额只能在基金发行时购买，发行结束后不能申购赎回母基金份额，只能通过二级市场买卖分级份额（A 类或 B 类份额）
	封闭式分级基金有一定存续期限，目前多为 3 年期或 5 年期，封闭期到期后分级基金通常转为普通 LOF 基金进行运作，分级机制不再延续。封闭式运作有利于某些债券投资策略的实施
开放式分级基金	开放式运作能够满足投资者在基金日常运作期间申购、赎回分级基金母基金份额的需求，同时通过配对转换的功能实现母基金份额与分级份额之间的联通
	开放式的分级基金也分为有期限分级基金和永续分级基金，有期限的分级基金和封闭式分级基金一样，一般到期后会转型为普通 LOF 基金；永续分级基金能保证分级基金的分级机制在正常情况下长期有效和永久存续
	开放式运作既为基金份额提供了流动性，结合配对转换功能还有利于平抑分级基金份额之间的总体折（溢）价率

（二）按投资对象分类

按投资对象不同，可将分级基金分为股票型分级基金、债券型分级基金（包括转债分级基金）和 QDII 分级基金等。

（三）按投资风格分类

按投资风格不同，可将分级基金分为主动投资型分级基金与被动投资（指数化）型分级基金。

（四）按募集方式分类

按募集方式不同，可将分级基金分为合并募集基金与分开募集基金，具体内容见表 3-9-3。

表 3-9-3 分级基金按募集方式分类

类型	内容
合并募集基金	合并募集是统一以母基金代码进行募集，募集完成后，可将场内基金份额按约定比例分拆为两类子份额
分开募集基金	分开募集是指基金以子代码进行分开募集，通过比例配售实现子份额的配比。分开募集的分级基金通常为债券型分级基金

考题精练

我国分级基金的募集包括（　　）和（　　）两种方式。

A. 现金募集、非现金募集　　B. 合并募集、分开募集

C. 场内募集、场外募集　　D. 直销募集、分销募集

[答案] B

[解析] 我国分级基金按募集方式分为合并募集、分开募集。

（五）按子份额之间收益分配规则分类

根据子份额之间收益分配规则不同，可将分级基金分为简单融资型分级基金和复杂型分级基金，具体内容见表 3-9-4。

表 3-9-4 分级基金按子份额之间收益分配规则分类

类型	内容
简单融资型分级基金	简单融资分级相当于 B 级份额以一定的约定成本向 A 级份额融资而获得杠杆。我国现有分级基金大多是简单融资型分级基金
复杂型分级基金	复杂分级的子份额通常暗含多个期权，估值与定价更为复杂

（六）按是否存在母基金份额分类

按是否存在母基金份额，可将分级基金分为存在母基金份额的分级基金和不存在母基金份额的分级基金，具体内容见表 3-9-5。

表 3-9-5　分级基金按是否存在母基金份额分类

类型	内容
存在母基金份额的分级基金	现有全部股票型分级基金和少量债券型分级基金都属于存在母基金份额的分级基金
不存在母基金份额的分级基金	大部分债券型分级基金都属于不存在母基金份额的分级基金。不存在母基金份额的分级基金具有两个特点：一是必然不采取份额配对转换机制；二是其披露的基础份额净值并不代表基金整体的投资收益情况，存在一定的失真

（七）按是否具有折算条款分类

按是否具有折算条款，可将分级基金分为具有折算条款的分级基金和不具有折算条款的分级基金，具体内容见表 3-9-6。

表 3-9-6　分级基金按是否具有折算条款分类

类型	内容
具有折算条款的分级基金	定期折算条款，旨在将 A 类份额的约定收益分配给其持有人。一般情况下，定期折算将 A 类份额的约定收益以母基金的形式折算给 A 类份额持有人
	不定期折算，其条款设置一般为当分级基金 B 类份额净值触发下折阈值时进行下折算，或者当母基金的份额净值触发上折阈值时进行上折算
不具有折算条款的分级基金	—

四、分级基金的规范

沪深两大交易所于 2016 年 11 月 25 日双双发布了《分级基金业务管理指引》，并于 2017 年 5 月 1 日起正式实施。

《分级基金业务管理指引》明确了分级基金二级市场投资者适当性管理、风险警示措施、投资者教育、投资者责任和义务等内容，包括提高分级基金 30 万元证券类资产的准入门槛，要求投资者在营业部现场面签“分级基金投资风险揭示书”等。

第十节　基金中基金

『扫码』免费刷好题 听考点串讲

一、基金中基金的概念和特点

基金中基金，又称 FOF，投资对象是其他证券投资基金。其投资组合由其他基金组成。对于这类基金而言，其基本特点是将大部分资产投资于“一篮子”基金，而不是直接投资于股票、债券等金融工具。

2014 年 8 月生效的《公开募集证券投资基金运作管理办法》中规定，“80%以上的基金资产投资于其他基金份额的，为基金中基金”。

考题精练

基金中基金是指，将（　　）以上的基金资产投资于经中国证监会依法核准或注册的公开募集的基金份额的基金。

A. 100%　　B. 70%

C. 80%　　D. 90%

［答案］C

二、基金中基金的运作规范

2016年，中国证监会发布《公开募集证券投资基金运作指引第2号——基金中基金指引》，对基金中基金做了详细的规范，具体内容见表3-10-1。

表3-10-1　基金中基金的运作规范

规范	内容
明确基金中基金的定义	80%以上的基金资产投资于经中国证监会核准或注册的公开募集的基金
强化分散投资，防范集中持有风险	除ETF联接基金外，同一管理人管理的全部FOF持有单只基金不得超过被投资基金净资产的20%
不允许FOF持有分级基金等具有衍生品性质产品	FOF不得持有具有复杂、衍生品性质的基金份额，包括分级基金和中国证监会认定的其他基金份额
防范利益输送	除ETF联接基金外，FOF投资其他基金时，被投资基金的运作期限应当不少于1年、最近定期报告披露的基金净资产应当不低于1亿元
减少双重收费	基金管理人不得对FOF财产中持有的自身管理的基金部分收取FOF的管理费；基金托管人不得对FOF财产中持有的自身托管的基金部分收取FOF的托管费；基金管理人运用FOF财产申购自身管理的基金（ETF除外），应当通过直销渠道申购，且不得收取申购费、赎回费、销售服务费等销售费用
FOF参与持有基金的份额持有人大会原则	《基金中基金指引》规定FOF持有的基金召开基金份额持有人大会时，FOF的基金管理人应代表FOF份额持有人的利益，根据基金合同的约定参与所持有基金的份额持有人大会，并在遵循FOF份额持有人利益优先原则的前提下行使相关投票权利
强化FOF信息披露	FOF的投资风格应当清晰、鲜明；基金名称应当表明基金类别和投资特征；基金合同应明确被投资基金的选择标准
保证估值的公允性	基金管理人应当在FOF所投资基金披露净值的次日，及时披露FOF份额净值和份额累计净值
明确基金公司开展FOF业务的组织架构	除ETF联接基金外，FOF的基金经理不得同时兼任其他基金的基金经理
强化相关主体责任	基金管理人、基金托管人等相关主体应当做好估值核算等方面的准备工作

三、基金中基金的类型

从运作模式来看，FOF产品主要分为以下四类，具体内容见表3-10-2。

表3-10-2　基金中基金的类型

类型	定义
主动管理主动型FOF	是指基金经理主动地对不同资产的未来表现进行判断并择时，然后基于配置结论将标的投资于各主动管理型基金
主动管理被动型FOF	是指基金经理通过主动管理的方式投资于被动型基金产品
被动管理主动型FOF	是指FOF母基金采用指数编制的方式或者采用特定的投资比例对子基金进行投资并做定期调整，而被投资的子基金则为主动管理型基金
被动管理被动型FOF	是指FOF母基金采用指数编制的方式或者采用特定的投资比例对子基金进行投资并做定期调整，而被投资的子基金则为被动管理型基金

第四章　证券投资基金的监管

知识结构

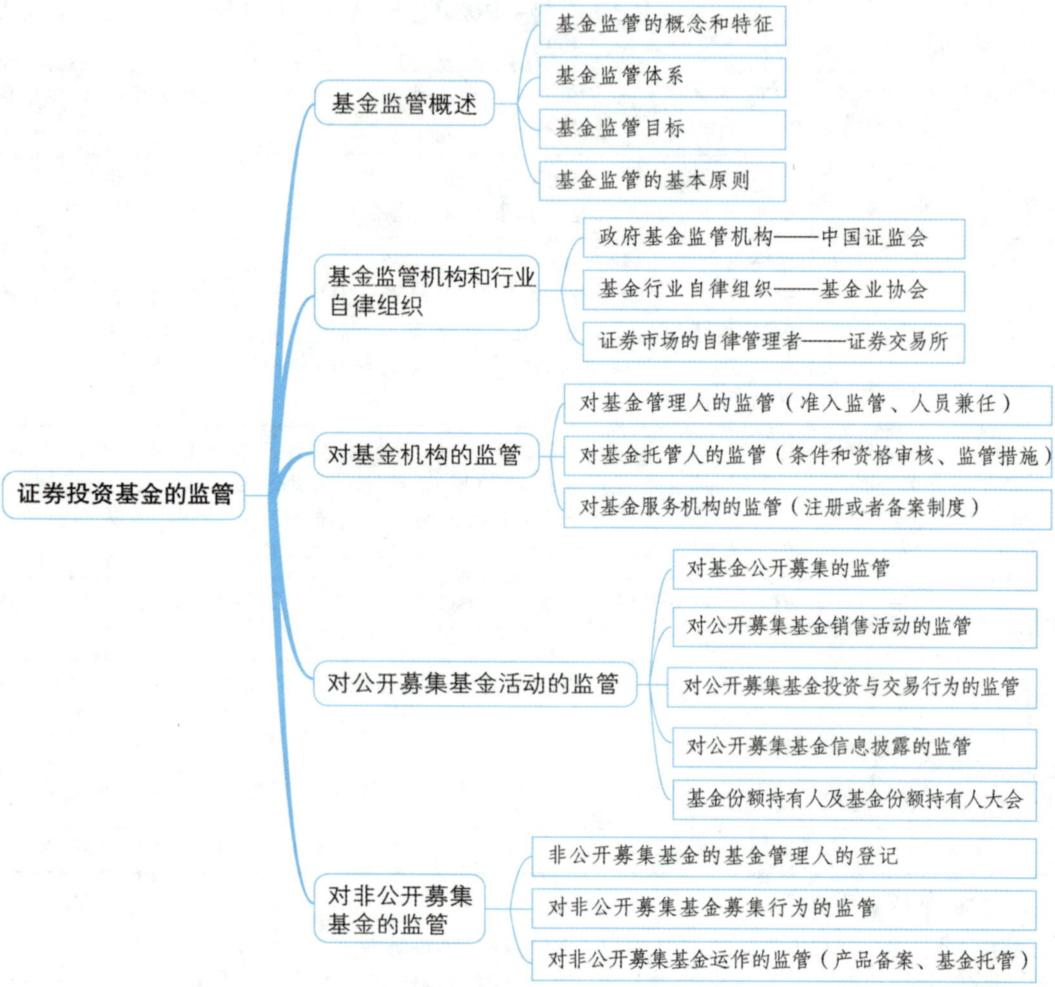

第一节　基金监管概述

一、基金监管的概念和特征

（一）基金监管的概念

根据监管主体范围的不同，基金监管主要有广义和狭义的两种解释。

广义的基金监管是指有法定监管权的行政机构、基金行业自律组织、基金机构内部监督部门以及社会力量对基金市场、基金市场主体及其活动的监督或管理。

狭义的基金监管，一般专指行政监管，即有法定监管权的政府机构依法对基金市场、基金市场主体及其活动的监督和管理。本书采用狭义的基金监管概念，即基金监管专指行政监管。

（二）基金监管的特征

行政监管与基金行业自律、基金机构内控以及社会力量监督相比，有以下的特征，具体内容见表 4-1-1。

表 4-1-1　基金监管的特征

特征	内容
监管内容具有全面性	行政监管的内容，不仅涉及各种基金机构的设立、变更和终止，基金机构从业人员的资格和行为，基金机构的活动规则，而且还涉及基金市场其他诸多方面的监管，监管内容具有全面性
监管对象具有广泛性	行政监管机构对所有的基金机构及其从业人员乃至基金行业自律组织均有权监管
监管时间具有连续性	行政监管活动贯穿基金机构从设立直至终止的全过程，包括市场进入、市场活动和市场退出的各个方面，体现为事前监管、事中监管和事后监管的连续活动
监管主体及其权限具有法定性	与基金行业相关的法律法规明确规定行政监管机构及其权限和职责，行政监管机构依法行使其职责
监管活动具有强制性	有关基金监管的法律规定，具有强制性规范的性质

考题精练

关于基金行政监管特征，以下表述正确的有（　　）。

Ⅰ. 监管活动具有强制性　　Ⅱ. 监管权限具有法定性

Ⅲ. 监管主体具有行业自律性　　Ⅳ. 监管内容具有限定性

A. Ⅰ、Ⅱ、Ⅳ　　B. Ⅰ、Ⅱ

C. Ⅲ、Ⅳ　　D. Ⅰ、Ⅱ、Ⅲ、Ⅳ

[答案] B

二、基金监管体系

基金监管体系，即为基金监管活动各要素及其相互间的关系。基金监管活动的要素主要包括目标、体制、内容和方式等。

基金监管目标，是指基金监管活动所要达到的目的和效果。

基金监管体制，是指基金监管活动主体及其职权的制度体系。

基金监管内容，是指基金监管具体对象的范围，既包括基金市场活动的主体也包括基金市场主体的活动。

基金监管方式，是指基金监管所采用的方法和形式，也称基金监管的手段和措施。

三、基金监管目标

基金监管的目标是基金监管活动的出发点和价值归宿，基金监管活动须依法进行。我国基金监管的目标，也体现为《证券投资基金法》的立法宗旨，具体内容见表 4-1-2。

表 4-1-2　基金监管目标

目标	内容
保护投资人及相关当事人的合法权益	投资人即基金份额持有人，是基金的出资人、基金资产的实际所有人和基金投资回报的受益人。相关当事人是指除基金份额持有人以外的参与投资基金活动的其他当事人，包括基金管理人、基金托管人、基金销售机构、为基金出具审计报告的会计师事务所、为基金出具法律意见书的律师事务所以及为基金提供资产评估或者验证服务的其他中介机构等。依法保护投资人及相关当事人的合法权益，是基金监管的首要目标

续表

目标	内容
规范证券投资基金活动	基金监管只有以有效地规范证券投资基金活动为切入点和着力点，才能切实保护投资人及相关当事人合法权益。在这个意义上，规范证券投资基金活动是基金监管的直接目标，也是促进证券投资基金和资本市场健康发展的前提条件
促进证券投资基金和资本市场的健康发展	证券投资基金是资本市场的重要组成部分，是投资者对专业理财和理性投资的需要。基金监管要以有利于引导金融业发展同经济社会发展相协调，促进融资便利化，降低实体经济成本，提高资源配置效率为目标。基金监管还要以防范系统性金融风险为底线，保障风险可控
	在加强对基金行业和基金市场规范和监管的同时，进一步为我国基金业发展创造良好的环境，鼓励创新，推动我国基金市场开展公平有序的竞争，促进证券投资基金和资本市场的健康发展，也是基金监管的重要目标

考题精练

基金监管目标是基金监管活动的出发点，其内容应包括（　　）。

Ⅰ. 保护投资人的合法权益

Ⅱ. 确保基金财产的保值增值

Ⅲ. 促进证券投资基金行业的健康发展

Ⅳ. 规范证券投资基金活动

A. Ⅰ、Ⅲ　　B. Ⅰ、Ⅱ、Ⅲ、Ⅳ

C. Ⅰ、Ⅲ、Ⅳ　　D. Ⅰ、Ⅱ、Ⅲ

［答案］C

四、基金监管的基本原则

基金监管的基本原则见表 4-1-3。

表 4-1-3　基金监管的基本原则

原则	内容
保护投资人利益原则	保护投资人利益原则是基金监管活动的目的和宗旨的集中体现，基金监管应以保护投资人的利益为首要目标
适度监管原则	市场并不是万能的，而是存在种种缺陷，这就是我们常说的“市场失灵”。“市场失灵”就要求政府干预，但是这种干预又要存在一定的“度”。现代市场经济的行政监管应适度，监管范围应严格限定在基金“市场失灵”的领域
	对于基金的监管应该形成“四位一体”的监管格局，即以行政监管为核心、行业自律为纽带、机构内控为基础、社会监督为补充
高效监管原则	所谓高效监管，是指基金监管活动不仅要以价值最大化的方式实现基金监管的根本目标，而且还要通过基金监管活动促进基金行业的高效发展
	高效监管原则首先要求行政监管机构具有权威性，要赋予行政监管机构以合法的监管地位和合理的监管权限和职责。高效监管原则还要求确定合理的监管内容体系、监管模式，要管得有效。同时，对于违法行为，要规定明确的法律责任和制裁手段。另外，在现代市场经济条件下，有效的监管协调、规范的监管程序、科学的监管技术、现代化的监管手段也是高效基金监管的保证
	2017 年全国金融工作会议要求金融监管机构要加强协调，强化综合监管，突出功能监管和行为监管

续表

原则	内容
依法监管原则	行政监管的行政法律关系是：行政监管机构是行政主体，监管对象是行政相对人，行政监管机构所采取的监管手段和措施是具体行政行为
	依法监管原则，是指监管机构的设置及其监管职权的取得，必须有法律依据；监管职权的行使，必须依据法律程序，既不能超越法律的授权滥用权力，也不能怠于行使法定的职责；对违法行为的制裁，必须依据法律的明确规定，秉公执法，不偏不倚
	我国基金监管活动的主要依据是《证券投资基金法》以及中国证监会、基金业协会、证券交易所发布的一系列相关的部门规章、规范性文件和自律规则
审慎监管原则	审慎监管，其精髓在于金融监管机构要尽可能赶在金融机构完全亏损之前采取有效措施，以便让金融机构股东之外的其他人不受损失。审慎监管原则是金融业特有的一项监管原则
	2017 年全国金融工作会议提出了要以强化金融监管为重点，以防范系统性金融风险为底线，加快法律法规建设，完善金融机构法人治理结构并加强宏观审慎管理制度建设
	基金监管遵循审慎监管原则，是指基金监管机构在制定监管规范以及实施监管行为时，注重基金机构的偿付能力和风险防控，以确保基金运行稳健和基金财产安全。审慎监管原则贯穿基金市场准入和持续监管的全过程
公开、公平、公正监管原则	公开、公平、公正监管原则，是证券市场活动以及证券监管的基本原则： (1) 公开原则，不仅要求作为证券监管对象之一的基金市场具有充分的透明度，实现市场信息公开化，而且要求基金监管机构的监管规则和处罚应当公开，这也是政务公开原则的体现 (2) 公平原则，是指基金市场主体平等，要求基金监管机构依照相同的标准衡量同类监管对象的行为 (3) 公正原则，要求基金监管机构在公开、公平基础上，对监管对象公正对待，一视同仁
	作为基金监管原则的"三公"原则，重在"公正"，即公正监管、公正执法，是依法监管原则的具体化

考题精练

以下不属于基金监管的基本原则的是（　　）。

A. 保护投资人利益原则　　B. 保证投资者收益原则

C. 公开、公平、公正监管原则　　D. 审慎监管原则

［答案］B

第二节　基金监管机构和行业自律组织

『扫码』免费刷好题　听考点串讲

基金监管体制，是指基金监管活动主体及其职权的制度体系。依据《证券法》和《证券投资基金法》的规定，依法对基金市场主体及其活动实施监督管理的是国务院证券监督管理机构（主要是中国证监会）。依法对基金业实施行业自律管理的主要是行业自律性组织，即基金业协会。除此之外，证券交易所也有监管的责任，主要是负责组织和监督基金的上市交易，并对上市交易基金的信息披露进行监督。

一、政府基金监管机构：中国证监会

中国证监会依法对证券市场实施集中统一监管的职责。中国证监会内部设有相关部门，具体承担基金监管职责。中国证监会派出机构即各地方证监局是中国证监会的内部组成部门，依照中国证监会的授权履行职责。

（一）对基金市场的监管职责

中国证监会依法履行下列职责：①制定有关证券投资基金活动监督管理的规章、规则，并行使审批、核准或者注册权；②办理基金备案；③对基金管理人、基金托管人及其他机构从事证券投资基金活动进行监督管理，对违法行为进行查处，并予以公告；④制定基金从业人员的资格标准和行为准则，并监督实施；⑤监督检查基金信息的披露情况；⑥指导和监督基金业协会的活动；⑦法律、行政法规规定的其他职责。

依据《证券投资基金监管职责分工协作指引》的规定，监管的总体要求是职责清晰、分工明确、反应快速、协调有序。

证券基金机构监管部主要负责涉及证券投资基金行业的重大政策研究；草拟或制定证券投资基金行业的监管规则；对有关证券投资基金的行政许可项目进行审核；全面负责对基金管理公司、基金托管银行及基金销售机构的监管；指导、组织和协调证监局、证券交易所等部门对证券投资基金的日常监管；对证监局的基金监管工作进行督促检查；对日常监管中发现的重大问题进行处置。

各证监局负责对经营所在地在本辖区内的基金管理公司进行日常监管，主要包括公司治理和内部控制、高级管理人员、基金销售行为、开放式基金信息披露的日常监管；负责对辖区内异地基金管理公司的分支机构及基金代销机构进行日常监管。

（二）对基金市场的监管措施

基金市场的违法犯罪行为具有智商高、电子化、行为隐蔽、手段多样、涉案金额高、社会危害大等特点，因此，必须强化基金监管机构的行政执法权限，丰富调查手段，才能有效打击基金违法行为，规范证券投资基金活动，切实保护投资人的合法权益。根据《证券投资基金法》的规定，中国证监会依法履行职责，有权采取下列监管措施，具体内容见表4-2-1。

表4-2-1　中国证监会的监管措施

措施	内容
检查	检查是基金监管的重要措施，属于事中监管方式。检查可分为日常检查和年度检查，也可分为现场检查和非现场检查。现场检查是指基金监管机构的检查人员亲临基金机构业务场所，通过现场察看、听取汇报、查验资料等方式进行实地检查
	中国证监会可以根据实际情况，定期或不定期地对基金机构的合规监控、风险管理、内部稽核、行为规范等方面进行检查。中国证监会有权对基金管理人、基金托管人、基金服务机构进行现场检查，并要求其报送有关的业务资料
调查取证	查处基金违法案件是中国证监会的法定职责之一，而调查取证是查处基金违法案件的基础，是进行有效基金监管的保障
	为便于查明事实、获取和保全证据，《证券投资基金法》赋予中国证监会以下职权：①进入涉嫌违法行为发生场所调查取证；②询问当事人和与被调查事件有关的单位和个人，要求其对与被调查事件有关的事项做出说明；③查阅、复制与被调查事件有关的财产权登记、通信记录等资料；④查阅、复制当事人和与被调查事件有关的单位和个人的证券交易记录、登记过户记录、财务会计资料及其他相关文件和资料；⑤对可能被转移、隐匿或者毁损的文件和资料，可以予以封存；⑥查询当事人和与被调查事件有关的单位和个人的资金账户、证券账户和银行账户；⑦对有证据证明已经或者可能转移或者隐匿违法资金、证券等涉案财产或者隐匿、伪造、毁损重要证据的，经中国证监会主要负责人批准，可以冻结或者查封
限制交易	《证券投资基金法》赋予中国证监会限制证券交易权。中国证监会在调查操纵证券市场、内幕交易等重大证券违法行为时，经中国证监会主要负责人批准，可以限制被调查事件当事人的证券买卖，但限制的期限不得超过15个交易日；案情复杂的，可以延长15个交易日

续表

措施	内容
行政处罚	中国证监会发现基金机构以及基金机构的董事、监事、高级管理人员和其他从业人员、基金机构的股东和实际控制人等在基金活动中存在违法违规行为的，应当对相关机构和人员或者相关机构对违法违规行为直接负责的主管人员和其他责任人员依法进行行政处罚
	中国证监会可以采取的行政处罚措施主要包括：没收违法所得、罚款、责令改正、警告、暂停或者撤销基金从业资格、暂停或者撤销相关业务许可、责令停业等
	中国证监会依法履行职责时，被调查、检查的单位和个人应当配合，如实提供有关文件和资料，不得拒绝、阻碍和隐瞒。中国证监会依法履行职责，发现违法行为涉嫌犯罪的，应当将案件移送司法机关处理

（三）中国证监会工作人员的义务和责任

中国证监会工作人员依法履行职责，进行调查或者检查时，不得少于 2 人，并应当出示合法证件；对调查或者检查中知悉的商业秘密负有保密的义务。中国证监会工作人员应当忠于职守，依法办事，公正廉洁，接受监督，不得利用职务牟取私利。中国证监会工作人员玩忽职守、滥用职权、徇私舞弊或者利用职务上的便利索取或者收受他人财物的，应当承担相应的法律责任。

中国证监会工作人员在任职期间，或者离职后在《中华人民共和国公务员法》（以下简称《公务员法》）规定的期限内，不得在被监管的机构中担任职务。依据《公务员法》以及中国证监会制定的《中国证监会工作人员任职回避和公务回避规定（试行）》《中国证监会工作人员行为准则》等规范性文件的规定，中国证监会领导干部离职后 3 年内，一般工作人员离职后 2 年内，不得到与原工作业务直接相关的机构任职。但经过中国证监会批准，可以在基金管理公司、证券公司、期货公司等机构担任督察长、合规总监、首席风险官等职务。

考题精练

中国证监会对证券市场实施的监管体制是（　　）。

A. 集中统一监管　　B. 混合监管

C. 多元监管　　D. 分业监管

[答案] A

二、基金行业自律组织：基金业协会

我国基金行业最初的行业自律工作主要是以相对松散的基金业联席会议形式开展的。

随着基金管理公司的增加和基金市场的发展，2001 年 8 月，中国证券业协会基金公会成立。2004 年 12 月，中国证券业协会证券投资基金业委员会成立。2007 年，中国证券业协会设立了基金公司会员部，主要负责基金管理公司和基金托管银行特别会员的自律管理。

2012 年 6 月，中国证券投资基金业协会正式成立，原中国证券业协会基金公司会员部的行业自律职责转入中国证券投资基金业协会。在此基础上，2013 年《证券投资基金法》专门增设“基金行业协会”一章，详细规定了基金业协会的性质、组成以及主要职责等内容，为确定基金业协会的地位和规范基金业协会的职责权限提供了基本的法律依据。其具体内容见表 4-2-2。

表 4-2-2　基金业协会

项目	内容
性质和组成	基金业协会是证券投资基金行业的自律性组织，是社会团体法人。基金管理人、基金托管人和基金服务机构，应当依法成立基金业协会，进行行业自律，协调行业关系，提供行业服务，促进行业发展。基金管理人、基金托管人应当加入基金业协会，基金服务机构等其他机构可以加入基金业协会成为会员

续表

项目	内容
性质和组成	基金业协会会员分为四类：普通会员、联席会员、观察会员和特别会员： (1) 公募基金的基金管理人、基金托管人加入协会的，为普通会员 (2) 私募基金管理人和从事私募资产管理业务的金融机构加入协会，应当先申请成为观察会员，自成为观察会员之日起满一年，同时符合资产管理标准及合规经营标准的，可申请成为普通会员 (3) 联席会员包括按照国务院证券监督管理机构或协会规定注册、备案或登记的从事基金销售、份额登记、估值、评价、信息技术系统服务等基金服务业务的机构，以及为基金业务提供法律和会计等专业服务的律师事务所和会计师事务所 (4) 特别会员包括证券期货交易所等全国性交易场所，登记结算机构等为基金行业提供重要基础设施的服务机构，与基金行业相关的全国性社会团体，对基金行业有重要影响的地方股权交易中心等地方性交易场所以及地方性社会团体，对基金行业有重要影响的境外机构，基金行业的重要机构投资者，其他对基金行业具有重要影响的机构 [注意] 同一机构从事多种与基金相关的业务的，应当以普通会员、联席会员、观察会员、特别会员为次序，依次选择对应的会员类别申请入会
	基金业协会的权力机构为全体会员组成的会员大会，协会章程由会员大会制定，并报中国证监会备案。基金行业协会设理事会，理事会是基金行业协会的执行机构。理事会成员依章程的规定由会员大会选举产生。在会员大会闭会期间，理事会依据章程的规定执行会员大会决议，组织和领导基金业协会开展日常工作
职责	依据《证券投资基金法》的规定，基金业协会的职责包括：①教育和组织会员遵守有关证券投资的法律、行政法规，维护投资人合法权益；②依法维护会员的合法权益，反映会员的建议和要求；③制定和实施行业自律规则，监督、检查会员及其从业人员的执业行为，对违反自律规则和协会章程的，按照规定给予纪律处分；④制定行业执业标准和业务规范，组织基金从业人员的从业考试、资质管理和业务培训；⑤提供会员服务，组织行业交流，推动行业创新，开展行业宣传和投资人教育活动；⑥对会员之间、会员与客户之间发生的基金业务纠纷进行调解；⑦依法办理非公开募集基金的登记、备案；⑧协会章程规定的其他职责

考题精练

1. 关于基金行业协会的职责，下列表述错误的是（　　）。
   A. 对违反自律规则和协会章程的行为，有权按照规定给予相应纪律处分
   B. 制定行业执业标准和业务规范，组织基金从业人员的从业考试
   C. 制定和实施行业自律规范，监督、检查会员及其从业人员的执业行为
   D. 依法办理公开募集基金的登记、备案工作
   [答案] D
   [解析] 依法办理非公开募集基金的登记、备案工作。
2. 关于中国证券投资基金业协会的性质和组成，以下表述错误的是（　　）。
   A. 中国证券投资基金业协会是证券投资基金行业的自律性组织，也是基金市场的政府监管机构
   B. 《证券投资基金法》关于“基金行业协会”的章节详细规定了中国证券投资基金业协会的性质、组成以及主要职责
   C. 基金管理人、基金托管人应当加入中国证券业协会；基金服务机构等其他机构可以加入协会成为会员
   D. 中国证券投资基金业协会会员依据《中国证券投资基金业协会章程》和《中国证券业协会会员管理办法》的规定参与协会治理

［答案］A

［解析］基金业协会是证券投资基金行业的自律性组织，是社会团体法人，但不是基金市场的政府监管机构，中国证监会依法担负国家对证券市场实施集中统一监管的职责。

三、证券市场的自律管理者：证券交易所

证券交易所是为证券集中交易提供场所和设施，组织和监督证券交易，实行自律管理的法人。

对于证券交易所而言，一方面，作为证券市场组织者，其为众多证券机构提供集中交易场所，组织证券交易，实行自律管理，是市场的管理者，具有法定的监管权限；另一方面，其作为特殊的市场主体，也要接受政府证券监管机构的监管。证券交易所具有监管者和被监管者的双重身份。

证券交易所享有交易所业务规则制定权，这是其自律管理职能的重要内容。依据《证券法》的规定，证券交易所依法可以制定上市规则、交易规则、会员管理规则等。依据《证券投资基金监管职责分工协作指引》的规定，证券交易所负责对基金在交易所内的投资交易活动进行监管；负责交易所上市基金的信息披露监管工作。

证券交易所的监管主要包括对基金份额上市交易的监管和对基金投资行为的监管，具体内容见表 4-2-3。

表 4-2-3　证券交易所的监管

监管项目	内容
对基金份额上市交易的监管	我国上海证券交易所、深圳证券交易所都制定有《证券投资基金上市规则》(2013 年修订）以及其他类型基金的业务指引，对在证券交易所挂牌上市的封闭式基金、交易型开放式指数基金、上市开放式基金的上市条件和程序、信息披露的要求等均有具体规定。基金份额在证券交易所上市交易，应当遵守证券交易所的业务规则，接受证券交易所的自律性监管
对基金投资行为的监管	证券交易所设有基金交易监控系统，对投资者买卖基金的交易行为以及基金在证券市场的投资运作行为的合法合规性进行日常监控，重点监控涉嫌违法违规的交易行为，并监控基金财产买卖高风险股票的行为等
	证券交易所在监控中发现基金交易行为异常，涉嫌违法违规的，可以根据具体情况，采取电话提示、警告、约见谈话、公开谴责等措施，并同时向中国证监会报告

考题精练

证券交易所在监控中发现基金交易行为异常，涉嫌违法违规的，可以根据具体情况，采取（　　)措施。

A. 罚款　　B. 没收违法所得　　C. 取消资格　　D. 电话提示、警告

［答案］D

第三节　对基金机构的监管

『扫码』免费刷好题 听考点串讲

一、对基金管理人的监管

（一）基金管理人的市场准入监管

依据《证券投资基金法》的规定，基金管理人由依法设立的公司或者合伙企业担任。

当然，也并不是说任何公司或是合伙企业都可以担任公募基金的基金管理人，这里是有一定的限制的。一般是基金管理公司或者经中国证监会按照规定核准的其他机构才可以担任公募基金的管理人。所谓“中国证监会按照规定核准的其他机构”，是指依据中国证监会 2013 年 2 月 18 日发布的《资产管理机构开展公募证券投资基金管理暂行规定》，在股东、高级管理人员、经营期限、管理的基金财产规模等方面符合规定条件的证券公司、保险资产管理公司以及专门从事非公开募集基金管理业务的资产管理机构，向中国证监会申请开展公开募集资金管理业务，经中国证监会依法核

准，即取得担任公开募集基金的基金管理人业务资格。

对于基金管理公司而言，一般是向社会公众募集巨额资金来进行管理，涉及众多投资人的利益，所以对于基金的设立需要经过严格的审批。

对于基金管理人的市场准入的监管主要体现在设立条件和管理公开募集基金的基金管理公司的审批制度，具体内容见表 4-3-1。

表 4-3-1　基金管理人的市场准入监管

项目	内容
设立条件	设立管理公开募集基金的基金管理公司，应当具备下列条件： (1) 有符合《证券投资基金法》和《中华人民共和国公司法》（以下简称《公司法》）规定的章程。基金管理公司的章程不仅应当记载符合《公司法》规定的公司章程绝对必要记载事项，而且要反映《证券投资基金法》对基金管理公司从业人员、内部治理结构、内部稽核监控制度、风险控制制度以及行为规范等方面的特殊要求 (2) 注册资本不低于 1 亿元人民币，且必须为实缴货币资本
设立条件	(3) 主要股东应当具有经营金融业务或者管理金融机构的良好业绩、良好的财务状况和社会信誉，资产规模达到国务院规定的标准，最近 3 年没有违法记录。根据中国证监会 2012 年发布的《证券投资基金管理公司管理办法》的规定，基金管理公司的主要股东是指持有基金管理公司股权比例最高且不低于 25% 的股东。根据《国务院关于管理公开募集基金的基金管理公司有关问题的批复》国函〔2013〕132 号，基金公司主要股东为法人或者其他组织的，净资产不低于 2 亿元人民币；主要股东为自然人的，个人金融资产不低于 3 000 万元人民币，在境内外资产管理行业从业 10 年以上 (4) 取得基金从业资格的人员达到法定人数。依据《证券投资基金管理公司管理办法》的规定，设立基金管理公司，应当有符合法律、行政法规和中国证监会规定的拟任高级管理人员以及从事研究、投资、估值、营销等业务的人员，拟任高级管理人员、业务人员不少于 15 人，并应当取得基金从业资格 (5) 董事、监事、高级管理人员具备相应的任职条件 (6) 有符合要求的营业场所、安全防范设施和与基金管理业务有关的其他设施 (7) 有良好的内部治理结构及完善的内部稽核监控制度、风险控制制度 (8) 法律、行政法规规定的和经国务院批准的中国证监会规定的其他条件
对公开募集基金的基金管理公司的审批	中国证监会应当自受理基金管理公司设立申请之日起 6 个月内依照上述条件和审慎监管原则进行审查，做出批准或者不予批准的决定，并通知申请人；不予批准的，应当说明理由
	基金管理公司变更持有 5% 以上股权的股东，变更公司的实际控制人，或者变更其他重大事项，应当报经国务院证券监督管理机构批准。国务院证券监督管理机构应当自受理申请之日起 60 日内做出批准或者不予批准的决定，并通知申请人；不予批准的，应当说明理由

考题精练

1. 根据《证券投资基金法》及相关规定，以下主体不能担任基金管理人的是（　　）。

   A. 合伙企业　　B. 股份有限公司　　C. 社团法人　　D. 有限责任公司

   [答案] C

   [解析] 依据《证券投资基金法》的规定，基金管理人由依法设立的公司或者合伙企业担任。

2. 申请设立公开募集基金的基金管理公司时，拟任高级管理人员、业务人员必须在（　　）人以上，且人员均应当取得基金从业资格。

   A. 30　　B. 20　　C. 10　　D. 15

［答案］D
［解析］申请设立公开募集基金的基金管理公司时，拟任高级管理人员、业务人员必须在 15 人以上，且人员均应当取得基金从业资格。

（二）对基金管理人从业人员资格的监管

基金管理人的从业人员是指基金管理人的董事、监事、高级管理人员、投资管理人员以及其他从业人员。基金管理人属于金融机构，在法律关系上属于信托关系中的受托人。对其从业人员的任职资格应该有高于一般公司的董事、监事、高级管理人员的要求，以防范道德风险和保护基金份额持有人的利益。其具体内容见表 4-3-2。

表 4-3-2 对基金管理人从业人员资格的监管

项目		内容
“董监高”	任职条件	依据《证券投资基金法》的规定，基金管理人的董事、监事和高级管理人员，应当熟悉证券投资方面的法律、行政法规，具有 3 年以上与其所任职务相关的工作经历；高级管理人员还应当具备基金从业资格 ［注意］所谓“相关的工作经历”，是指从事基金、证券、银行等金融相关领域的工作经历及与拟任职务相适应的管理工作经历；担任督察长的，还应当具有法律、会计、监察、稽核等工作经历
	不适当人选	依据《证券投资基金法》的规定，有下列情形之一的，不得担任基金管理人的董事、监事、高级管理人员和其他从业人员：①因犯有贪污贿赂、渎职、侵犯财产罪或者破坏社会主义市场经济秩序罪，被判处刑罚的；②对所任职的公司、企业因经营不善破产清算或者因违法被吊销营业执照负有个人责任的董事、监事、厂长、高级管理人员，自该公司、企业破产清算终结或者被吊销营业执照之日起未逾 5 年的；③个人所负债务数额较大，到期未清偿的；④因违法行为被开除的基金管理人、基金托管人、证券交易所、证券公司、证券登记结算机构、期货交易所、期货公司及其他机构的从业人员和国家机关工作人员；⑤因违法行为被吊销执业证书或者被取消资格的律师、注册会计师和资产评估机构、验证机构的从业人员及投资咨询从业人员；⑥法律、行政法规规定不得从事基金业务的其他人员
基金经理任职条件		根据基金业协会《基金管理公司投资管理人员管理指导意见》（2009 年 4 月修订），基金管理公司投资管理人员，是指在公司负责基金投资、研究、交易的人员以及实际履行相应职责的人员。具体包括：公司投资决策委员会成员，公司分管投资、研究、交易业务的高级管理人员，公司投资、研究、交易部门的负责人，基金经理、基金经理助理以及中国证监会规定的其他人员
		基金经理任职应当具备以下条件：①取得基金从业资格；②通过中国证监会或者其授权机构组织的证券投资法律知识考试；③具有 3 年以上证券投资管理经历；④没有《公司法》《证券投资基金法》等法律、行政法规规定的不得担任公司董事、监事、经理和基金从业人员的情形；⑤最近 3 年没有受到证券、银行、工商和税务等行政管理部门的行政处罚
基金管理人从业人员的兼任和竞业禁止		基于基金从业人员不得兼任不相容职务、竞业禁止和防止利益冲突的规则，《证券投资基金法》规定，公开募集基金的基金管理人的董事、监事、高级管理人员和其他从业人员，不得担任基金托管人或者其他基金管理人的任何职务，不得从事损害基金财产和基金份额持有人利益的证券交易及其他活动
		根据中国证监会发布的《证券投资基金行业高级管理人员任职管理办法》（2004）规定，高级管理人员、基金管理公司基金经理应当维护所管理基金的合法利益，在基金份额持有人的利益与基金管理公司、基金托管银行的利益发生冲突时，应当坚持基金份额持有人利益优先的原则；不得从事或者配合他人从事损害基金份额持有人利益的活动

考题精练

关于基金经理的任职条件，以下描述错误的是（　　）。

A. 取得基金从业资格

B. 最近3年没有受到证券、银行等行政管理部门的行政处罚

C. 通过中国证监会或者其授权机构组织的证券投资法律知识考试

D. 具有2年以上证券投资管理经历

[答案] D

（三）对基金管理人及其从业人员执业行为的监管

中国证监会发布的《证券投资基金销售管理办法》《公开募集证券投资基金运作管理办法》《证券投资基金信息披露管理办法》等规章，对于基金管理人的法定职责规定了具体的要求，公开募集基金的基金管理人履行职责应当遵守这些规定。除此之外基金管理人及其从业人员还有一些执业禁止行为，具体内容见表4-3-3。

表4-3-3　对基金管理人及其从业人员执业行为的监管

项目	内容
基金管理人的法定职责	依据《证券投资基金法》的规定，公开募集基金的基金管理人应当履行下列职责：①依法募集资金，办理基金份额的发售和登记事宜；②办理基金备案手续；③对所管理的不同基金财产分别管理、分别记账，进行证券投资；④按照基金合同的约定确定基金收益分配方案，及时向基金份额持有人分配收益；⑤进行基金会计核算并编制基金财务会计报告；⑥编制中期和年度基金报告；⑦计算并公告基金资产净值，确定基金份额申购、赎回价格；⑧办理与基金财产管理业务活动有关的信息披露事项；⑨按照规定召集基金份额持有人大会；⑩保存基金财产管理业务活动的记录、账册、报表和其他相关资料；⑪以基金管理人名义，代表基金份额持有人利益行使诉讼权利或者实施其他法律行为；⑫中国证监会规定的其他职责
基金管理人及其从业人员的执业禁止行为	依据《证券投资基金法》的规定，公开募集基金的基金管理人及其董事、监事、高级管理人员和其他从业人员不得有下列行为：①将其固有财产或者他人财产混同于基金财产从事证券投资；②不公平地对待其管理的不同基金财产；③利用基金财产或者职务之便为基金份额持有人以外的人牟取利益；④向基金份额持有人违规承诺收益或者承担损失；⑤侵占、挪用基金财产；⑥泄露因职务便利获取的未公开信息，利用该信息从事或者明示、暗示他人从事相关的交易活动；⑦玩忽职守，不按照规定履行职责；⑧法律、行政法规和中国证监会规定禁止的其他行为
基金管理人的从业人员证券投资的限制	2013年《证券投资基金法》借鉴发达国家的监管思路和做法，一方面允许基金从业人员进行证券投资，另一方面强化对其监管。在避免利益冲突的情况下，允许基金从业人员投资股票、债权、封闭式基金、可转债等证券；同时，要求相关人员进行事先申报，披露其投资行为，接受各方面的监督
	依据《证券投资基金法》的规定，基金管理人的董事、监事、高级管理人员和其他从业人员，其本人、配偶、利害关系人进行证券投资，应当事先向基金管理人申报，并不得与基金份额持有人发生利益冲突。公开募集基金的基金管理人应当建立董事、监事、高级管理人员和其他从业人员进行证券投资的申报、登记、审查、处置等管理制度，并报中国证监会备案

考题精练

基金管理人应当履行的职责不包括（　　）。

A. 办理基金备案手续

B. 对所管理的基金财产进行证券投资

C. 按照规定开设基金财产的资金账户和证券账户

D. 按照规定召集基金份额持有人大会

[答案] C

[解析] 基金托管人按照规定开设基金财产的资金账户和证券账户。

（四）对基金管理人内部治理的监管

对基金管理人内部治理的监管主要体现在以下四个方面，具体内容见表 4-3-4。

表 4-3-4　对基金管理人内部治理的监管

项目	内容
基金份额持有人利益优先原则	基金份额持有人利益优先原则是基金管理人内部治理的法定基本原则，公开募集基金的基金管理人的股东、董事、监事和高级管理人员在行使权利或者履行职责时，应当遵循基金份额持有人利益优先的原则。当基金管理人及其从业人员的利益与基金份额持有人利益发生冲突时，应以基金份额持有人利益优先
对基金管理人内部治理结构的监管	依据《证券投资基金法》的规定，公开募集基金的基金管理人应当建立良好的内部治理结构，明确股东会、董事会、监事会和高级管理人员的职责权限，确保基金管理人独立运作。基金管理人可以实行专业人士持股计划，建立长效激励约束机制
	建立良好的内部治理结构的基本途径是明确股东会、董事会、监事会和高级管理人员的职责权限，建立长效的激励和约束机制，完善监督和内控机制，确保基金管理人合法合规地行使职权，审慎高效地运作基金，维护基金份额持有人的利益
对基金管理人的股东、实际控制人的监管	基金管理人的股东、实际控制人应当按照中国证监会的规定及时履行重大事项报告义务，并不得有下列行为：①虚假出资或者抽逃出资。②未依法经股东会或者董事会决议擅自干预基金管理人的基金经营活动。③要求基金管理人利用基金财产为自己或者他人牟取利益，损害基金份额持有人利益。④中国证监会规定禁止的其他行为
	基金管理人的股东、实际控制人有上述行为或者股东不再符合法定条件的，中国证监会应当责令其限期改正，并可视情节责令其转让所持有或者控制的基金管理人的股权。上述股东、实际控制人按照要求改正违法行为、转让所持有或者控制的基金管理人的股权前，中国证监会可以限制有关股东行使股东权利
风险准备金制度	为了增强基金管理人的风险防范能力，保护基金份额持有人的利益，基金管理人应当依法建立风险准备金制度。依据《证券投资基金法》的规定，公开募集基金的基金管理人应当从管理基金的报酬中计提风险准备金。公开募集基金的基金管理人因违法违规、违反基金合同等原因给基金财产或者基金份额持有人合法权益造成损失，应当承担赔偿责任的，可以优先使用风险准备金予以赔偿

（五）中国证监会对基金管理人的监管措施

中国证监会对基金管理人的监管主要包括对违法违规行为的监管，对重大风险的监管，以及对基金管理人职责终止的监管，具体内容见表 4-3-5。

表 4-3-5　中国证监会对基金管理人的监管措施

项目	内容
对基金管理人违法违规行为的监管措施	对于公开募集基金的基金管理人的一般违法违规行为，包括基金管理人的内部治理结构、稽核监控和风险控制管理不符合规定的情形，尚未造成重大风险的，中国证监会主要采取责令限期改正、限制令、责令更换有关人员等强令整改的监管措施。具体包括：①限制业务活动，责令暂停部分或者全部业务；②限制分配红利，限制向董事、监事、高级管理人员支付报酬、提供福利；③限制转让固有财产或者在固有财产上设定其他权利；④责令更换董事、监事、高级管理人员或者限制其权利；⑤责令有关股东转让股权或者限制有关股东行使股东权利
	基金管理人整改后，应当向中国证监会提交报告。中国证监会经验收，符合有关要求的，应当自验收完毕之日起 3 日内解除对其采取的有关措施

续表

项目	内容
对基金管理人出现重大风险的监管措施	依据《证券投资基金法》的规定，公开募集基金的基金管理人的董事、监事、高级管理人员未能勤勉尽责，致使基金管理人存在重大违法违规行为或者重大风险的，中国证监会可以责令更换
	公开募集基金的基金管理人违法经营或者出现重大风险，严重危害证券市场秩序、损害基金份额持有人利益的，中国证监会可以对该基金管理人采取责令停业整顿、指定其他机构托管、接管、取消基金管理资格或者撤销等监管措施
	在公开募集基金的基金管理人被责令停业整顿、被依法指定托管、接管或者清算期间，或者出现重大风险时，经中国证监会批准，可以对该基金管理人直接负责的董事、监事、高级管理人员和其他直接责任人员采取下列措施： (1) 通知出境管理机关依法阻止其出境 (2) 申请司法机关禁止其转移、转让或者以其他方式处分财产，或者在财产上设定其他权利
对基金管理人职责终止的监管措施	依据《证券投资基金法》的规定，公开募集基金的基金管理人职责终止的事由包括：①被依法取消基金管理资格；②被基金份额持有人大会解任；③依法解散、被依法撤销或者被依法宣告破产；④基金合同约定的其他情形
	基金管理人职责终止后，如果基金合同不终止，则应当选任新的基金管理人，以使基金运作得以继续正常进行。选任新的基金管理人以及基金管理业务的移交，通常需要经过一段时间，且需办理移交手续和对基金财产的审计，中国证监会应当依法采取必要的监管措施，以保护基金份额持有人的利益
	基金管理人职责终止的，基金份额持有人大会应当在6个月内选任新基金管理人；新基金管理人产生前，由中国证监会指定临时基金管理人。在指定临时管理人或者选任新的基金管理人之前，原基金管理人应当担负妥善保管基金管理业务资料的责任。在临时管理人或者选任新的基金管理人产生后，原基金管理人与其应当及时办理基金管理业务的交接手续
	基金管理人职责终止的，应当按照规定聘请会计师事务所对基金财产进行审计，并将审计结果予以公告，同时报中国证监会备案

考题精练

基金管理人职责终止的，基金份额持有人大会应当在（　　）个月内选任新基金管理人。

A. 3　　B. 12

C. 1　　D. 6

［答案］D

二、对基金托管人的监管

（一）基金托管人的市场准入监管

基金托管人的市场准入监管一方面是托管人资格的审核，另一方面是担任托管人的条件，具体内容见表4-3-6。

表4-3-6　基金托管人的市场准入监管

项目	内容
基金托管人资格的审核	基金托管人由依法设立的商业银行或者其他金融机构担任。商业银行担任基金托管人的，由中国证监会会同中国银行业监督管理委员会（现已和中国保险监督管理委员会合并为"中国银保监会"）核准；其他金融机构担任基金托管人的，由中国证监会核准

续表

项目	内容
担任基金托管人的条件	担任基金托管人，应当具备下列条件：①净资产和风险控制指标符合有关规定；②设有专门的基金托管部门；③取得基金从业资格的专职人员达到法定人数；④有安全保管基金财产的条件；⑤有安全高效的清算、交割系统；⑥有符合要求的营业场所、安全防范设施和与基金托管业务有关的其他设施；⑦有完善的内部稽核监控制度和风险控制制度；⑧法律、行政法规规定的和经国务院批准的中国证监会、中国银监会规定的其他条件
	为保证基金托管人对基金管理人的有效监督，《证券投资基金法》规定，基金托管人与基金管理人不得为同一机构，不得相互出资或者持有股份
	另外，对基金托管人的专门基金托管部门的高级管理人员和其他从业人员任职资格以及兼任和竞业禁止的要求，适用法律法规对基金管理人相关人员的规定

第4章

（二）对基金托管人业务行为的监管

对基金托管人业务行为的监管，具体内容见表 4-3-7。

表 4-3-7　对基金托管人业务行为的监管

项目	内容
基金托管人的职责	依据《证券投资基金法》的规定，基金托管人职责包括：①安全保管基金财产；②按照规定开设基金财产的资金账户和证券账户；③对所托管的不同基金财产分别设置账户，确保基金财产的完整与独立；④保存基金托管业务活动的记录、账册、报表和其他相关资料；⑤按照基金合同的约定，根据基金管理人的投资指令，及时办理清算、交割事宜；⑥办理与基金托管业务活动有关的信息披露事项；⑦对基金财务会计报告、中期和年度基金报告出具意见；⑧复核、审查基金管理人计算的基金资产净值和基金份额申购、赎回价格；⑨按照规定召集基金份额持有人大会；⑩按照规定监督基金管理人的投资运作；⑪中国证监会规定的其他职责 [注意] 法律法规规定的公开募集基金的基金管理人及其从业人员的执业禁止行为，同样适用于基金托管人
基金托管人的监督义务	基金托管人发现基金管理人的投资指令违反法律、行政法规和其他有关规定，或者违反基金合同约定的，应当拒绝执行，立即通知基金管理人，并及时向中国证监会报告。基金托管人发现基金管理人依据交易程序已经生效的投资指令违反法律、行政法规和其他有关规定，或者违反基金合同约定的，应当立即通知基金管理人，并及时向中国证监会报告

考题精练

1. 关于基金托管人的职责，以下说法错误的是（　　）。

A. 安全保管基金财产

B. 按照规定召集基金份额持有人大会

C. 按照规定开设基金财产的资金账户

D. 计算并公告基金资产净值，确定基金份额申赎价格

[答案] D

[解析] 基金管理人计算并公告基金资产净值，确定基金份额申赎价格。

2. 某基金托管人发现基金管理人的投资指令违反法律、行政法规和其他有关规定的，应当采取的措施是（　　）。

A. 按照法律、行政法规的规定，修正基金管理人的投资指令后执行

B. 按照投资指令完成交易，并在当天向中国证监会报告
C. 拒绝执行，立即通知基金管理人，并及时向中国证监会报告
D. 按照投资指令完成交易，并在事后追究基金管理人的责任
[答案] C

（三）中国证监会对基金托管人的监管措施

中国证监会对基金托管人的监管措施主要包括责令整改、取消托管资格等措施。其具体内容见表 4-3-8。

表 4-3-8　中国证监会对基金托管人的监管措施

监管措施	具体内容
责令整改措施	依据《证券投资基金法》的规定，基金托管人不再具备法定条件，或者未能勤勉尽责，在履行法定职责时存在重大失误的，中国证监会、中国银监会应当责令其改正；逾期未改正，或者其行为严重影响所托管基金的稳健运行、损害基金份额持有人利益的，上述金融监管机构可以区别情形，对其采取下列措施：①限制业务活动，责令暂停办理新的基金托管业务；②责令更换负有责任的专门基金托管部门的高级管理人员
	基金托管人整改后，应当向上述金融监管机构提交报告；经验收，符合有关要求的，应当自验收完毕之日起 3 日内解除对其采取的有关措施
取消托管资格措施	中国证监会、中国银监会对有下列情形之一的基金托管人，可以取消其基金托管资格：①连续 3 年没有开展基金托管业务的；②违反《证券投资基金法》规定，情节严重的；③法律、行政法规规定的其他情形
对基金托管人职责终止的监管措施	依据《证券投资基金法》的规定，有下列情形之一的，基金托管人职责终止：①被依法取消基金托管资格；②被基金份额持有人大会解任；③依法解散、被依法撤销或者被依法宣告破产；④基金合同约定的其他情形
	基金托管人职责终止的，基金份额持有人大会应当在 6 个月内选任新基金托管人；新基金托管人产生前，由中国证监会指定临时基金托管人。基金托管人职责终止的，应当妥善保管基金财产和基金托管业务资料，及时办理基金财产和基金托管业务的移交手续，新基金托管人或者临时基金托管人应当及时接收
	基金托管人职责终止的，应当按照规定聘请会计师事务所对基金财产进行审计，并将审计结果予以公告，同时报中国证监会备案

考题精练

关于基金托管人的职责终止，以下符合法律规定的做法是（　　）。
A. 中国证监会直接指定符合托管人条件的托管人，并由基金管理人公告后生效
B. 基金份额持有人大会应当在 6 个月内选任新基金托管人
C. 基金财产超过 2 亿元时，应聘请会计师事务所对基金财产进行审计，基金财产不到 2 亿元的，可以不进行
D. 原来的基金托管人本着对基金份额持有人有利的原则，将托管职责委托给其他符合托管人条件的托管人
[答案] B
[解析] 基金托管人职责终止的，基金份额持有人大会应当在 6 个月内选任新基金托管人；新基金托管人产生前，由中国证监会指定临时基金托管人。A、D 两项错误。基金托管人职责终止的，应当按照规定聘请会计师事务所对基金财产进行审计，并将审计结果予以公告，同时报中国证监会备案，C 项错误。

三、对基金服务机构的监管

（一）基金服务机构的注册或者备案

依据中国证监会发布的《证券投资基金销售管理办法》及相关的规范性文件，基金管理人可以办理其募集的基金产品的销售业务。

商业银行、证券公司、期货公司、保险机构、证券投资咨询机构、独立基金销售机构以及中国证监会认定的其他机构申请注册基金销售业务资格，除具备上述条件外，还应符合《证券投资基金销售管理办法》对不同机构的具体要求，从事基金销售业务的，应向工商注册登记所在地的中国证监会派出机构进行注册并取得相应资格。

基金服务机构的注册或者备案的具体内容见表 4-3-9。

表 4-3-9　基金服务机构的注册或者备案

项目	内容
基金销售机构申请注册的条件	(1) 具有健全的治理结构、完善的内部控制和风险管理制度，并得到有效执行 (2) 财务状况良好，运作规范稳定 (3) 有与基金销售业务相适应的营业场所、安全防范设施和其他设施 (4) 有安全、高效的办理基金发售、申购和赎回等业务的技术设施，且符合中国证监会对基金销售业务信息管理平台的有关要求，基金销售业务的技术系统已与基金管理人、中国证券登记结算公司相应的技术系统进行了联网测试，测试结果符合国家规定的标准 (5) 制定了完善的资金清算流程，资金管理符合中国证监会对基金销售结算资金管理的有关要求 (6) 有评价基金投资人风险承受能力和基金产品风险等级的方法体系 (7) 制定了完善的业务流程、销售人员执业操守、应急处理措施等基金销售业务管理制度，符合中国证监会对基金销售机构内部控制的有关要求 (8) 有符合法律法规要求的反洗钱内部控制制度 (9) 中国证监会规定的其他条件
其他基金服务机构	对于其他基金服务机构，根据中国证监会发布的部门规章和规范性文件的规定，均需进行注册或者备案，才可以开展相应的基金服务业务： (1) 基金销售支付机构可以是具有基金销售业务资格的商业银行或者取得中国人民银行颁发的《支付业务许可证》的非金融支付机构，且应当具备具有安全高效的办理支付结算业务的信息系统等条件。基金销售支付机构需要根据中国证监会的规定予以备案 (2) 中国证监会对于公开募集基金的基金份额登记机构、基金估值核算机构实行注册管理，对于基金投资顾问机构、基金评价机构、基金信息技术系统服务机构实行备案管理

考题精练

基金销售机构应制定完善的资金清算流程，资金管理符合（　　）对基金销售结算资金管理的有关要求。

A. 中国证监会

B. 中国人民银行

C. 中国证券投资基金业协会

D. 中国银监会

[答案] A

（二）基金服务机构的法定义务

基金服务机构主要包括基金销售机构、基金销售支付机构等。其法定义务见表 4-3-10。

表 4-3-10　基金服务机构的法定义务

<table>
<tr><th>基金服务机构</th><th colspan="3">法定义务</th></tr>
<tr><td>基金销售机构</td><td>（1）向投资人充分揭示投资风险
（2）根据投资人的风险承受能力销售不同风险等级的基金产品</td><td rowspan="3">（1）确保基金销售结算资金、基金份额的安全、独立
（2）禁止任何单位或者个人以任何形式挪用基金销售结算资金、基金份额</td><td rowspan="6">（1）勤勉尽责、恪尽职守
（2）建立应急等风险管理制度和灾难备份系统
（3）不得泄露与基金份额持有人、基金投资运作相关的非公开信息</td></tr>
<tr><td>基金销售支付机构</td><td>（1）按照规定办理基金销售结算资金的划付
（2）确保基金销售结算资金安全、及时划付</td></tr>
<tr><td>基金份额登记机构</td><td>（1）妥善保存登记数据，并将基金份额持有人名称、身份信息及基金份额明细等数据备份至中国证监会认定的机构。其保存期限自基金账户销户之日起不得少于20年
（2）应当保证登记数据的真实、准确、完整，不得隐匿、伪造、篡改或者毁损</td></tr>
<tr><td>基金投资顾问机构及其从业人员</td><td colspan="2">（1）提供基金投资顾问服务，应当具有合理依据
（2）对其服务能力和经营业绩进行如实陈述
（3）不得以任何方式承诺或者保证投资收益
（4）不得损害服务对象的合法权益</td></tr>
<tr><td>基金评价机构及其从业人员</td><td colspan="2">（1）客观公正，按照依法制定的业务规则开展基金评价业务
（2）禁止误导投资人，防范可能发生的利益冲突</td></tr>
<tr><td>律师事务所、会计师事务所</td><td colspan="2">（1）接受基金管理人、托管人的委托，为有关基金业务活动出具法律意见书、审计报告、内部控制评价报告等文件，应当勤勉尽责，对所依据的文字资料内容的真实性、准确性、完整性进行核查和验证
（2）制作、出具的文件有虚假记载、误导性陈述或者重大遗漏，给他人财产造成损失的，应当与委托人承担连带赔偿责任</td></tr>
</table>

考题精练

基金份额登记机构应当妥善保存登记数据，保存期限的要求是（　　）。

A. 自基金账户销户之日起不得少于 20 年

B. 自投资人首次基金交易之日起不得少于 10 年

C. 自基金账户销户之日起不得少于 10 年

D. 自基金账户开立之日起不得少于 20 年

［答案］A

第四节　对公开募集基金活动的监管

『扫码』
免费刷好题
听考点串讲

一、对基金公开募集的监管

（一）公开募集基金的注册

我国改革基金募集核准制为基金募集注册制，即对于公开募集基金，监管机构不再进行实质性审核，而只是进行合规性审查。

依据《证券投资基金法》的规定，公开募集基金应当经中国证监会注册。未经注册，不得公开或者变相公开募集基金。前款所称公开募集基金，包括向不特定对象募集资金、向特定对象募集资金累计超过 200 人，以及法律、行政法规规定的其他情形。公开募集基金应当由基金管理人管理，基金托管人托管。公开募集基金注册的申请见表 4-4-1。

表 4-4-1　公开募集基金注册的申请

公开募集基金注册的申请	内容
提交材料	注册公开募集基金，由拟任基金管理人向中国证监会提交下列文件：①申请报告；②基金合同草案；③基金托管协议草案；④招募说明书草案；⑤律师事务所出具的法律意见书；⑥中国证监会规定提交的其他文件
基金合同内容	公开募集基金的基金合同应当包括下列内容：①募集基金的目的和基金名称；②基金管理人、基金托管人的名称和住所；③基金的运作方式；④封闭式基金的基金份额总额和基金合同期限，或者开放式基金的最低募集份额总额；⑤确定基金份额发售日期、价格和费用的原则；⑥基金份额持有人、基金管理人和基金托管人的权利、义务；⑦基金份额持有人大会召集、议事及表决的程序和规则；⑧基金份额发售、交易、申购、赎回的程序、时间、地点、费用计算方式，以及给付赎回款项的时间和方式；⑨基金收益分配原则、执行方式；⑩基金管理人、基金托管人报酬的提取、支付方式与比例；⑪与基金财产管理、运用有关的其他费用的提取、支付方式；⑫基金财产的投资方向和投资限制；⑬基金资产净值的计算方法和公告方式；⑭基金募集未达到法定要求的处理方式；⑮基金合同解除和终止的事由、程序以及基金财产清算方式；⑯争议解决方式；⑰当事人约定的其他事项
基金招募说明书内容	基金招募说明书应当包括下列内容：①基金募集申请的准予注册文件名称和注册日期；②基金管理人、基金托管人的基本情况；③基金合同和基金托管协议的内容摘要；④基金份额的发售日期、价格、费用和期限；⑤基金份额的发售方式、发售机构及登记机构名称；⑥出具法律意见书的律师事务所和审计基金财产的会计师事务所的名称和住所；⑦基金管理人、基金托管人报酬及其他有关费用的提取、支付方式与比例；⑧风险警示内容；⑨中国证监会规定的其他内容

根据《公开募集开放式证券投资基金流动性风险管理规定》：基金管理人新设基金，拟允许单一投资者持有基金份额超过基金总份额 50%的，应当采用封闭或定期开放运作方式且定期开放周期不得低于 3 个月（货币市场基金除外），并采用发起式基金形式，在基金合同、招募说明书等文件中进行充分披露及标识，且不得向个人投资者公开发售。

同时，程序上还要求：此类产品的管理人还应在基金注册申请材料中承诺，其拥有完全、独立的投资决策权，不受特定投资者的影响。存续产品拟变更为允许单一投资者持有基金份额比例达到或者超过 50%的，应当参照前述标准、依法履行公募基金产品更新注册等程序。

中国证监会应当自受理公开募集基金的募集注册申请之日起 6 个月内依照法律、行政法规及中国证监会的规定进行审查，做出注册或者不予注册的决定，并通知申请人；不予注册的，应当说明理由。

（二）公开募集基金的发售

公开募集基金的发售主要包括发售条件，募集期限以及基金的备案，具体内容见表 4-4-2。

表 4-4-2　公开募集基金的发售

项目	内容
基金的发售条件	依据《证券投资基金法》的规定，发售公开募集基金应符合下列条件和要求：①基金募集申请经注册后，方可发售基金份额。②基金份额的发售，由基金管理人或者其委托的基金销售机构办理。③基金管理人应当在基金份额发售的 3 日前公布招募说明书、基金合同及其他有关文件。这些文件应当真实、准确、完整。④对基金募集所进行的宣传推介活动，应当符合有关法律、行政法规的规定，不得有虚假记载、误导性陈述或者重大遗漏等法律规定的公开披露基金信息禁止行为

续表

项目	内容
基金的募集期限	基金管理人应当自收到准予注册文件之日起6个月内进行基金募集。超过6个月开始募集，原注册的事项未发生实质性变化的，应当报中国证监会备案；发生实质性变化的，应当向中国证监会重新提交注册申请。基金募集不得超过中国证监会准予注册的基金募集期限。基金募集期限自基金份额发售之日起计算
基金的备案	基金募集期限届满，封闭式基金募集的基金份额总额达到准予注册规模的80%以上，开放式基金募集的基金份额总额超过准予注册的最低募集份额总额，并且基金份额持有人人数符合中国证监会规定的，基金管理人应当自募集期限届满之日起10日内聘请法定验资机构验资，自收到验资报告之日起10日内，向中国证监会提交验资报告，办理基金备案手续，并予以公告
	基金募集期间募集的资金应当存入专门账户，在基金募集行为结束前，任何人不得动用
募集基金失败时基金管理人的责任	投资人交纳认购的基金份额的款项时，基金合同成立；基金管理人依法向中国证监会办理基金备案手续，基金合同生效。基金募集期限届满，不能满足法律规定的条件，无法办理基金备案手续，基金合同不生效，即基金募集失败
	基金募集失败，基金管理人应当承担下列责任： (1) 以其固有财产承担因募集行为而产生的债务和费用 (2) 在基金募集期限届满后30日内返还投资人已交纳的款项，并加计银行同期存款利息

考题精练

1. 根据《证券投资基金法》的规定，关于公开募集证券投资基金募集期届满后的法定程序，以下表述正确的是（　　）。

   A. 基金托管人与基金管理人共同聘请验资机构进行验资后，在中国证监会办理备案

   B. 由基金管理人聘请验资机构进行验资后，在中国证监会办理备案

   C. 由基金管理人报中国证监会备案后，聘请验资机构进行验资

   D. 基金管理人应当根据基金募集规模依法决定是否需要验资

   [答案] B

   [解析] 基金管理人应当自募集期限届满之日起10日内聘请法定验资机构验资，自收到验资报告之日起10日内，向中国证监会提交验资报告，办理基金备案手续，并予以公告。

2. 某基金管理公司正在发行一只新公募基金，即将于9个交易日后结束募集。该基金产品通过多家销售机构进行销售，其中Y证券公司也参与该产品的募集销售。基金募集期限届满，若不能满足《基金法》规定的成立条件，基金管理人应当在基金募集期限届满后（　　）内返还投资人已交纳的款项，并加计银行同期存款利息。

   A. 15日　　　　B. 30日

   C. 30个工作日　　　　D. 15个工作日

   [答案] B

二、对公开募集基金销售活动的监管

(一) 基金销售适用性监管

基金销售适用性监管的具体内容见表4-4-3。

表 4-4-3　基金销售适用性监管

项目	内容
基金销售适用性管理制度	基金销售机构应当建立基金销售适用性管理制度，至少包括以下内容：①对基金管理人进行审慎调查的方式和方法；②对基金产品的风险等级进行设置、对基金产品进行风险评价的方式和方法；③对基金投资人风险承受能力进行调查和评价的方式和方法；④对基金产品和基金投资人进行匹配的方法
反洗钱义务	基金销售机构办理基金销售业务时应当根据反洗钱法规相关要求识别客户身份，核对客户的有效身份证件，登记客户身份基本信息，确保基金账户持有人名称与身份证明文件中记载的名称一致，并留存有效身份证件的复印件或者影印件。基金销售机构销售基金产品时委托其他机构进行客户身份识别的，应当通过合同、协议或者其他书面文件，明确双方在客户身份识别、客户身份资料和交易记录保存与信息交换、大额交易和可疑交易报告等方面的反洗钱职责和程序

考题精练

根据基金销售适用性原则，基金销售机构应当了解并评价如下内容中的（　　）。

Ⅰ. 基金管理人　　Ⅱ. 基金托管人

Ⅲ. 基金投资人　　Ⅳ. 基金产品

A. Ⅰ、Ⅱ、Ⅲ　　B. Ⅰ、Ⅲ、Ⅳ

C. Ⅱ、Ⅲ、Ⅳ　　D. Ⅰ、Ⅱ、Ⅳ

[答案] B

（二）对基金宣传推介材料的监管

基金宣传推介材料，是指为推介基金向公众分发或者公布，使公众可以普遍获得的书面、电子或者其他介质的信息，包括：①公开出版资料；②宣传单、手册、信函、传真、非指定信息披露媒体上刊发的与基金销售相关的公告等面向公众的宣传资料；③海报、户外广告；④电视、电影、广播、互联网资料、公共网站链接广告、短信及其他音像、通信资料；⑤中国证监会规定的其他材料。

对基金宣传推介材料的监管内容见表 4-4-4。

表 4-4-4　对基金宣传推介材料的监管

项目	内容
监管流程	依据《证券投资基金销售管理办法》的规定，基金管理人的基金宣传推介材料，应当事先经基金管理人负责基金销售业务的高级管理人员和督察长检查，出具合规意见书，并自向公众分发或者发布之日起5个工作日内报主要经营活动所在地中国证监会派出机构备案。其他基金销售机构的基金宣传推介材料，应当事先经基金销售机构负责基金销售业务和合规的高级管理人员检查，出具合规意见书，并自向公众分发或者发布之日起5个工作日内报工商注册登记所在地中国证监会派出机构备案
禁止情形	基金宣传推介材料必须真实、准确，与基金合同、基金招募说明书相符，不得有下列情形：①虚假记载、误导性陈述或者重大遗漏；②预测基金的证券投资业绩；③违规承诺收益或者承担损失；④诋毁其他基金管理人、基金托管人或者基金销售机构，或者其他基金管理人募集或者管理的基金；⑤夸大或者片面宣传基金，违规使用安全、保证、承诺、保险、避险、有保障、高收益、无风险等可能使投资人认为没有风险的或者片面强调集中营销时间限制的表述；⑥登载单位或者个人的推荐性文字；⑦中国证监会规定的其他情形

考题精练

某基金 2016 年 9 月 1 日成立，截至 2016 年 12 月 31 日单位净值 1.07 元。该基金管理人 2017 年元旦推出“金鸡送吉”活动，宣传材料上注明：凡是 2017 年 1 月 1 日至 1 月 7 日申购该基金的投资者，均可享受活动期间 5 万元起购，额外 8%的收益补贴，莫失良机。在宣传推介材料的制作及审核过程中，该基金管理人分管销售的高管甲和督察长乙存在一定的分歧意见。

(1) 该基金管理人制作的上述基金宣传推介材料，需要（　　）出具合规意见书。

A. 甲　　B. 甲或乙　　C. 甲和乙　　D. 乙

[答案] C

[解析] 基金管理人的基金宣传推介材料由负责基金销售业务的高级管理人员和督察长检查，出具合规意见书。

(2) 关于活动期间额外 8%的收益补贴，以下说法正确的是（　　）。

A. 违反禁止预测基金投资业绩的规定

B. 属于违规承诺收益或承担损失

C. 忽视向投资者提示风险

D. 额外 8%补贴是基金管理人的让利，基金管理人愿意承担即可

[答案] B

[解析]“活动期间额外 8%的收益补贴”属于违规承诺收益或承担损失。

(三) 对基金销售费用的监管

基金的销售费用除了常规的一些费用之外，还有增值服务费和客户维护费。对于基金销售费用监管的具体内容见表 4-4-5。

表 4-4-5　对基金销售费用的监管

费用	内容
常规费用	基金销售机构办理基金销售业务，可以按照基金合同和招募说明书的约定向投资人收取认购费、申购费、赎回费、转换费和销售服务费等费用。基金销售机构收取基金销售费用的，应当符合中国证监会关于基金销售费用的有关规定
增值服务费	增值服务是指基金销售机构在销售基金产品的过程中，在确保遵守基金和相关产品销售适用性原则的基础上，向投资人提供的除法定或者基金合同、招募说明书约定服务以外的附加服务
	基金销售机构收取增值服务费的，应当符合下列要求：①遵循合理、公开、质价相符的定价原则；②所有开办增值服务的营业网点应当公示增值服务的内容；③统一印制服务协议，明确增值服务的内容、方式、收费标准、期限及纠纷解决机制等；④基金投资人应当享有自主选择增值服务的权利，选择接受增值服务的基金投资人应当在服务协议上签字确认；⑤增值服务费应当单独缴纳，不应从申购（认购）资金中扣除；⑥提供增值服务和签订服务协议的主体应当是基金销售机构，任何销售人员不得私自收取增值服务费；⑦相关监管机构规定的其他情形。基金销售机构提供增值服务并以此向投资人收取增值服务费的，应当将统一印制的服务协议向中国证监会备案
客户维护费	基金管理人与基金销售机构可以在基金销售协议中约定依据基金销售机构销售基金的保有量提取一定比例的客户维护费，用以向基金销售机构支付客户服务及销售活动中产生的相关费用。基金销售机构收取客户维护费的，应当符合中国证监会关于基金销售费用的有关规定
	基金管理人与基金销售机构应当在基金销售协议或者其补充协议中约定，双方在申购（认购）费、赎回费、销售服务费等销售费用的分成比例，并据此就各自实际取得的销售费用确认基金销售收入，如实核算、记账，依法纳税

考题精练

关于基金销售费用的监管，以下表述错误的是（　　）。

A. 基金销售机构可按照基金合同和招募说明书的约定，向投资人收取认购费、申购费、赎回费等费用

B. 基金销售机构收取增值服务费时，应在所有开办增值服务的营业网点公示增值服务内容

C. 基金销售机构可依照基金销售协议中约定，按照销售基金保有量收取一定比例的客户维护费

D. 基金销售机构收取增值服务费可从认申购资金中扣除

[答案] D

[解析] 增值服务费应当单独缴纳，不应从申购（认购）资金中扣除。

三、对公开募集基金投资与交易行为的监管

基金管理人运用基金财产进行证券投资，除中国证监会另有规定外，应当采用资产组合的方式。

基金财产应当用于下列投资：①上市交易的股票、债券；②中国证监会规定的其他证券及其衍生品种。

依据《证券投资基金法》的规定，基金财产不得用于下图 4-4-1 的投资或者活动。

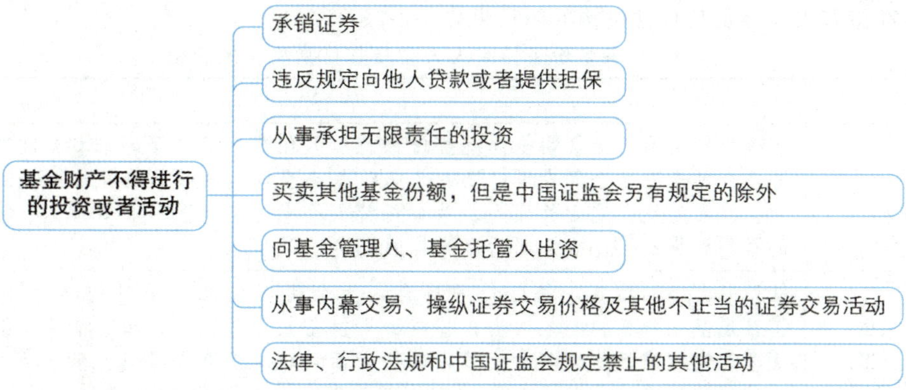

图 4-4-1　基金财产不得进行的投资或者活动

运用基金财产买卖基金管理人、基金托管人及其控股股东、实际控制人或者与其有其他重大利害关系的公司发行的证券或承销期内承销的证券，或者从事其他重大关联交易的，应当遵循基金份额持有人利益优先的原则，防范利益冲突，符合中国证监会的规定，并履行信息披露义务。

四、对公开募集基金信息披露的监管

基金管理人、基金托管人和其他基金信息披露义务人应当依法披露基金信息，并保证所披露信息的真实性、准确性和完整性。基金信息披露义务人应当确保应予披露的基金信息在中国证监会规定时间内披露，并保证投资人能够按照基金合同约定的时间和方式查阅或者复制公开披露的信息资料。

对于公募基金的信息披露的监管，具体内容见表 4-4-6。

表 4-4-6　公开募集基金信息披露的监管

项目	内容
基金信息披露的内容	公开披露的基金信息包括：①基金招募说明书、基金合同、基金托管协议；②基金募集情况；③基金份额上市交易公告书；④基金资产净值、基金份额净值；⑤基金份额申购、赎回价格；⑥基金财产的资产组合季度报告、财务会计报告及中期和年度基金报告；⑦临时报告；⑧基金份额持有人大会决议；⑨基金管理人、基金托管人的专门基金托管部门的重大人事变动；⑩涉及基金财产、基金管理业务、基金托管业务的诉讼或者仲裁；⑪中国证监会规定应予披露的其他信息

续表

项目	内容
基金信息披露的禁止行为	公开披露基金信息，不得有下列行为：①虚假记载、误导性陈述或者重大遗漏；②对证券投资业绩进行预测；③违规承诺收益或者承担损失；④诋毁其他基金管理人、基金托管人或者基金销售机构；⑤法律、行政法规和中国证监会规定禁止的其他行为

五、基金份额持有人及基金份额持有人大会

（一）基金份额持有人的法定权利

依据《证券投资基金法》的规定，基金份额持有人享有下列权利：①分享基金财产收益；②参与分配清算后的剩余基金财产；③依法转让或者申请赎回其持有的基金份额；④按照规定要求召开基金份额持有人大会或者召集基金份额持有人大会；⑤对基金份额持有人大会审议事项行使表决权；⑥对基金管理人、基金托管人、基金服务机构损害其合法权益的行为依法提起诉讼；⑦基金合同约定的其他权利。公开募集基金的基金份额持有人有权查阅或者复制公开披露的基金信息资料；非公开募集基金的基金份额持有人对涉及自身利益的情况，有权查阅基金的财务会计账簿等财务资料。

（二）基金份额持有人大会及其日常机构的职权

基金份额持有人大会及其日常机构的职权见表 4-4-7。

表 4-4-7　基金份额持有人大会及其日常机构的职权

项目	内容
基金份额持有人大会职权	基金份额持有人大会由全体基金份额持有人组成，行使下列职权：①决定基金扩募或者延长基金合同期限；②决定修改基金合同的重要内容或者提前终止基金合同；③决定更换基金管理人、基金托管人；④决定调整基金管理人、基金托管人的报酬标准；⑤基金合同约定的其他职权
日常机构职权	按照基金合同约定，基金份额持有人大会可以设立日常机构，行使下列职权：①召集基金份额持有人大会；②提请更换基金管理人、基金托管人；③监督基金管理人的投资运作、基金托管人的托管活动；④提请调整基金管理人、基金托管人的报酬标准；⑤基金合同约定的其他职权。基金份额持有人大会的日常机构，由基金份额持有人大会选举产生的人员组成；其议事规则，由基金合同约定
	基金份额持有人大会及其日常机构不得直接参与或者干涉基金的投资管理活动

（三）公开募集基金的基金份额持有人权利行使

依据《证券投资基金法》的规定，基金份额持有人大会由基金管理人召集。基金份额持有人权利行使的具体内容见表 4-4-8。

表 4-4-8　公开募集基金的基金份额持有人权利行使

项目	内容
基金份额持有人大会的召集	基金份额持有人大会设立日常机构的，由该日常机构召集；该日常机构未召集的，由基金管理人召集。基金管理人未按规定召集或者不能召集的，由基金托管人召集。代表基金份额10%以上的基金份额持有人就同一事项要求召开基金份额持有人大会，而基金份额持有人大会的日常机构、基金管理人、基金托管人都不召集的，代表基金份额10%以上的基金份额持有人有权自行召集，并报中国证监会备案
	召开基金份额持有人大会，召集人应当至少提前30日公告基金份额持有人大会的召开时间、会议形式、审议事项、议事程序和表决方式等事项。基金份额持有人大会不得就未经公告的事项进行表决

续表

项目	内容
基金份额持有人大会的召开	依据《证券投资基金法》的规定，基金份额持有人大会可以采取现场方式召开，也可以采取通信等方式召开。每一基金份额具有一票表决权，基金份额持有人可以委托代理人出席基金份额持有人大会并行使表决权。基金份额持有人大会应当有代表 1/2 以上基金份额的持有人参加，方可召开。参加基金份额持有人大会的持有人的基金份额低于前款规定比例的，召集人可以在原公告的基金份额持有人大会召开时间的 3 个月以后、6 个月以内，就原定审议事项重新召集基金份额持有人大会。重新召集的基金份额持有人大会应当有代表 1/3 以上基金份额的持有人参加，方可召开
基金份额持有人大会的决议规则	基金份额持有人大会就审议事项做出决定，应当经参加大会的基金份额持有人所持表决权的 1/2 以上通过；但是，转换基金的运作方式、更换基金管理人或者基金托管人、提前终止基金合同、与其他基金合并，应当经参加大会的基金份额持有人所持表决权的 2/3 以上通过。基金份额持有人大会决定的事项，应当依法报中国证监会备案，并予以公告

考题精练

1. 某基金管理人于 2017 年 3 月 1 日召集召开基金份额持有人大会，参加会议的持有人的基金份额低于基金总份额的 1/2，则该基金管理人可以重新召集基金份额持有人大会就原有议题进行审议。以下可以确定为重新召集基金份额持有人大会的日期是（　　）。

   A. 2017 年 4 月 1 日　　B. 2017 年 7 月 1 日

   C. 2017 年 10 月 1 日　　D. 2018 年 3 月 1 日

   [答案] B

   [解析] 召集人可以在原公告的基金份额持有人大会召开时间的 3 个月以后、6 个月以内，就原定审议事项重新召集基金份额持有人大会。

2. 根据《证券投资基金法》的规定，应当经参加基金份额持有人大会的基金份额持有人所持表决权三分之二以上通过的事项有（　　）。

   Ⅰ. 转换基金的运作方式　　Ⅱ. 更换基金托管人

   Ⅲ. 提前终止基金合同　　Ⅳ. 调整基金申购、赎回费率

   A. Ⅰ、Ⅱ　　B. Ⅰ、Ⅱ、Ⅲ、Ⅳ

   C. Ⅰ、Ⅲ　　D. Ⅰ、Ⅱ、Ⅲ

   [答案] D

   [解析] 转换基金的运作方式、更换基金管理人或者基金托管人、提前终止基金合同、与其他基金合并，应当经参加大会的基金份额持有人所持表决权的 2/3 以上通过。

第五节　对非公开募集基金的监管

『扫码』免费刷好题 听考点串讲

非公开募集基金，也称为私募基金，是指以非公开方式向投资者募集资金设立的投资基金。与公开募集基金相比，私募基金投资人人数较少，运作形式灵活，不具有外部性和公众性。因此，对其监管应区别于公开募集基金。我国对于非公开募集基金的监管，坚持适度监管和区别监管的原则，主要采用原则规范和自律管理相结合的，在基金管理人市场准入、基金募集、产品管理、基金运作等方面进行适度监管。既要规范非公开募集基金活动，避免发生系统性风险，又要给非公开募集基金留有足够的自由发展空间，保证其运作应有的动力和活力。

一、非公开募集基金的基金管理人的登记

我国对于非公开募集基金的基金管理人没有严格的市场准入限制，担任非公开募集基金的基金管理人无须中国证监会审批，而实行登记制度，即非公开募集基金的基金管理人只需向基金业协会

登记即可。对于非公开募集基金管理人的内部治理结构也没有强制性的监管要求，而由基金业协会制定相关指引和准则，实行自律管理。这降低了非公开募集基金管理人的设立难度和设立成本，也利于非公开募集基金灵活运作，体现了区别监管的理念。

非公开募集基金的基金管理人的登记见表 4-5-1。

表 4-5-1 非公开募集基金的基金管理人的登记

项目	内容
登记要求	依据《证券投资基金法》的规定，担任非公开募集基金的基金管理人，应当按照规定向基金业协会履行登记手续，报送基本情况。未经登记，任何单位或者个人不得使用“基金”或者“基金管理”字样或者近似名称进行证券投资活动；但是，法律、行政法规另有规定的除外
	除证券投资基金外，依据《社会保险法》设立的社会保险基金和全国社会保障基金、依据《基金会管理条例》设立的公募基金和非公募基金以及各类政府性基金等，可以依据相关法律、行政法规的规定以“基金”名义进行投资运作。这些基金属于《证券投资基金法》上述规定所指的例外情形
登记申请材料	各类私募基金管理人应当根据基金业协会的规定，向基金业协会申请登记，报送以下基本信息：①工商登记和营业执照正副本复印件；②公司章程或者合伙协议；③主要股东或者合伙人名单；④高级管理人员的基本信息；⑤基金业协会规定的其他信息
办结登记手续	基金业协会应当在私募基金管理人登记材料齐备后的 20 个工作日内，通过网站公告私募基金管理人名单及其基本情况的方式，为私募基金管理人办结登记手续

考题精练

各类私募基金管理人向中国证券投资基金业协会申请登记时，需报送的基本信息不包括（　　）。

A. 主要股东或者合伙人名单　　B. 公司内部控制制度

C. 公司章程或者合伙协议　　D. 高级管理人员的基本信息

[答案] B

二、对非公开募集基金募集行为的监管

《私募投资基金募集行为管理办法》规定，办理私募基金管理人登记的机构可以自行募集其设立的私募基金，在中国证监会注册取得基金销售业务资格并已成为中国基金业协会会员的机构可以受私募基金管理人的委托募集私募基金。其他任何机构和个人不得从事私募基金的募集活动。从事私募基金募集业务的人员应当具有基金从业资格（或基金销售资格），应当遵守法律、行政法规和中国基金业协会的自律规则，恪守职业道德和行为规范，应当参加后续执业培训。

我国对于非公开募集基金的监管的重点集中在募集环节，主要体现为：确立合格投资者制度；禁止公开宣传推介；规范基金合同必备条款并强化违反监管规定的法律责任。

（一）对非公开募集基金募集对象的限制

依据《证券投资基金法》的规定，非公开募集基金应当向合格投资者募集，合格投资者累计不得超过 200 人。除了人数的限制之外，对非公开募集基金募集对象的限制见表 4-5-2。

表 4-5-2 对非公开募集基金募集对象的限制

项目	内容
合格投资者标准	私募基金的合格投资者是指具备相应风险识别能力和风险承担能力，投资于单只私募基金的金额不低于 100 万元人民币且符合下列相关标准的单位和个人：①净资产不低于1 000万元人民币的单位；②金融资产不低于 300 万元人民币或者最近 3 年个人年均收入不低于 50 万元人民币的个人 [注意] 这里提到的“金融资产”包括银行存款、股票、债券、基金份额、资产管理计划、银行理财产品、信托计划、保险产品、期货权益等

续表

项目	内容
特殊情形	下列投资者视为合格投资者：①社会保障基金、企业年金等养老基金，慈善基金等社会公益基金；②依法设立并在基金业协会备案的投资计划；③投资于所管理私募基金的私募基金管理人及其从业人员；④中国证监会规定的其他投资者
穿透核查	以合伙企业、契约等非法人形式，通过汇集多数投资者的资金直接或者间接投资于私募基金的，私募基金管理人或者私募基金销售机构应当穿透核查最终投资者是否为合格投资者，并合并计算投资者人数 [注意] 符合上述“特殊情形”中第①②④项规定的投资者投资私募基金的，不再穿透核查最终投资者是否为合格投资者和合并计算投资者人数

考题精练

根据《私募投资基金监督管理暂行办法》的规定，下列主体投资私募基金，可能需要穿透核查最终投资者是否为合格投资者，并合并计算投资者人数的是（　　）。

A. 慈善基金　　B. 法人单位

C. 合伙企业　　D. 企业年金

[答案] C

[解析] 以合伙企业、契约等非法人形式，通过汇集多数投资者的资金直接或者间接投资于私募基金的，私募基金管理人或者私募基金销售机构应当穿透核查最终投资者是否为合格投资者，并合并计算投资者人数。

（二）对非公开募集基金推介方式的限制

非公开募集基金的募集对象是特定的，这就决定了采用非公开方式推介是其区别于公开募集基金的关键性特征。如果允许采用公开方式向不特定公众宣传推介，就违背了非公开募集基金的根本属性。对于非公开募集基金推介方式的限制见表 4-5-3。

表 4-5-3　对非公开募集基金推介方式的限制

项目	内容
非公开的具体含义	依据《证券投资基金法》和《私募投资基金监督管理暂行办法》的规定，不得通过下列媒介渠道推介私募基金：①公开出版资料；②面向社会公众的宣传单、布告、手册、信函、传真；③海报、户外广告；④电视、电影、电台及其他音像等公共传播媒体；⑤公共、门户网站链接广告、博客等；⑥未设置特定对象确定程序的募集机构官方网站、微信朋友圈等互联网媒介；⑦未设置特定对象确定程序的讲座、报告会、分析会；⑧未设置特定对象确定程序的电话、短信和电子邮件等通信媒介及法律行政法规、中国证监会的有关规定和中国基金协会自律规则禁止的其他行为
	对于违反法律法规，擅自公开或者变相公开募集基金的，应当承担相应的法律后果。这一规定同样适用于非公开募集基金份额的转让，基金份额持有人也不得采用公开宣传的方式向非合格投资者转让基金份额
销售规范要求	依据《私募投资基金监督管理暂行办法》的规定，私募基金管理人、私募基金销售机构不得向投资者承诺投资本金不受损失或者承诺最低收益。私募基金管理人自行销售私募基金的，应当采取问卷调查等方式，对投资者的风险识别能力和风险承担能力进行评估，由投资者书面承诺符合合格投资者条件；应当制作风险揭示书，由投资者签字确认
	私募基金管理人委托销售机构销售私募基金的，私募基金销售机构应当采取上述规定的评估、确认等措施。投资者风险识别能力和承担能力问卷及风险揭示书的内容与格式指引，由基金业协会按照不同类别私募基金的特点制定

续表

项目	内容
销售规范要求	私募基金管理人自行销售或者委托销售机构销售私募基金，应当自行或者委托第三方机构对私募基金进行风险评级，向风险识别能力和风险承担能力相匹配的投资者推介私募基金
投资者义务	投资者应当如实填写风险识别能力和承担能力问卷，如实承诺资产或者收入情况，并对其真实性、准确性和完整性负责。填写虚假信息或者提供虚假承诺文件的，应当承担相应责任。投资者应当确保投资资金来源合法，不得非法汇集他人资金投资私募基金

（三）规定非公开募集基金的基金合同的必备条款

基金合同是规范基金管理人、基金托管人和基金份额持有人等基金当事人权利义务关系的协议。基金合同不仅对基金当事人具有约束力，同时也是保护基金份额持有人的最重要的法律文件。法律对非公开募集基金的基金合同的必备条款做了规定，这样有利于保护投资者权益。其具体内容见表 4-5-4。

表 4-5-4　非公开募集基金的基金合同的必备条款

基金类型	内容
契约型私募基金	根据《私募投资基金合同指引 1 号》，私募基金管理人通过契约形式募集设立私募证券投资基金的，应制定私募投资基金合同。私募基金合同的名称中须标识“私募基金”“私募投资基金”字样。私募基金进行托管的，私募基金管理人、私募基金托管人以及投资者三方应当共同签订基金合同；基金合同明确约定不托管的，应当在基金合同中明确保障私募基金财产安全的制度措施、保管机制和纠纷解决机制
	契约型私募基金合同的必备条款应包括：①声明与承诺；②私募基金的基本情况；③私募基金的募集；④私募基金的成立与备案；⑤私募基金的申购、赎回与转让；⑥当事人及权利义务；⑦私募基金份额持有人大会及日常机构；⑧私募基金份额的登记；⑨私募基金的投资；⑩私募基金的财产；⑪交易与清算交收安排；⑫私募基金财产的估值和会计核算；⑬私募基金的费用与税收；⑭私募基金的收益分配；⑮信息披露与报告；⑯风险揭示；⑰基金合同的效力、变更、解除与终止；⑱私募基金的清算；⑲违约责任；⑳争议的处理；㉑其他事项
公司型私募投资基金	根据《私募投资基金合同指引 2 号》，私募基金管理人通过有限责任公司或股份有限公司形式募集设立公司型私募投资基金的，应当制定公司章程。公司型基金是指投资者依据《公司法》，通过出资形成一个独立的公司法人实体，由公司自行或者通过委托专门的基金管理人进行管理的私募投资基金。公司型基金的投资者既是基金份额持有者又是公司股东，按照公司章程行使相应权利、承担相应义务和责任。投资者签署的公司章程应当满足相关法律、法规对公司章程的法定基本要求
	公司型基金章程应当具备的条款包括：①基本情况；②股东出资；③股东的权利义务；④入股、退股及转让；⑤股东（大）会；⑥高级管理人员；⑦投资事项；⑧管理方式；⑨托管事项；⑩利润分配及亏损分担；⑪税务承担；⑫费用和支出；⑬财务会计制度；⑭信息披露制度；⑮终止、解散及清算；⑯章程的修订；⑰一致性；⑱份额信息备份；⑲报送披露信息等
合伙型私募投资基金	根据《私募投资基金合同指引 3 号》，私募基金管理人通过有限合伙形式募集设立合伙型私募投资基金的，应当制定有限合伙协议。合伙型基金是指投资者依据《合伙企业法》成立有限合伙企业，由普通合伙人对合伙债务承担无限连带责任。由基金管理人具体负责投资运作的私募投资基金。有限合伙协议的当事人订立的合伙协议应当满足相关法律、法规对合伙协议的法定基本要求

续表

基金类型	内容
合伙型私募投资基金	合伙协议应具备的条款包括：①基本情况；②合伙人及其出资；③合伙人的权利义务；④执行事务合伙人；⑤有限合伙人；⑥合伙人会议；⑦管理方式；⑧托管事项；⑨入伙、退伙、合伙权益转让和身份转变；⑩投资事项；⑪利润分配及亏损分担；⑫税务承担；⑬费用和支出；⑭财务会计制度；⑮信息披露制度；⑯终止、解散与清算；⑰合伙协议的修订；⑱争议解决；⑲一致性；⑳份额信息备份；㉑报送披露信息等

考题精练

根据《私募投资基金合同指引 3 号》，合伙型私募基金的合伙协议的必备条款应包括（　　）。

Ⅰ. 合伙人及出资　　Ⅱ. 执行事务合伙人

Ⅲ. 合伙人的权利义务　　Ⅳ. 入伙、退伙、合伙权益转让和身份转变

A. Ⅰ、Ⅱ、Ⅳ　　B. Ⅰ、Ⅲ、Ⅳ　　C. Ⅰ、Ⅱ　　D. Ⅰ、Ⅱ、Ⅲ、Ⅳ

[答案] D

三、对非公开募集基金运作的监管

（一）非公开募集基金的备案

我国对于非公开募集基金实行产品备案制度，体现了对非公开募集基金的区别监管的理念。非公开募集基金的备案的具体内容见表 4-5-5。

表 4-5-5　非公开募集基金的备案

项目	内容
备案制度	依据《证券投资基金法》的规定，非公开募集基金募集完毕，基金管理人应当向基金业协会备案。对募集的资金总额或者基金份额持有人的人数达到规定标准的基金，基金业协会应当向中国证监会报告
备案报送信息	《私募投资基金监督管理暂行办法》规定，各类私募基金募集完毕，私募基金管理人应当根据基金业协会的规定，办理基金备案手续，报送以下基本信息：①主要投资方向及根据主要投资方向注明的基金类别。②基金合同、公司章程或者合伙协议。资金募集过程中向投资者提供基金招募说明书的，应当报送基金招募说明书。以公司、合伙等企业形式设立的私募基金，还应当报送工商登记和营业执照正副本复印件。③采取委托管理方式的，应当报送委托管理协议。委托托管机构托管基金财产的，还应当报送托管协议。④基金业协会规定的其他信息
备案流程	基金业协会应当在私募基金备案材料齐备后的 20 个工作日内，通过网站公告私募基金名单及其基本情况的方式，为私募基金办结备案手续
	基金业协会为私募基金管理人和私募基金办理登记备案不构成对私募基金管理人投资能力、持续合规情况的认可，不作为对基金财产安全的保证

（二）非公开募集基金的托管

基金托管制度是规范基金运作、保护基金投资者合法权益的一项重要制度，基金托管人作为共同受托人对基金管理人的投资运作负有监督职责。其具体内容见表 4-5-6。

表 4-5-6　非公开募集基金的托管

项目	内容
托管制度	《证券投资基金法》允许非公开募集基金的当事人对于设置基金托管人做例外约定，即非公开募集基金应当由基金托管人托管，但是基金合同另有约定除外
非托管契约	《私募投资基金监督管理暂行办法》规定，除基金合同另有约定外，私募基金应当由基金托管人托管。基金合同约定私募基金不进行托管的，应当在基金合同中明确保障私募基金财产安全的制度措施和纠纷解决机制

（三）非公开募集基金的投资运作行为规范

与公开募集基金的投资范围相比，非公开募集基金的投资范围更加宽泛。非公开募集基金的投资运作行为规范见表4-5-7。

表4-5-7　非公开募集基金的投资运作行为规范

项目	内容
投资范围	依据《证券投资基金法》的规定，非公开募集基金财产的证券投资，包括买卖公开发行的股份有限公司股票、债券、基金份额以及中国证监会规定的其他证券及其衍生品种
禁止行为	《私募投资基金监督管理暂行办法》规定，同一私募基金管理人管理不同类别私募基金的，应当坚持专业化管理原则；管理可能导致利益输送或者利益冲突的不同私募基金的，应当建立防范利益输送和利益冲突的机制
	私募基金管理人、私募基金托管人、私募基金销售机构及其他私募服务机构及其从业人员从事私募基金业务，不得有以下行为：①将其固有财产或者他人财产混同于基金财产从事投资活动；②不公平地对待其管理的不同基金财产；③利用基金财产或者职务之便，为本人或者投资者以外的人牟取利益，进行利益输送；④侵占、挪用基金财产；⑤泄露因职务便利获取的未公开信息，利用该信息从事或者明示、暗示他人从事相关的交易活动；⑥从事损害基金财产和投资者利益的投资活动；⑦玩忽职守，不按照规定履行职责；⑧从事内幕交易、操纵交易价格及其他不正当交易活动；⑨法律、行政法规和中国证监会规定禁止的其他行为

考题精练

私募证券投资基金的投资范围包括（　　）。

Ⅰ. 股票　　Ⅱ. 基金

Ⅲ. 债券　　Ⅳ. 证券衍生品种

A. Ⅱ、Ⅲ、Ⅳ　　B. Ⅰ、Ⅱ、Ⅲ、Ⅳ

C. Ⅰ、Ⅱ、Ⅲ　　D. Ⅰ、Ⅳ

[答案] B

（四）非公开募集基金的信息披露和报送

私募基金管理人应当根据基金业协会的规定，及时填报并定期更新管理人及其从业人员的有关信息、所管理私募基金的投资运作情况和杠杆运用情况，保证所填报内容真实、准确、完整。其具体内容见表4-5-8。

表4-5-8　非公开募集基金的信息披露和报送

项目	内容
重大事项报告要求	发生重大事项的，应当在10个工作日内向基金业协会报告
财务报告要求	私募基金管理人应当于每个会计年度结束后的4个月内，向基金业协会报送经会计师事务所审计的年度财务报告和所管理私募基金年度投资运作基本情况
资料保存要求	私募基金管理人、私募基金托管人及私募基金销售机构应当妥善保存私募基金投资决策、交易和投资者适当性管理等方面的记录及其他相关资料，保存期限自基金清算终止之日起不得少于10年

考题精练

某私募基金的法定代表人在2017年10月23日发生了变更，这一事项属于私募基金管理人的重大事项，按规定应当报告，报告的对象是（　　）。

A. 中国证监会　　B. 中国证监会在私募基金所在地的派出机构

C. 中国证券业协会　　D. 中国证券投资基金业协会

[答案] D

第五章　基金职业道德

知识结构

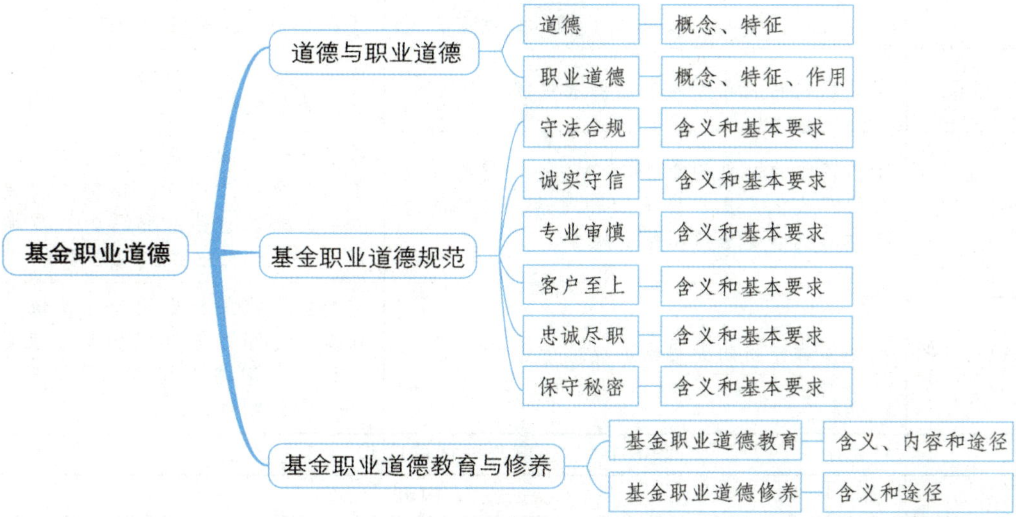

第一节　道德与职业道德

扫码
免费刷好题
听考点串讲

一、道德

（一）道德的概念

道德，是一种社会意识形态，是由一定的社会经济基础决定并形成的，以是与非、善与恶、美与丑、正义与邪恶、公正与偏私、诚实与虚伪等范畴为评价标准，依靠社会舆论、传统习俗和内心信念等约束力量，实现调整人与人之间、人与社会之间关系的行为规范的总和。

（二）道德的特征

道德的特征主要有四个，具体内容见表 5-1-1。

表 5-1-1　道德的特征

特征	内容
差异性	不同的社会有不同的道德。道德是由一定的社会经济基础决定的，是一定社会关系的反映
	社会道德规范是一个国家所有公民应当遵守的道德规范的总和，包括基本道德规范和一系列特定道德规范。道德的差异性，也表现为基本道德规范与特定道德规范之间的差异
继承性	因为决定或者影响道德形成和发展的各种因素具有历史延续性，所以，道德也必然与文化、民俗、宗教、伦理等一样有着历史的传承
约束性	道德对全体社会成员具有约束的作用。道德广泛渗透在各种社会生活中，约束全体社会成员可以做什么、不可以做什么和怎样做，是社会价值观的具体体现和延伸。道德具有约束性，但是，道德并不像法律那样依靠国家强制力保证其实施，其约束力是有限的
具体性	道德规范既可以是成文的，表现为制定的“公约”“守则”“行为准则”“行为规则”“行为规范”等；也可以是不成文的，存在于人们的内心观念之中。不论是成文的还是不成文的道德，作为行为规范，其内容都是具体的

（三）道德与法律的关系

道德和法律作为社会行为规范最重要的两种形式，二者之间既有区别，又有联系。其具体内容见表 5-1-2、表 5-1-3。

表 5-1-2　道德与法律的区别

区别	法律	道德
表现形式不同	法律是由国家制定或认可的一种行为规范，主要表现为各种制定法或者判例法，内容明确，通常以文字作为载体，以便人们认知和遵守	道德是社会认可和人们普遍接受的行为规范，既可以是成文的，也可以是不成文的，没有特定的表现形式
内容结构不同	法律以权利义务为内容，要求权利义务对等	道德一般只以义务为内容，并不要求有对等的权利
调整范围不同	法律调整的对象侧重于人们的外在行为和结果的合法化，具有较强的客观性，人们的思想和动机不是法律调整的对象	一般认为，道德调整的范围比法律调整的范围更为广泛。道德不仅要调整人们的外在行为和结果，还要调整人们内在的精神世界和心理动机
调整手段不同	法律主要依靠国家强制力保证实施	道德主要依靠社会舆论、传统习俗和内心信念等力量来实现其约束力。相比法律，道德的调整手段更多，但均不具有强制性

表 5-1-3　道德与法律的联系

联系	内容
目的一致	道德和法律都是行为规范，都是重要的社会调控手段。二者都属于上层建筑范畴，都为一定的社会经济基础服务。因此，二者在根本目的上具有一致性
内容转化	道德一般可分为两类，一类是维护社会秩序所要求的最低限度的道德，是“必须遵守”的道德；另一类是有助于提高人的精神素质、增进人与人之间和谐关系的较高要求的道德，是“应当遵守”的道德。前者通常上升为法律，也是法律所调整的内容，而对于后者法律一般不予调整
功能互补	道德在调整范围上对法律具有补充作用。有些行为不宜由法律调整或者本应由法律调整但因立法滞后而尚“无法可依”的，道德调整就起了补充作用。同时，法律在约束力上对道德具有补充作用。相比法律，道德的约束是“软”约束，因此，重要的道德转化为法律，就可以依靠国家强制力来保证实施
相互促进	法律对传播道德具有促进作用。法律的实施，往往就是一个惩恶扬善的过程，不但有助于人们法律意识的形成，还有助于人们道德观念的培养。因为法律与道德的评价标准虽有不同，但在绝大多数情况下是一致或相近的，而且更为明确，所以法律的实施对道德观念的培养可以起到强化促进作用。同时，道德对法律的实施也具有促进作用。遵纪守法通常是道德最基本的要求，增强道德观念有助于人们自觉守法

另外，规章、制度、纪律等也属于行为规范的范畴，是介于法律和道德之间的一种特殊的规范。这些规范通常由特定组织制定，效力限于组织内部人员。其与法律、道德的区别在于，一方面，这些规范不太强调价值判断，具有突出的技术性；另一方面，这些规范有强于道德而弱于法律的约束力，具有一定的强制性。

考题精练

规章、制度、纪律等属于行为规范的范畴，以下表述错误的是（　　）。

A. 行为规范弱于道德和法律的约束力　　B. 具有一定的强制性

C. 具有突出的技术性　　D. 行为规范不太强调价值判断

[答案] A

二、职业道德

职业道德，也称职业道德规范，是一般社会道德在职业活动和职业关系中的特殊表现，是与人们的职业行为紧密联系的符合职业特点要求的道德规范的总和。它既是对从业人员在职业活动中行为的要求，同时又是职业对社会所负的道德责任与义务的体现。我国《公民道德建设实施纲要》指出："职业道德是所有从业人员在职业活动中应该遵循的行为守则，涵盖了从业人员与服务对象、职业与职工、职业与职业之间的关系。"每个从业人员，不论从事哪种职业，在职业活动中都应当遵守职业道德。

（一）职业道德的特征

职业道德具有特殊性、继承性、规范性和具体性，具体内容见表 5-1-4。

表 5-1-4　职业道德的特征

特征	内容
特殊性	职业道德与一般社会道德之间的关系，是特殊与一般、个性与共性之间的关系。任何职业道德，都在不同程度上体现着一般社会道德的要求，职业道德是一般社会道德在职业活动中的具体化
继承性	随着社会的发展和进步，每种职业道德的内容也会随之不断丰富和深化，但它的基本内容往往会保持相对的稳定性和连续性。从职业道德的发展轨迹来看，与一般社会道德一样，具有历史的继承性
规范性	职业道德相比于一般社会道德以及其他领域的道德，具有规范性更强的特征。所谓规范性，是指具有完整的规范结构和有保证的约束力。职业道德规范，通常都规定了违反规范的处罚措施，具备了近似于法律的规范结构
具体性	每种职业都有其特有的职业活动和职业关系，都承担着特定的职业义务和责任

考题精练

以下关于职业道德的特征表述中，不属于职业道德特征的是（　　）。

A. 特殊性　　B. 普遍性

C. 规范性　　D. 继承性

[答案] B

（二）职业道德的作用

职业道德，可以调整职业关系，提升职业素质，促进行业发展。其具体作用见表 5-1-5。

表 5-1-5　职业道德的作用

作用	内容
调整职业关系	（1）职业道德是职业行为规范，告诫从业人员应该做什么、不应该做什么以及应该如何做，具有引导和规范的功能 （2）职业道德通过引导和规范职业行为，可以发挥调整职业关系的作用。从调节的范围来看，职业道德不仅调整从业人员的内部关系，加强职业内部人员的凝聚力；而且它也调整从业人员与其服务对象之间的关系，用以塑造本职业从业人员的形象
提升职业素质	职业素质既包括专业技能，也包括道德素养。加强职业道德建设有助于从业人员职业素质的提高。加强职业道德建设，不仅有利于从业人员提高业务能力，而且也有利于从业人员在追求业绩的同时坚守道德底线，提升职业素质
促进行业发展	加强职业道德建设，可以帮助从业人员树立正确的世界观、人生观、价值观和道德观，全面提高从业人员的思想道德品质，逐步形成"为客户服务，对单位负责，为行业争光"的职业道德风尚，进而提高行业服务质量，促进行业健康发展

考题精练

下列关于职业道德的表述中，正确的是（　　）。

A. 相对于业务能力，职业道德居次要地位

B. 较强职业道德对业务能力的提高具有促进作用

C. 职业道德素质差的人，也可能具有较高的业务能力，因此业务能力与职业道德没有什么关系

D. 职业素质仅指专业技能，不包括道德素养

[答案] B

[解析] 相较于业务能力，职业道德居首要地位，故A项错误。加强职业道德建设，不仅有利于从业人员提高业务能力，而且有利于从业人员在追求业绩的同时坚守道德底线，提升职业素质，故B项正确、C项错误。职业素质既包括专业技能，也包括道德素养，故D项正确。

第二节　基金职业道德规范

『扫码』免费刷好题 听考点串讲

基金从业人员职业道德，本书简称为基金职业道德。

基金职业道德是一般社会道德、职业道德基本规范在基金行业的具体化，是基于基金行业以及基金从业人员所承担的特定的职业义务和责任，在长期的基金职业实践中所形成的职业行为规范。

一、守法合规

（一）守法合规的含义

守法合规是对基金从业人员职业道德的最为基础的要求，其所调整的是基金从业人员与基金行业及基金监管之间的关系。

守法合规，是指基金从业人员不但要遵守国家法律、行政法规和部门规章，还应当遵守与基金业相关的自律规则及其所属机构的各种管理规范，并配合基金监管机构的监管。其目的是避免基金从业人员自己实施或者参与违法违规的行为，或者为他人违法违规的行为提供帮助。

守法合规中的“法”和“规”，除了包括宪法、刑法、民法等所有公民都需要遵守的法律外，主要是指规范证券投资基金领域的法律、行政法规、部门规章，还包括基金行业自律性规则以及基金从业人员所在机构的章程、内部规章制度、工作规程、纪律等行为规范。

（二）守法合规的基本要求

守法合规的基本要求见表5-2-1。

表5-2-1　守法合规的基本要求

基本要求	内容
熟悉法律法规等行为规范	基金从业人员应当通过各种途径、方式及时全面地学习和掌握相关的法律法规等行为规范，领会其内容实质，防止因为对法律法规等行为规范的曲解而做出违法违规的行为
	对于基金机构而言，一方面，要注重培养从业人员的守法合规意识，完善各项规章制度，强化工作流程管理，在机构内部形成守法合规的企业文化；另一方面，要建立健全重视法律法规等行为规范、学习和运用法律法规等行为规范的各项机制，为从业人员熟悉法律法规等行为规范创造条件
遵守法律法规等行为规范	基金从业人员在熟悉法律法规等行为规范的基础上，要自觉遵守这些规范。具体而言，包括以下要求：①基金从业人员应当严格遵守法律法规等行为规范，当不同效力级别的规范对同一行为均有规定时，应选择遵守更为严格的规范。②基金从业人员应当自觉遵守自律准则规定的各类行为规范。③基金从业人员应当积极配合基金监管机构的监管。④负有监督职责的基金从业人员，要忠实履行自己的监督职责，及时发现并制止违法违规行为，防止违法违规行为造成更加严重的后果。⑤普通的基金从业人员，尽管不负有监督职责，但是也应当监督他人的行为是否符合法律法规的要求。一旦发现违法违规的行为，应当及时制止并向上级部门或者监管机构报告

考题精练

关于基金从业人员的守法合规要求，某基金公司四位同事分别发表了意见，其中正确的是（　　）。

A. 人力资源部丁认为，公司新入职员工，即使尚未获取基金从业人员资格，也应遵守有关法律法规

B. 投资部丙认为，监督公司员工行为是否符合法律法规要求是公司合规部门的责任

C. 行政部甲认为，遵守法律法规比遵守自律准则更重要

D. 市场部乙认为，当不同法律法规对同一行为均有规定的时候，遵守其中一个法规即可

[答案] A

[解析] 负有监督职责的基金从业人员，要忠实履行自己的监督职责，及时发现并制止违法违规行为，防止违法违规行为造成更加严重的后果。普通的基金从业人员，尽管不负有监督职责，但是也应当监督他人的行为是否符合法律法规的要求，故 B 项错误。基金从业人员应当自觉遵守自律准则规定的各类行为规范，也应自觉遵守法律法规，故 C 项错误。当不同效力级别的规范对同一行为均有规定时，应选择遵守更为严格的规范，故 D 项错误。

二、诚实守信

（一）诚实守信的含义

诚实守信是调整各种社会人际关系的基本准则。

诚实守信是基金职业道德的核心规范。基金行业的本质是资产管理行业，投资人的信心和信任是支撑基金市场存续和基金行业发展的基础。而诚实守信又是赢得投资人信心和信任的基本要素，因此基金市场和基金行业可谓是“无信不立”。

（二）诚实守信的基本要求

1. 不得欺诈客户

所谓欺诈，是指利用虚构事实或者隐瞒真相的方式欺骗客户，使客户产生错误的认识，最终做出错误的判断。欺诈的方式主要有两种，一是虚假陈述，二是舞弊行为。这两种欺诈方式主要发生在宣传销售基金产品和信息披露领域。

在宣传销售基金产品时，基金从业人员应当以诚实的态度和合法的方式执业，如实告知投资人可能影响其利益的重要情况，正确向其揭示投资风险，不得做出不当承诺或者保证。基金从业人员不得欺诈客户的具体要求见图 5-2-1。

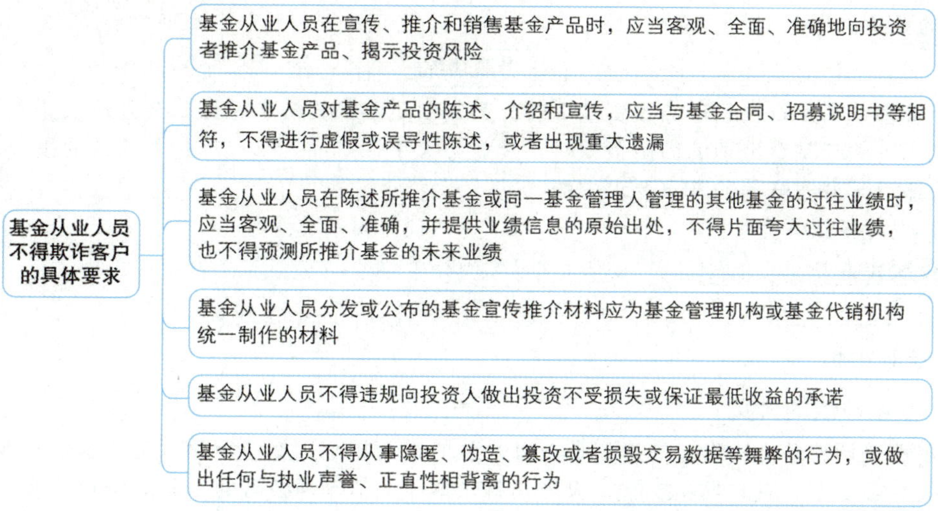

图 5-2-1　基金从业人员不得欺诈客户的具体要求

2. 不得进行内幕交易和操纵市场

内幕交易和操纵市场行为，违反证券市场公开、公平、公正的原则，破坏证券市场的诚信和秩序，损害投资人合法权益，社会危害性极大，因此，也是《证券法》明确规定的禁止性行为。基金市场是证券市场的重要组成部分，证券投资基金活动也必须确立同样的规则，即不得内幕交易和操纵市场。

内幕交易是指利用内幕信息进行证券交易，以为自己或者他人牟取利益。所谓内幕信息，是指能够影响证券价格的重要非公开信息。内幕信息主要有三个构成要素，见表5-2-2。

表5-2-2　内幕信息的构成要素

构成要素	内容
来源可靠的信息	来源不可靠、模棱两可的信息，即便对证券价格产生影响，也不构成内幕信息
“重要”的信息	该信息对于证券价格的影响明确。如果该信息的披露会对证券价格产生影响或者属于理性投资者在做投资决策前希望知悉的，那么，该信息就是“重要”的。例如，足以影响证券价格的公司重组、并购决策或者财务报告等信息
“非公开”的信息	一般认为，在市场得到一个信息之前，这个信息就是“非公开”的

基金从业人员不得自己或者促使他人利用内幕信息牟取不正当利益，不得从事或协同他人从事内幕交易或利用未公开信息从事交易活动，不得泄露利用工作便利获取的内幕信息或其他未公开信息，或明示、暗示他人从事内幕交易活动。

操纵市场是指通过扭曲证券价格形成机制或人为控制交易量等方式而意图误导市场参与者的行为。操纵市场的构成要素有二：一是有误导市场参与者的意图；二是实施了歪曲证券价格或者人为控制交易量等不当影响证券价格的行为。其中，前者是判定是否构成“操纵市场”的关键因素。

基金从业人员不得通过操纵市场牟取不正当利益，不得利用资金优势、持股优势和信息优势，单独或者合谋串通，影响证券交易价格或交易量，误导和干扰市场。

3. 不得进行不正当竞争

诚实守信规范要求基金从业人员不得进行不正当竞争，不得以排挤竞争对手为目的，压低基金的收费水平，低于基金销售成本销售基金；不得采取抽奖、回扣或者赠送实物、保险、基金份额等方式销售基金。基金从业人员应当公平、合法、有序地进行竞争。

公平竞争是正当竞争的前提，要求竞争的内容要公平。

合法竞争是正当竞争的基础，要求竞争的手段要合法。

有序竞争是正当竞争的表现，正当竞争是在公平、合法的基础上，依据市场经济基本规则进行的有秩序的竞争。

考题精练

某基金管理公司发行一只证券投资基金时，为吸引更多的投资者，该基金公司从业人员在撰写基金合同中关于基金经理的简历条款时，故意夸大了该产品基金经理过往取得的投资业绩，这种做法违反了诚实守信的基本要求中的（　　）。

A. 不得进行不正当竞争　　B. 不得进行内幕交易

C. 不得欺诈客户　　D. 不得操纵市场

[答案] C

三、专业审慎

（一）专业审慎的含义

专业审慎是调整基金从业人员与职业之间关系的道德规范。专业审慎，是指基金从业人员应当具备与其执业活动相适应的职业技能，应当具备从事相关活动所必需的专业知识和技能，并保持和提高专业胜任能力，勤勉审慎开展业务，提高风险管理能力，不得做出任何与专业胜任能力相背离的行为。这是对基金从业人员专业素质和执业能力方面的道德要求。

（二）专业审慎的基本要求

专业审慎的基本要求有三个，具体内容见表 5-2-3。

表 5-2-3　专业审慎的基本要求

基本要求	内容
持证上岗	持证上岗，是指基金从业人员应当具备从事相关活动所必需的法律法规、金融、财务等专业知识和技能，必须通过基金从业人员资格考试，取得基金从业资格，并经由所在机构向基金业协会申请执业注册后，方可执业
	持证上岗的目的在于保证基金从业人员具备必要的执业能力和专业水平。基金从业人员应当具备从事基金活动所必需的专业知识和技能，基金从业人员在执业之前通过资格考试取得执业证书是从业的入门要求，说明其已经基本掌握了必要的专业基础知识
	注册监管，可以保证基金从业人员的执业活动处于监管机构的监督之下
持续学习	基金行业是个实践性强、知识更新快、新业务层出不穷、竞争激烈的行业。基金从业人员要保持专业胜任能力，必须加强学习，随时汲取新知识，理论联系实际，注重在实践中总结和积累经验，不断提高自己的专业水平和执业能力。只有持续学习，才能保证持续的专业胜任能力
审慎开展执业活动	基金从业人员在执业过程中应当审慎处理各项业务，具体而言，包括以下基本要求： （1）基金从业人员在进行投资分析、提供投资建议、采取投资行动时，应当具有合理充分的依据，有适当的研究和调查支撑，保持独立性与客观性，坚持原则，不得受各种外界因素的干扰 （2）基金从业人员在执业活动中，必须保持合理的谨慎，做出审慎的判断，应该牢固树立风险控制意识，强化投资风险管理，提高专业化风险管理水平 （3）基金从业人员应当合理分析、判断影响投资分析、建议或行动的重要因素 （4）基金从业人员应当区分投资分析和建议演示中的事实、观点和假设 （5）基金从业人员必须记载和保留适当的记录，以支持投资分析、建议、行动等相关事项 （6）基金从业人员在销售基金或者为投资者提供咨询服务时，应当向客户和潜在客户披露用于分析投资、选择证券、构建投资组合的投资过程的基本流程和一般原则 （7）基金从业人员在向客户推荐或者销售基金时，应充分了解客户的投资需求和投资目标以及客户的财务状况、投资经验、流动性要求和风险承受能力等信息，坚持销售适用性原则，向客户推荐或者销售合适的基金

四、客户至上

（一）客户至上的含义

客户至上是调整基金从业人员与投资人之间关系的道德规范。这里的“客户”指投资人，也即基金份额持有人。

客户至上，是指基金从业人员的执业活动应一切从投资人的根本利益出发。其基本含义有两点：

（1）客户利益优先。

客户利益优先是指当客户的利益与机构的利益、从业人员个人的利益相冲突时，要优先满足客户的利益。

（2）公平对待客户。

公平对待客户是指当不同客户之间的利益发生冲突时，要公平对待所有客户的利益。

（二）客户至上的基本要求

客户至上的基本要求见表 5-2-4。

表 5-2-4　客户至上的基本要求

基本要求	内容
客户利益优先	客户利益优先要求基金从业人员必须全心全意地忠实于客户，依客户利益行事，当发生利益冲突时，将客户的利益置于个人及所在机构的利益之上
	基金从业人员应当遵守下列规则：①不得从事与投资人利益相冲突的业务。②应当采取合理的措施避免与投资人发生利益冲突。③在执业过程中遇到自身利益或相关方利益与投资人利益发生冲突时，应以投资人利益优先，并应及时向所在机构报告。④不得侵占或者挪用基金投资人的交易资金和基金份额。⑤不得在不同基金资产之间、基金资产和其他受托资产之间进行利益输送。⑥不得在执业活动中为自己或他人牟取不正当利益。⑦不得利用工作之便向任何机构和个人输送利益，损害基金持有人利益
公平对待客户	公平对待客户，是指基金从业人员应当尊重所有客户并公平对待所有客户，不能因为基金份额多寡或者其他原因而厚此薄彼。公平对待客户要求基金从业人员在进行投资分析、提供投资建议、采取投资行动或从事其他专业活动时，应当公平地对待所有客户

考题精练

关于基金从业人员职业道德中的客户至上要求，以下表述错误的是（　　）。

A. 应采取措施避免与投资人发生利益冲突

B. 不得从事与投资人利益相冲突的业务

C. 执业中发现与投资人产生利益冲突时，以投资人利益优先即可，无需向所在机构报告

D. 不得在不同基金资产之间进行利益输送

［答案］C

［解析］在执业过程中遇到自身利益或相关方利益与投资人利益发生冲突时，应以投资人利益优先，并应及时向所在机构报告。

五、忠诚尽责

（一）忠诚尽责的含义

忠诚尽责，是调整基金从业人员与其所在机构之间关系的职业道德规范。

忠诚是指基金从业人员应当忠实于所在机构，避免与所在机构利益发生冲突，不得损害所在机构的利益。

尽责是指基金从业人员应当以对待自己事情一样的谨慎和注意来对待所在机构的工作，尽职尽责。

（二）忠诚尽责的基本要求

忠诚尽责的基本要求见表 5-2-5。

表 5-2-5　忠诚尽责的基本要求

基本要求	内容
忠诚廉洁	忠诚廉洁要求基金从业人员在执业活动中，做到公私分明和廉洁自律，自觉维护所在机构的利益和基金行业的形象
	具体而言，基金从业人员应当做到以下几点：①应当与所在机构签订正式劳动合同或其他形式的聘任合同，保证自身在相应机构对其进行直接管理的条件下从事执业活动。②应当保护所在机构财产与信息安全，防止所在机构资产损失、丢失。③应当严格遵守所在机构的各项管理制度和操作流程。④不得接受利益相关方的贿赂或对其进行商业贿赂，如接受或赠送礼物、回扣、补偿或报酬等。⑤不得利用基金财产或者所在机构固有财产为自己或者他人牟取非法利益。⑥不得利用职务之便或者机构的商业机会为自己或者他人牟取非法利益。⑦不得侵占或者挪用基金财产或者机构固有财产。⑧不得为了迎合客户的不合理要求而损害社会公共利益、所在机构或者他人的合法权益，不得私下接受客户委托买卖证券期货。⑨不得从事可能导致与投资者或所在机构之间产生利益冲突的活动

续表

基本要求	内容
勤勉尽责	勤勉尽责要求基金从业人员以高度负责的态度、勤勉的敬业精神履行岗位职责，从事执业活动。具体而言：①秉持勤勉的工作态度，爱岗敬业，恪尽职守，严谨务实，做好本职工作。②在执业活动中，相互支持，团结协作，提高工作效率与工作质量，不推诿扯皮、贻误工作。③应当严格遵守所在机构的授权制度，在授权范围内履行职责；超出授权范围的，应当按照所在机构制度履行批准程序。④应当严格遵守所在机构工作纪律，服从领导，认真执行上级决定。但对来自上级、同事、亲友等各种关系因素的不当干扰，应坚持原则，自觉抵制，客观公正地履行职责。⑤基金从业人员提出辞职时，应当按照聘用合同约定的期限提前向公司提出申请，并积极配合有关部门完成工作移交。已提出辞职但尚未完成工作移交的，从业人员应认真履行各项义务，不得擅自离岗；已完成工作移交的从业人员应当按照聘用合同的规定，认真履行保密、竞业禁止等义务

考题精练

忠诚尽责，是调整基金从业人员与（　　）之间的职业道德规范。

A. 其所在机构　　B. 基金托管人

C. 基金管理人　　D. 客户

［答案］A

六、保守秘密

（一）保守秘密的含义

保守秘密，是指基金从业人员不应泄露或者披露客户和所属机构或者相关基金机构向其传达的信息，除非该信息涉及客户或潜在客户的违法活动，或者属于法律要求披露的信息，或者客户或潜在客户允许披露此信息。

保守秘密是基金从业人员的一项法定义务，也是基金职业道德的一项基本规范。对所有的基金从业人员均有约束效力。保守秘密中的“秘密”主要包括的内容见表 5-2-6。

表 5-2-6　保守秘密中的“秘密”

“秘密”	内容
商业秘密	商业秘密是指不为公众所知悉的、能够带来经济利益、具有实用性并被采取保密措施的技术信息和经营信息。具体而言，从机构运营的角度看，可以包括对证券市场的分析报告、对某一行业的研究报告、投资组合、投资计划等；从机构内部治理的角度看，可以包括内控制度、防火墙制度、员工激励机制、人事管理制度、工作流程等
客户资料	客户资料主要是指客户的个人资料，包括客户个人的身份证信息、移动电话号码、家庭成员信息、财务状况、投资需求等。这些资料往往属于客户不愿意让他人知晓的隐私。保护客户隐私不仅是法律的要求，也是职业道德的要求。另外，这些具有投资需求客户的名单，本身也是一种商业资源，一般也属于机构的商业秘密
内幕信息	内幕信息是指会对证券价格产生影响的重要的非公开的信息。这些内幕信息也属于基金从业人员需要保守秘密的信息

需要注意的是，保守秘密与守法合规中的举报他人违法行为并不冲突。职业道德要求基金从业人员保守秘密的信息是内容合法的信息，对于违反法律规定的行为，不构成秘密，应该积极监督和举报。

（二）保守秘密的基本要求

保守秘密，要求基金从业人员不得向第三者透露作为秘密的信息，也不得公开尚处于禁止公开期间的信息。具体而言，基金从业人员应当做到以下几点：

（1）应当妥善保管并严格保守客户秘密，非经许可不得泄露客户资料和交易信息。且无论是在任职期间还是离职后，均不得泄露任何客户资料和交易信息。

（2）不得泄露在执业活动中所获知的各相关方的信息及所属机构的商业秘密，更不得用以为自己或他人谋取不正当的利益。

（3）不得泄露在执业活动中所获知的内幕信息。

基金从业人员应当严格遵守所在机构的保密制度，不打听不属于自己业务范围的秘密，不与同事交流自己获知的秘密。如果某一秘密已经被泄露，应当尽快通知有关部门做出补救措施，防止损失进一步扩大。

考题精练

某基金管理公司研究员在上市公司调研时，偶然得知某上市公司有重大收购计划，并将该信息告知了所在公司的基金经理。基金经理为其所管理的基金立即买入该上市公司股票。该情形属于基金投资禁止性行为中的（　　）。

A. 为个人谋取非法利益　　B. 从事内幕交易

C. 从事承担无限责任的投资　　D. 操纵证券价格

［答案］B

［解析］内幕交易，是指利用内幕信息进行证券交易，以为自己或者他人谋取利益。

第三节　基金职业道德教育与修养

扫码 免费刷好题 听考点串讲

一、基金职业道德教育

（一）基金职业道德教育的含义

职业道德教育，是指通过受教育者自身以外的力量，对其进行职业行为规范、职业义务和责任等职业道德核心内容的教育活动。一个人的道德品质并非与生俱来，而是通过后天的教育和修养而形成的。职业道德的他律灌输，是职业道德形成不可逾越的阶段。职业道德教育的目的就是通过外在教育帮助和引导受教育者实现由被动接受教育到主动自我教育。

（二）基金职业道德教育的内容

基金职业道德教育的主要目的是帮助和引导基金从业人员培养基金职业道德观念和遵守基金职业道德规范，使其知道、认同并自觉遵守基金职业道德规范。因此对于基金职业道德教育的内容主要包括培养基金职业道德观念和灌输基金职业道德规范两个方面。其具体内容见表 5-3-1。

表 5-3-1　基金职业道德教育的内容

道德教育	内容
培养基金职业道德观念	通过强化职业道德观念教育，使基金从业人员不仅要重视专业技能和监管法规，也要重视职业道德；不仅要认识到遵守基金职业道德规范的重要意义，也要牢记违反基金职业道德规范将受到的惩戒和处罚。基金职业道德观念教育是基金职业道德规范教育的基础和保障
灌输基金职业道德规范	基金职业道德规范教育，是指对基金从业人员开展的以基金职业道德具体规范为内容的教育。基金职业道德规范教育的作用在于把基金职业道德规范灌输到基金从业人员的意识之中，引导基金从业人员能够依据具体的职业道德规范实行自我监督、自我评价和自我行为调整。自觉遵循基金职业道德规范从事基金活动，是基金从业人员正常发挥职业能力和职业作用的基本保障，也是基金从业人员维护其职业形象和职业信用的关键因素

（三）基金职业道德教育的途径

基金职业道德教育的三种途径见表 5-3-2。

表 5-3-2　基金职业道德教育的三种途径

途径	内容
岗前职业道德教育	岗前教育，是指在基金从业人员就业上岗之前，对其所进行的入职必备知识和职业道德的教育。岗前教育主要是通过基金从业资格考试和基金从业人员所在机构在其入职时上岗前对其进行教育等途径来督促完成的
	其中，基金职业道德教育需要完成三个方面目标：一是使拟从业者了解基金职业道德规范的主要内容；二是使拟从业者了解基金职业所面临的道德风险；三是培养拟从业者的基金职业道德情感和观念
岗位职业道德教育	岗位教育，是指在基金从业人员就业上岗之后，对其所进行的业务能力和职业道德的继续教育。岗位教育主要是通过在职培训的方式来完成
	基金机构应当重视岗位职业道德教育，通过采取各种各样的教育形式，不断提升从业人员的职业道德素质，保证继续教育的实效性。同时，在机构内应当营造严格遵守职业道德的文化氛围，并建立有效的职业道德建设机制，把职业道德培养与工作实践结合起来，以职业道德建设促进机构业务质量的提升。例如，采用丰富多彩的方式宣传职业道德；设立职业道德表彰制度，树立遵守职业道德模范典型；建立职业道德与评聘制度相结合的机制等
基金业协会的自律	基金职业道德不同于基金监管法律法规，其实施主要依赖于基金从业人员的自律。因此，基金职业道德教育就显得尤为重要，是基金职业道德得以实施的重要保障。基金业协会应当采取切实有效的措施，加强基金职业道德教育。一方面要制定完备的基金职业道德规范，宣传并组织基金从业人员学习和领会职业道德规范；另一方面还应建立必要的职业道德奖惩机制，促进和保证基金职业道德的实施。例如，建立专门的职业道德检查和奖惩机构，建立基金从业人员职业道德档案等
树立基金职业道德典型	基金职业道德教育要与基金市场以及基金实践活动的环境结合起来，既要有正面事例的引导，也要有反面案例的警示，坚持宣传正面典型与剖析反面典型相结合
社会各界持续监督	基金市场投资者是基金职业道德最直接的受益者或受害者，对于基金职业道德有着切身的感受，因此，投资者实施监督的动力最足，监督也最深最细。要使投资者监督真正发挥教育作用，需要基金行业自律组织和各个基金机构为投资者的监督意见设置一个顺达的通道，并对投资者的监督和举报行为给予激励
	各种新闻媒体、网站也可以在基金职业道德教育方面发挥积极作用。其作用一方面是对基金职业道德的宣传，另一方面是对基金职业道德实施情况的舆论监督

考题精练

基金从业人员接受职业道德教育的途径多种多样，以下不属于基金职业道德教育主要途径的是（　　）。

A. 从业人员接受中国证监会的监督检查

B. 从业人员学习中国证券投资基金业协会关于职业道德规范的宣传材料

C. 从业人员接受所在机构的岗前职业道德教育

D. 从业人员学习中国证券投资基金业协会树立并宣传的正面典型人物和事件

[答案] A

[解析] 基金业协会在职业道德层面对基金从业人员的执业活动进行监管。

二、基金职业道德修养

(一) 基金职业道德修养的含义

修养是指一个人的素质经过长期的学习、锻炼或改造所达到的一定结果和水平。职业道德修养是一种自律行为，关键在于“自我”的意愿和努力。

基金职业道德修养，是指基金从业人员通过主动自觉地自我学习、自我改造、自我完善，将基金职业道德外在的职业行为规范内化为内在的职业道德情感、认知和信念，使自己形成良好的职业道德品质并达到一定的职业道德境界。

（二）基金职业道德修养的方法

基金职业道德修养的方法主要有三点，具体内容见表 5-3-3。

表 5-3-3　基金职业道德修养的方法

方法	内容
正确树立基金职业道德观念	道德是以善与恶、是与非、正与邪等对立范畴作为评价标准的，而职业道德是社会基本道德在特定职业中的反映，因此，科学的世界观、人生观和价值观是正确树立职业道德观念的基础
深刻领会基金职业道德规范	基金职业道德修养，一方面要自我学习基金职业道德规范，另一方面要主动接受基金职业道德教育。内在的学习需求与外在的教育灌输相结合，有利于基金从业人员更快速、更准确地把握和领悟基金职业道德规范的精神实质，可以起到事半功倍的效果
积极参加基金职业道德实践	积极参加基金职业道德实践，是基金职业道德修养的有效途径。基金从业人员应当积极参加基金职业道德实践，在基金执业活动中践行职业道德，以基金职业道德来指导自己的职业判断和约束自己的执业行为，不断地自我改造、自我完善，并通过外在的评价强化自己的职业道德观念，通过反复的实践—修正—再实践的过程，养成良好的职业道德习惯。基金从业人员在实践中，还应当虚心向先进人物学习

考题精练

提高基金职业道德修养的方法包括（　　）。

Ⅰ. 正确树立基金职业道德观念，培养职业使命感和责任感

Ⅱ. 自我学习基金职业道德规范，主动接受基金职业道德教育

Ⅲ. 发挥社会各界的持续监督，特别是舆论监督作用

Ⅳ. 在基金执业活动中践行基金职业道德，不断自我改造、自我完善

A. Ⅱ、Ⅲ、Ⅳ　　B. Ⅰ、Ⅱ、Ⅲ

C. Ⅰ、Ⅱ、Ⅳ　　D. Ⅰ、Ⅲ、Ⅳ

[答案] C

第六章　基金的募集、交易与登记

知识结构

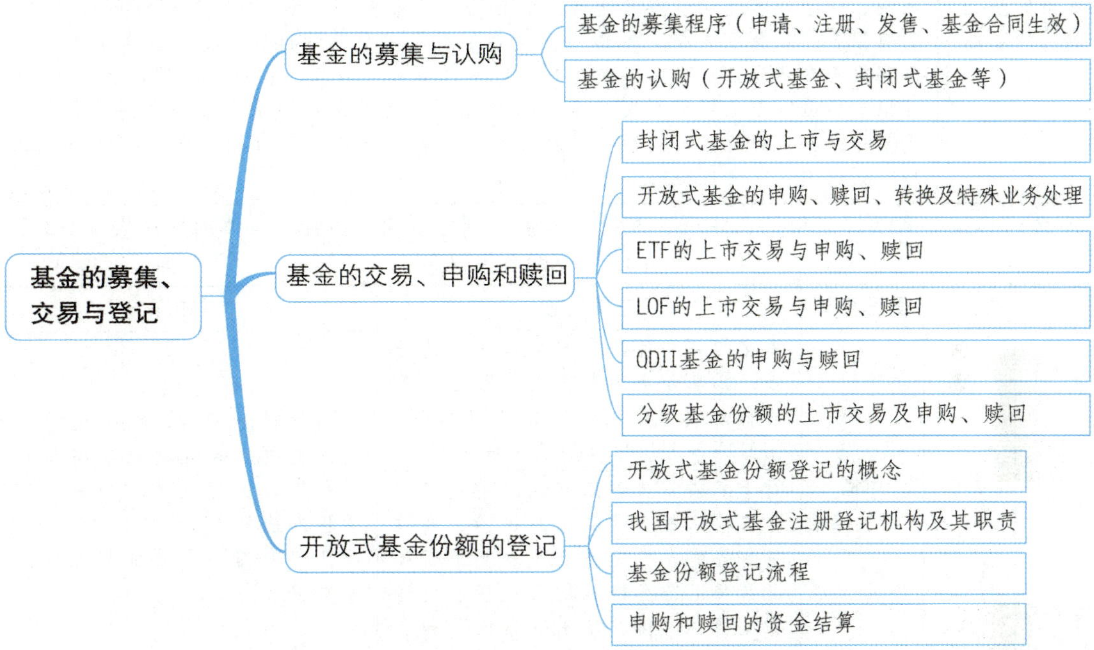

第一节　基金的募集与认购

一、基金的募集程序

基金的募集是指基金管理公司根据有关规定向中国证监会提交募集申请文件、发售基金份额、募集基金的行为。基金募集过程中，具体的限制条件见表 6-1-1。

表 6-1-1　基金募集申请的限制条件

限制条件	内容
拟任基金管理人、基金托管人应当具备的条件	(1) 拟任基金管理人为依法设立的基金管理公司或经中国证监会核准的其他机构，拟任基金托管人为具有基金托管资格的商业银行或经中国证监会核准的其他金融机构 (2) 有符合中国证监会规定的、与管理和托管拟募集基金相适应的基金经理等业务人员 (3) 最近一年内没有因重大违法违规行为、重大失信行为受到行政处罚或是刑事处罚 (4) 没有因违法违规行为、失信行为正在被监管机构立案调查、司法机关立案侦查，或是正处于整改期间 (5) 最近一年内向中国证监会提交的注册基金申请材料不存在虚假记载、误导性陈述或者重大遗漏 (6) 不存在对基金运作已经造成或可能造成不良影响的重大变更事项，或者诉讼、仲裁等重大事项 (7) 不存在治理结构不健全、经营管理混乱、内部控制和风险管理制度无法得到有效执行、财务状况恶化等重大经营风险 (8) 中国证监会根据审慎监管原则规定的其他条件

续表

限制条件	内容
申请募集基金，拟募集的基金应具备的条件	①有明确、合法的投资方向；②有明确的基金运作方式；③符合中国证监会关于基金品种的规定；④基金合同、招募说明书等法律文件草案符合法律、行政法规和中国证监会的规定；⑤基金名称表明基金的类别和投资特征，不存在损害国家利益、社会公共利益，欺诈、误导投资者，或者其他侵犯他人合法权益的内容；⑥招募说明书真实、准确、完整地披露了投资者做出投资决策所需的重要信息，不存在虚假记载、误导性陈述或者重大遗漏，语言简明、易懂、实用，符合投资者的理解能力；⑦有符合基金特征的投资者适当性管理制度，有明确的投资者定位、识别和评估等落实投资者适当性安排的方法，有清晰的风险警示内容；⑧基金的投资管理、销售、登记和估值等业务环节制度健全，行为规范，技术系统准备充分，不存在影响基金正常运作、损害或者可能损害基金份额持有人合法权益、可能引发系统性风险的情形；⑨中国证监会规定的其他条件

基金的募集一般要经过申请、注册、发售、基金合同生效四个步骤，具体内容见表 6-1-2。

表 6-1-2　基金募集程序

程序	募集人	受理机构	工作内容	期限
申请	基金管理人	中国证监会	提交相关文件：①基金募集申请报告；②基金合同草案；③基金托管协议草案；④招募说明书草案；⑤律师事务所出具的法律意见书等 对于复杂或者创新产品，中国证监会将根据基金的特征与风险，要求基金管理人补充提交证券交易所和证券登记结算机构的授权函、投资者适当性安排、技术准备情况和主要业务环节的制度安排等文件	申请材料受理后，相关内容不得随意更改。申请期间申请材料涉及的事项发生重大变化的，基金管理人应当自变化发生之日起 5 个工作日内向中国证监会提交更新材料
注册	—	中国证监会	中国证监会在基金注册审查过程中，可以委托基金业协会进行初步审查并就基金信息披露文件合规性提出意见，或者组织专家评审会对创新基金募集申请进行评审，也可就特定基金的投资管理、销售安排、交易结算、登记托管及技术系统准备情况等征求证券交易所、证券登记结算机构等的意见，供注册审查时参考。基金募集申请经中国证监会注册后方可发售基金份额	常规基金产品按照简易程序申请注册，注册审查时间原则上不超过 20 个工作日；对其他产品，按照普通程序注册，注册审查时间不超过 6 个月。分级基金、基金中基金及中国证监会认定的其他特殊产品暂不实行简易程序
发售	基金管理人	—	(1) 发售基金 (2) 公布基金招募说明书、基金合同及其他相关文件 (3) 资金存入专门账户	自收到核准文件之日起 6 个月内，进行基金份额的发售。超过 6 个月开始募集，原注册的事项未发生实质性变化的，应当报国务院证券监督管理机构备案；发生实质性变化的，应当向国务院证券监督管理机构重新提交注册申请 基金的募集期限自基金份额发售之日起计算，募集期限≤3 个月

续表

程序	募集人	受理机构	工作内容	期限
基金合同生效	基金管理人	中国证监会	（1）机构验资 （2）提交备案申请和验资报告 （3）办理基金备案手续 （4）发布基金合同生效公告	（1）基金管理人应在募集期限届满之日起10日内聘请法定机构验资 （2）中国证监会自收到验资报告和基金备案材料之日起3个工作日内予以书面确认 （3）自中国证监会书面确认之日起，基金备案手续办理完毕，基金合同生效 （4）基金管理人应在收到确认文件的次日发布基金合同生效公告

对于不同的基金，其生效条件也不同，具体内容见表6-1-3。

表6-1-3　基金合同的生效条件

基金类型	生效条件
封闭式基金	基金募集期限届满，封闭式基金需满足募集的基金份额总额达到核准规模的80%以上，并且基金份额持有人人数达到200人以上
开放式基金	开放式基金需满足募集份额总额不少于2亿份，基金募集金额不少于2亿元人民币，基金份额持有人的人数不少于200人
发起式基金	发起式基金的基金合同生效不受上述条件的限制。发起式基金是指基金管理人在募集基金时，使用公司股东资金、公司固有资金、公司高级管理人员或者基金经理等人员资金认购基金的金额不少于1 000万元人民币，且持有期限不少于3年。发起式基金的基金合同生效3年后，若基金资产净值低于2亿元人民币的，基金合同自动终止。发起资金的持有期限自该基金公开发售之日或者合同生效之日孰晚日起计算

基金募集期限届满，基金不满足有关募集要求的，基金募集失败，基金管理人应承担下列责任：①以固有财产承担因募集行为而产生的债务和费用；②在基金募集期限届满后30日内返还投资者已缴纳的款项，并加计银行同期存款利息。

考题精练

1. 基金的募集是指基金管理公司根据有关规定向（　　）提交募集申请文件、发售基金份额、募集基金的行为。

A. 中国证券投资基金协会　　B. 中国证券业协会
C. 中国证监会　　D. 证券交易所

[答案] C

2. 基金合同生效日是指（　　）。

A. 法定验资机构完成验资之日　　B. 证监会书面确认基金备案之日
C. 基金管理人公告日　　D. 基金募集期限届满之日

[答案] B

3. 按《公开募集证券投资基金运作管理办法》规定，发起式基金的基金合同生效3年后，若基金资产净值低于（　　）人民币的，基金合同自动终止。

A. 1亿元　　B. 1 000万元
C. 5 000万元　　D. 2亿元

[答案] D

二、基金的认购

在基金募集期内购买基金份额的行为通常被称为基金的认购。认购和申购是不同的概念，申购是基金合同生效以后申请购买基金份额的行为。

（一）开放式基金的认购

投资人认购开放式基金，一般主要是通过基金管理人或管理人委托的商业银行、证券公司、期货公司等金融机构以及经国务院证券监督管理机构认定的其他机构办理。

开放式基金的认购步骤主要分为认购和确认，具体内容见表 6-1-4。

表 6-1-4　开放式基金的认购程序

程序	认购人	内容
认购	投资人	（1）填写认购申请表 （2）按销售机构规定全部缴款 （3）已受理认购申请不得撤销
确认		（1）T 日提交申请，T+2 日查询认购申请的受理情况 （2）如认购申请无效，资金退回，认购最终结果要待基金募集结束后才能确认

开放式基金认购的时候采用的是金额认购的方式。对于投资者而言，在办理认购申请的时候是以金额申请的。在基金认购结束后，再将金额换算成投资人应得的基金份额。开放式基金的认购费用见表 6-1-5。

表 6-1-5　开放式基金的认购费用

<table>
<tr><th>项目</th><th colspan="2">内容</th></tr>
<tr><td>收费模式</td><td colspan="2">（1）前端收费：在认购基金份额时支付认购费用
（2）后端收费：在赎回基金份额时支付认购费用</td></tr>
<tr><td rowspan="3">认购费率</td><td>股票基金</td><td>（1）前端收费模式，根据认购金额设置不同的费率标准，一般最高不超过 1.5%
（2）后端收费模式，一般按照持有期限设置，持有期限越长费用越低</td></tr>
<tr><td>债券基金</td><td>一类收取认购费，一般不超过 1%；一类不收取认购费，而在成立后收取销售服务费</td></tr>
<tr><td>货币市场基金</td><td>一般不收取认购费</td></tr>
<tr><td>认购费用和份额</td><td colspan="2">（1）$净认购金额=\frac{认购金额}{1+认购费率}$
认购费用=认购金额－净认购金额
[注意] 对于固定金额认购费的认购，认购费用=固定认购费金额
（2）$认购份额=\frac{净认购金额+认购利息}{基金份额面值}$</td></tr>
</table>

例 某投资人投资 3 万元认购某开放式基金，认购资金在募集期间产生的利息为 5 元，其对应的认购费率为 1.5%，基金份额面值为 1 元，则其认购费用及认购份额为：

$$净认购金额=\frac{认购金额}{1+认购费率}=\frac{30\ 000}{1+1.5\%}=29\ 556.65（元）$$

认购费用=认购金额－净认购金额=30 000－29 556.65=443.35（元）

$$认购份额=\frac{净认购金额+认购利息}{基金份额面值}=\frac{29\ 556.65+5}{1}=29\ 561.65（份）$$

考题精练

某投资人员投资 303 万元认购某开放式基金，认购资金在募集期间产生的利息为 300 元，其对应的认购费率额为 1%，基金份额面值为 1 元，则其认购费用及认购份额分别为（ ）。

A. 30 300 元，3 000 000 份

B. 30 300 元，3 000 300 份

C. 30 000 元，3 000 300 份

D. 29 700 元，3 000 000 份

[答案] C

[解析] 净认购金额＝认购金额/（1＋认购费率）＝3 030 000/（1＋1%）＝3 000 000（元）；认购费用＝认购金额－净认购金额＝3 030 000－3 000 000＝30 000（元）；认购份额＝（净认购金额＋认购利息）/基金份额面值＝（3 000 000＋300）/1＝3 000 300（份）。

（二）封闭式基金的认购

封闭式基金的发售，是由基金管理人负责办理的。基金管理人应当在基金份额发售的 3 日前公布招募说明书、基金合同及其他有关文件。

目前募集的封闭式基金通常为创新封闭式基金。创新型封闭式基金按 1.00 元募集，外加券商自行按认购费率收取认购费方式进行。拟认购封闭式基金份额的投资人必须开立沪、深证券账户或沪、深基金账户及资金账户，根据自己计划的认购量在资金账户中存入足够的资金，并以“份额”为单位提交认购申请。认购申请已经受理就不能撤单。

封闭式基金认购的具体内容见表 6-1-6。

表 6-1-6 封闭式基金的认购

项目	内容	
发售方式	网上发售	通过与证券交易所的交易系统联网的全国各地的证券营业部，向公众发售基金份额
	网下发售	通过基金管理人指定的营业网点和承销商的指定账户，向机构或个人投资者发售基金份额
认购价格	按 1.00 元募集，外加券商自行按认购费率收取的认购费	
认购程序	（1）开立沪、深证券账户或沪、深基金账户及资金账户 （2）在资金账户存入足够资金 （3）以“份额”为单位提交认购申请	

考题精练

关于投资人办理封闭式基金认购申请的业务，以下表述错误的是（ ）。

A. 投资者可以开立沪、深基金账户及资金账户

B. 投资者可以按“份额”提交认购申请

C. 投资者可以开立沪、深基金账户

D. 认购申请已经受理后可以申请撤单

[答案] D

[解析] 认购申请已经受理就不能撤单，D 项错误。

（三）ETF 和 LOF 份额的认购

1. ETF 份额的认购

ETF 份额的认购与普通的开放式基金不同，主要分为现金认购和证券认购，具体内容见表6-1-7。

第6章

表 6-1-7　ETF 份额的认购

项目	内容	
认购方式	现金认购	场内现金认购
		场外现金认购
	证券认购	投资者进行网下证券认购时，原则上可以用单只或多只成份股票申请认购，基金管理人按规定的股票定价方式计算投资者所提交的股票市值金额，按市值金额确认基金份额
认购开户	场内现金认购	具有沪、深 A 股证券账户或证券投资基金账户
	场外现金认购	具有沪、深 A 股证券账户或证券投资基金账户
	证券认购	沪、深 A 股证券账户
认购渠道	具有基金代销资格的证券公司营业网点	
	基金管理人营业网点	

2. LOF 份额的认购

目前，我国只有深圳证券交易所开办 LOF 业务，因此本部分关于 LOF 的介绍主要以深圳证券交易所的相关规则为准。其具体内容见表 6-1-8。

表 6-1-8　LOF 份额的认购

项目	内容	
认购方式	场外认购	注册登记在中国证券登记结算有限责任公司的开放式基金注册登记系统
	场内认购	注册登记在中国证券登记结算有限责任公司的证券登记结算系统
认购开户	场内认购	深圳证券交易所人民币普通证券账户或证券投资基金账户
	场外认购	中国证券登记结算有限责任公司深圳证券交易所开放式基金账户
认购渠道	具有基金代销业务资格的证券经营机构营业部	
	基金管理人及其代销机构的营业网点	

（四）QDII 基金份额的认购

QDII 基金份额的认购程序与一般开放式基金基本相同，主要包括开户、认购、确认三个步骤。QDII 基金份额的认购渠道与一般开放式基金类似。在募集期间内，投资者应当在基金管理人、代销机构办理基金发售业务的营业场所或按基金管理人、代销机构提供的其他方式办理基金的认购。

QDII 基金与仅投资于境内证券市场的其他开放式基金相比，在募集认购的具体规定上有如下几点独特之处，具体内容见表 6-1-9。

表 6-1-9　QDII 基金份额认购的特点

项目	内容
基金管理人	必须具备合格境内机构投资者资格和经营外汇业务资格
	可以根据产品特点确定 QDII 基金份额面值的大小
计价货币	人民币、美元或其他外汇货币

考题精练

关于 QDII 基金的认购，以下表述错误的有（　　）。

Ⅰ. QDII 基金份额面值都为 1 元

Ⅱ. QDII 计价货币只能是人民币

Ⅲ. QDII 基金管理人应具备经营外汇业务资格

Ⅳ. QDII 基金管理人应具备合格境内机构投资者资格

A. Ⅰ、Ⅳ　　B. Ⅱ、Ⅲ
C. Ⅰ、Ⅱ　　D. Ⅰ、Ⅲ
［答案］C

（五）分级基金份额的认购

我国分级基金的募集主要包括合并募集和分开募集两种方式，目前我国分开募集仅限于债券型分级基金。分级基金的认购主要包括场内认购和场外认购两种方式，目前我国只有深圳证券交易所开办了场内认购分级基金份额。分级基金份额的认购见表 6-1-10。

表 6-1-10　分级基金份额的认购

项目	内容	
募集方式	合并募集	（1）投资者以母基金代码进行认购 （2）募集完成后，场外募集基础份额不进行拆分，场内募集基础份额自动分拆成子份额
	分开募集	（1）分别以子代码进行认购 （2）通过比例配售实现子份额的配比
认购方式	场外认购	注册登记在中国证券登记结算有限责任公司的开放式基金注册登记系统
	场内认购	注册登记在中国证券登记结算有限责任公司的证券登记结算系统
认购渠道	具有基金代销业务资格的证券经营机构营业部	
	基金管理人及其代销机构的营业网点	

第二节　基金的交易、申购和赎回

『扫码』免费刷好题 听考点串讲

一、封闭式基金的上市与交易

封闭式基金募集成立后，即安排在证券交易所上市，以使投资者获得流动性。封闭式基金的交易特点见表 6-2-1。

表 6-2-1　封闭式基金的交易特点

项目	内容	
上市交易条件	（1）基金的募集符合《证券投资基金法》规定 （2）基金合同期限为 5 年以上 （3）基金募集金额不低于 2 亿元人民币 （4）基金份额持有人不少于 1 000 人 （5）基金份额上市交易规则规定的其他条件	
账户开立	必须开立沪、深证券账户或沪、深基金账户及资金账户。基金账户只能用于基金、国债及其他债券的认购及交易	
	每个有效证件在同一市场可以开立 3 个封闭式基金账户。每位投资者只能开设和使用一个资金账户	
交易规则	交易时间	每周一至周五（法定公众节假日除外），每天 9：30—11：30，13：00—15：00
	交易原则	发行结束后，不能按基金净值买卖，投资者可委托券商在交易所（二级市场）按市价买卖
		交易遵循“价格优先、时间优先”的原则

续表

项目		内容
交易规则	报价单位	基金的申报价格最小变动单位为 0.001 元人民币。买入与卖出封闭式基金份额，申报数量应当为 100 份或其整数倍。基金单笔最大数量应当低于 100 万份
		价格涨跌幅限制，比例为±10%（上市首日除外）
	交割	二级市场交易份额和股份的交割是在 T+0 日，资金交割在 T+1 日完成
交易费用		我国基金交易佣金不得高于成交金额的 0.5%，起点 5 元，不足 5 元的按 5 元收取，由证券登记公司和证券公司平分；交易不收取印花税
折（溢）价率		$折（溢）价率=\frac{二级市场价格-基金份额净值}{基金份额净值}\times 100\%=\left(\frac{二级市场价格}{基金份额净值}-1\right)\times 100\%$

二、开放式基金的申购、赎回、转换及特殊业务处理

（一）封闭期及基金开放申购和赎回

开放式基金在基金合同生效后，有一段短暂的封闭期。根据中国证监会《公开募集证券投资基金运作管理办法》规定，开放式基金合同生效后，可以在基金合同和招募说明书规定的期限内不办理赎回，但该期限最长不超过 3 个月。封闭期结束后，开放式基金将进入日常申购、赎回期。

投资者在开放式基金合同生效后，申请购买基金份额的行为通常被称为基金的申购。基金认购与基金申购略有不同，有如下区别：①认购费一般低于申购费，在基金募集期内认购基金份额，一般会享受到一定的费率优惠。②认购是按 1 元进行认购，而申购通常是按未知价确认。③认购份额要在基金合同生效时确认，并且有封闭期；而申购份额通常在 T+2 日之内确认，确认后的下一工作日就可以赎回。

开放式基金的赎回是指基金份额持有人要求基金管理人购回所持有的开放式基金份额的行为。

（二）开放式基金的申购、赎回原则

对于不同的基金种类，其申购、赎回的原则也不同。开放式基金的申购、赎回原则见表 6-2-2。

表 6-2-2　开放式基金的申购、赎回原则

基金种类	原则	内容
股票基金、债券基金	未知价交易原则	申购、赎回价格只能以申购、赎回日交易时间结束后基金管理人公布的基金份额净值为基准进行计算
	金额申购、份额赎回原则	申购申报单位为 1 元人民币，申购金额应当为 1 元的整数倍，且不低于 1 000 元；赎回申报单位为 1 份基金份额，赎回应当为整数份额
货币市场基金	确定价原则	货币市场基金申购和赎回基金份额价格以 1 元人民币为基准进行计算
	金额申购、份额赎回原则	货币市场基金申购以金额申请，赎回以份额申请

考题精练

关于股票型开放式基金申购、赎回的原则，下列说法正确的是（　　）。

A. 基金管理人可以在基金合同约定之外的日期或时间办理基金份额申购、赎回或者转换

B. 申购、赎回均采用现金方式

C. 采用已知价原则

D. 采用金额申购、份额赎回原则

［答案］D

［解析］基金管理人在基金合同约定内的日期或时间办理基金份额申购、赎回或者转换，故 A 项错误。股票型基金开放式基金申购、赎回采取未知价交易原则与金额申购、份额赎回原则，故 B、C 两项错误。

（三）开放式基金申购和赎回的场所及时间

开放式基金申购和赎回的场所和时间见表 6-2-3。

表 6-2-3　开放式基金申购和赎回的场所及时间

项目	内容
交易场所	（1）可通过基金管理人的直销中心与基金销售代理网点进行申购和赎回 （2）可通过基金管理人或其指定的基金销售代理人以电话、传真或互联网等形式进行申购和赎回
交易时间	基金管理人应在申购和赎回开放日前 3 个工作日在至少一种中国证监会指定的媒体上刊登公告
	周一至周五 9：30—11：30，13：00—15：00（法定节假日除外）

考题精练

某开放式基金拟于 2016 年 9 月 16 日开放申购和赎回，则基金管理人应在（　　）前在至少一种中国证监会指定的媒体上刊登公告。（2016 年 9 月 12 日至 16 日均为交易所工作日）

A. 2016 年 9 月 16 日　　B. 2016 年 9 月 14 日

C. 2016 年 9 月 15 日　　D. 2016 年 9 月 13 日

［答案］D

［解析］基金管理人应在申购和赎回开放日前 3 个工作日在至少一种中国证监会指定的媒体上刊登公告。

（四）申购、赎回费用及销售服务费

投资者在办理开放式基金的申购时，一般需要缴纳申购费，申购采用全额缴款方式。

申购费可以采用在基金份额申购时收取的前端收费方式，也可以采用在赎回时从赎回金额中扣除的后端收费方式。其具体内容见表 6-2-4。

表 6-2-4　申购、赎回费用及销售服务费

分类	内容	
申购费用	前端收费方式	基金管理人可以选择根据投资人申购金额分段设置申购费率
	后端收费方式	基金管理人可以选择根据投资人持有期限不同分段设置申购费，对于持有期低于 3 年的投资人，基金管理人不得免收其后端申购费
	［注意］基金销售机构可以对基金销售费用实行一定的优惠	
赎回费用	（1）基金管理人办理开放式基金份额的赎回，应当收取赎回费。场外赎回可按份额在场外的持有时间分段设置赎回费率，场内赎回为固定赎回费率 （2）赎回费在扣除手续费后，余额不得低于赎回费用总额的 25%，并应当归入基金财产	
	目前对于不收取销售服务费的（一般为 A 类份额）一般股票型和混合型基金赎回费归基金财产的比例有以下规定：对持续持有期少于 7 日的投资人收取不低于 1.5%的赎回费，对持续持有期少于 30 日的投资人收取不低于 0.75%的赎回费，并将上述赎回费全额计入基金财产；对持续持有期少于 3 个月的投资人收取不低于 0.5%的赎回费，并将不低于赎回费总额的 75%计入基金财产；对持续持有期长于 3 个月但少于 6 个月的投资人收取不低于 0.5%的赎回费，并将不低于赎回费总额的 50%计入基金财产；对持续持有期长于 6 个月的投资人，应当将不低于赎回费总额的 25%计入基金财产	

第6章

续表

分类	内容
赎回费用	对于收取销售服务费的（一般为 C 类份额）一般股票型和混合型基金赎回费归属基金财产比例的规定为：持续持有期少于 30 日的投资人收取不低于 0.5% 的赎回费，并将上述赎回费全额计入基金财产
销售服务费	从开放式基金财产中按一定比例计提

（五）申购份额及赎回金额的计算

申购份额及赎回金额的计算见表 6-2-5。

表 6-2-5　申购份额及赎回金额的计算

项目	内容
申购费用与申购份额的计算	$净申购金额=\dfrac{申购金额}{1+申购费率}$ 申购费用＝申购金额－净申购金额 $申购份额=\dfrac{净申购金额}{申购当日基金份额净值}$ [注意] 一般规定基金份额份数以四舍五入的方法保留小数点后两位以上，由此产生误差的损失由基金资产承担，产生的收益归基金资产所有，但不同的基金招募说明书中约定不一样，有些也采用“基金份额小数点两位以后部分舍去”的方式
赎回金额的计算	赎回金额＝赎回总额－赎回费用 赎回总额＝赎回数量×赎回日基金份额净值 赎回费用＝赎回总额×赎回费率
申购、赎回款项支付	申购全额支付，赎回 7 日之内支付
申购、赎回登记	T＋1 日办理登记
货币市场基金的手续费	货币市场基金手续费较低，通常申购和赎回费率为 0。一般地，货币市场基金从基金财产中计提比例不高于 0.25% 的销售服务费，用于基金的持续销售和给基金份额持有人提供服务

例 某投资者通过场外（某银行）投资 1 万元申购某上市开放式基金，假设基金管理人规定的申购费率为 1.5%，申购当日基金份额净值为 1.035 元，则其申购手续费和可得到的申购份额为：

$$净申购金额=\frac{申购金额}{1+申购费率}=\frac{10\ 000}{1+1.5\%}=9\ 852.22\ (元)$$

申购手续费＝申购金额－净申购金额＝10 000－9 852.22＝147.78（元）

$$申购份额=\frac{净申购金额}{申购当日基金份额净值}=\frac{9\ 852.22}{1.035}=9\ 519.05\ (份)$$

即：投资者投资 1 万元申购基金，假设申购当日基金份额净值为 1.035 元，可得到 9 519.05 份基金单位。

考题精练

流动性新规要求对短期申购行为征收惩罚性赎回费，某投资者赎回开放式基金 1 万份，持有时间为 5 日，赎回当日基金份额净值为 1.250 元，赎回费率为 1.5%，则其可得到净赎回金额为（　　）元。

A. 12 500　　B. 12 687.5　　C. 12 350　　D. 12 312.5

[答案] D

[解析] 赎回总额＝10 000×1.250＝12 500（元）；赎回费用＝12 500×1.5%＝187.5（元）；净赎回金额＝12 500－187.5＝12 312.5（元）。

（六）开放式基金申购和赎回登记及款项的支付

基金管理人应当在每个工作日办理基金份额的申购和赎回业务。基金合同另有约定的，按照其约定。其具体内容见表 6-2-5。

表 6-2-5 开放式基金申购和赎回登记及款项的支付

项目		内容
成立和生效	申购	投资人申购基金份额时，必须全额交付申购款项（中国证监会另有规定的基金除外），投资人按规定提交申购申请并全额交付款项的，申购申请即为成立；基金份额登记机构确认基金份额时，申购生效
	赎回	基金份额持有人递交赎回申请，赎回成立；基金份额登记机构确认赎回时，赎回生效
资金处理	申购	申购采用全额缴款方式。若资金在规定时间内未全额到账，则申购不成功。申购不成功或无效，款项将退回投资者账户。一般而言，投资者申购基金成功后，登记机构会在 T+1 日为投资者办理增加权益的登记手续，投资者自 T+2 日起有权赎回该部分基金份额
	赎回	投资者赎回申请成交后，基金管理人应通过销售机构按规定向投资者支付赎回款项。对一般基金而言，基金管理人应当自受理基金投资者有效赎回申请之日起 7 个工作日内支付赎回款项（具体根据基金品种和托管银行的处理速度存在不同）。投资者赎回基金份额成功后，登记机构一般在 T+1 日为投资者办理扣除权益的登记手续
特殊情形	基金管理人可以在法律法规允许的范围内，对登记办理时间进行调整，并最迟于开始实施前 3 个工作日内在至少一种中国证监会指定的信息披露媒体公告	

（七）开放式基金巨额赎回的认定及处理

开放式基金巨额赎回的认定及处理见表 6-2-6。

表 6-2-6 开放式基金巨额赎回的认定及处理

项目	内容
巨额赎回的认定	单个开放日基金净赎回申请超过基金总份额的 10%时，为巨额赎回。单个开放日的净赎回申请，是指该基金的赎回申请加上基金转换中该基金的转出申请之和，扣除当日发生的该基金申购申请及基金转换中该基金的转入申请之和后得到的余额
巨额赎回的处理	（1）接受全额赎回 （2）部分延期赎回。当基金管理人认为兑付投资者的赎回申请有困难，或认为兑付投资者的赎回申请进行的资产变现可能使基金份额净值发生较大波动时，基金管理人可以在当日接受赎回比例不低于上一日基金总份额 10%的前提下，对其余赎回申请延期办理
	对单个基金份额持有人的赎回申请，应当按照其申请赎回份额占申请赎回总份额的比例确定该单个基金份额持有人当日办理的赎回份额。未受理部分除投资者在提交赎回申请时选择将当日未获受理部分予以撤销外，延迟至下一开放日办理。转入下一开放日的赎回申请不享有赎回优先权，并将以下一个开放日的基金份额净值为基准计算赎回金额。以此类推，直到全部赎回为止
备案和公告	当发生巨额赎回及部分延期赎回时，基金管理人应立即向中国证监会备案，并在 3 个工作日内在至少一种中国证监会指定的信息披露媒体公告，并说明有关处理方法
	基金连续 2 个开放日以上发生巨额赎回，如基金管理人认为有必要，可暂停接受赎回申请；已经接受的赎回申请可以延缓支付赎回款项，但不得超过正常支付时间 20 个工作日，并应当在至少一种中国证监会指定的信息披露媒体公告

考题精练

1. 流动性新规要求基金管理人应当强化对开放式基金巨额赎回的事前监测、事中管控和事后评估。单个开放日基金净赎回申请超过基金总份额的（　　）时可认定为巨额赎回。

A. 5%　　B. 15%　　C. 20%　　D. 10%

[答案] D

2. 关于开放式基金连续 2 个开放日发生巨额赎回的处理，下列说法正确的是（　　）。

A. 如基金管理人认为有必要，可暂停接受赎回申请

B. 已经接受的赎回申请不可以延缓支付赎回款项

C. 已经接受的赎回申请可以延缓支付赎回款项，但不得超出正常支付时间 15 个工作日

D. 应在至少一种中国证券投资基金业协会指定的信息披露媒体公告

[答案] A

（八）开放式基金份额的转换、非交易过户、转托管与冻结

开放式基金份额的转换是指投资者不需要先赎回已持有的基金份额，就可以将其持有的基金份额转换为同一基金管理人管理的另一基金份额的一种业务模式。基金份额的转换一般采取未知价法，按照转换申请日的基金份额净值为基础计算转换基金份额数量。其具体内容见表6-2-7。

表 6-2-7　开放式基金份额的转换、非交易过户、转托管与冻结

项目	内容
开放式基金份额的转换	由于基金的申购和赎回费率不同，当转入基金的申购费率高于转出基金的申购费率而存在费用差额时，一般应在转换时补齐。此外，基金份额的转换常常还会收取一定的转换费用。尽管如此，由于基金份额的转换不需要先赎回已持有的基金再购买另一基金，因此综合费用仍较低
开放式基金的非交易过户	开放式基金非交易过户是指不采用申购、赎回等基金交易方式，将一定数量的基金份额按照一定规则从某一投资者基金账户转移到另一投资者基金账户的行为，主要包括继承、司法强制执行等方式。接受划转的主体必须是合格的个人投资者或机构投资者
基金份额的转托管	基金持有人可以办理其基金份额在不同销售机构的转托管手续。转托管在转出方进行申报，基金份额转托管一次完成。一般情况下，投资者于 T 日转托管基金份额成功后，转托管份额于 T+1 日到达转入方网点，投资者可于 T+2 日起赎回该部分基金份额
基金份额的冻结	基金注册登记机构只受理国家有权机关依法要求的基金账户或基金份额的冻结与解冻。基金账户或基金份额被冻结的，被冻结部分产生的权益（包括现金分红和红利再投资）一并冻结

考题精练

关于开放式基金份额的转换，以下表述正确的有（　　）。

Ⅰ. 转换是指投资者不需要先赎回已持有的基金份额，就可以将其持有的基金份额转换为不同基金管理人管理的另一只基金份额

Ⅱ. 基金份额的转换一般采用未知价法，按照转换申请日的基金份额净值为基础计算转换基金份额数量

Ⅲ. 当转入基金的申购费率低于转出基金的申购费率而存在费用差额时，一般应在转换时补齐

Ⅳ. 转换是指不采用申购、赎回等基金交易方式，将一定数量的基金份额按照一定规则从某一投资者基金账户转移到另一投资者基金账户的行为

A. Ⅲ、Ⅳ　　B. Ⅰ、Ⅱ　　C. Ⅱ　　D. Ⅰ、Ⅱ、Ⅲ

[答案] C

三、ETF的上市交易与申购、赎回

（一）ETF份额的折算与变更登记

ETF份额的折算与变更登记见表6-2-8。

表6-2-8　ETF份额的折算与变更登记

项目	内容
ETF份额折算的时间	基金合同生效后，基金管理人应逐步调整实际组合直至达到跟踪指数要求，此过程为ETF建仓阶段。ETF建仓期不超过3个月 基金建仓期结束后，为方便投资者跟踪基金份额净值变化，基金管理人通常会以某一选定日期作为基金份额折算日，以标的指数的1‰（或1%）作为份额净值，对原来的基金份额及其净值进行折算
ETF份额折算的变更登记及原则	ETF份额折算由基金管理人办理，并由登记结算机构进行基金份额的变更登记。基金份额折算后，基金份额总额与基金份额持有人持有的基金份额将发生调整，但调整后的基金份额持有人持有的基金份额占基金份额总额的比例不发生变化。基金份额折算对基金份额持有人的收益无实质性影响
ETF份额折算的方法	假设某ETF基金管理人确定了基金份额折算日（T日）。T日收市后，基金管理人计算出当日的基金资产净值为X和基金份额总额为Y。T日标的指数收盘值为I，若以标的指数的1‰作为基金份额净值进行基金份额的折算，则T日的目标基金份额净值为$I/1\ 000$，基金份额折算比例的计算公式为： $折算比例=\dfrac{X/Y}{I/1\ 000}$（四舍五入保留小数点后8位数） 折算后的份额＝原持有份额×折算比例

例 假设某投资者在某ETF基金募集期内认购了1 000份ETF，基金份额折算日的基金资产净值为3 127 000 230.95元，折算前的基金份额总额为3 013 057 000份，当日标的指数收盘值为966.45元。

（1）折算比例＝（3 127 000 230.95÷3 013 057 000）÷（966.45÷1 000）＝1.073 843 95。

（2）该投资者折算后的基金份额＝1 000×1.073 843 95≈1 073.84（份）。

（二）ETF份额的上市交易

ETF基金合同生效后，基金管理人可向证券交易所申请上市，ETF在上市的时候需要遵循下列四条交易规则：

（1）基金上市首日的开盘参考价为前一工作日基金份额净值。

（2）基金实行价格涨跌幅限制，涨跌幅比例为10%，自上市首日起实行。

（3）基金买入申报数量为100份或其整数倍，不足100份的部分可以卖出。

（4）基金申报价格最小变动单位为0.001元。

基金管理人在每一交易日开市前需向证券交易所提供当日的申购、赎回清单。证券交易所在开市后根据申购、赎回清单和组合证券内各只证券的实时成交数据，计算并每15秒发布一次基金份额参考净值（IOPV），供投资者交易、申购、赎回基金份额时参考。

（三）ETF份额的申购和赎回

1. ETF份额申购和赎回基本情况

ETF份额申购和赎回的基本情况见表6-2-9。

表 6-2-9　ETF 份额申购和赎回的基本情况

项目		内容
场所		投资者应在参与券商办理基金申购、赎回业务的营业场所或参与券商提供的其他方式办理基金的申购和赎回
时间		在基金份额折算日之后可开始办理申购 ETF 基金。自基金合同生效日后不超过 3 个月的时间起开始办理赎回
		投资者可办理申购、赎回等业务的开放日为证券交易所的交易日，开放时间为 9：30—11：30和 13：00—15：00，除此时间之外不办理基金份额的申购和赎回
数额限制		投资者申购和赎回的基金份额须为最小申购和赎回单位的整数倍。我国 ETF 的最小申购和赎回单位一般为 50 万份或 100 万份。基金管理人有权对其进行更改，并在更改前至少 3 个工作日在至少一种中国证监会指定的信息披露媒体公告
申购和赎回	场内申购和赎回	场内申购和赎回 ETF 采用份额申购、份额赎回的方式，即申购和赎回均以份额申请
		场内申购和赎回 ETF 的申购对价和赎回对价包括组合证券、现金替代、现金差额及其他对价
	场外申购和赎回	场外申购和赎回采用金额申购、份额赎回的方式，即申购以金额申请，赎回以份额申请
		场外申购和赎回 ETF 时，申购对价和赎回对价均为现金
	[注意] 申购和赎回申请提交后不得撤销	
程序	申购和赎回申请的提出	投资者须按申购和赎回参与券商规定的手续，在开放日的开放时间提出申购和赎回的申请
	申购和赎回申请的确认与通知	基金投资者的申购和赎回申请在受理当日进行确认。投资者可在申请当日通过其办理申购和赎回的销售网点查询确认情况
	申购和赎回的清算交收与登记	目前，单市场 ETF 的清算交收是按照投资者 T 日申购和赎回成功后，登记结算机构在 T 日收市后为投资者办理基金份额与组合证券的清算交收以及现金替代等的清算。在 T+1 日办理现金替代等的交收以及现金差额的清算；在 T+2 日办理现金差额的交收，并将结果发送给申购和赎回参与券商、基金管理人和基金托管人
		登记结算机构可在法律法规允许的范围内，对清算交收和登记的办理时间、方式进行调整，并最迟于开始实施前 3 个工作日在至少一种中国证监会指定的信息披露媒体公告
对价及费用	场内申购和赎回	场内申购和赎回时，申购对价是指投资者申购基金份额时应交付的组合证券、现金替代、现金差额及其他对价；赎回对价是指投资者赎回基金份额时，基金管理人应交付给赎回人的组合证券、现金替代、现金差额及其他对价
		申购对价、赎回对价根据申购、赎回清单和投资者申购、赎回的基金份额确定
	场外申购和赎回	场外申购和赎回时，申购对价和赎回对价均为现金
		投资者在申购或赎回基金份额时，申购或赎回参与券商可按照 0.5%的标准收取佣金，其中包含证券交易所、登记结算机构等收取的相关费用
		T 日的基金份额净值在当天收市后计算，并在 T+1 日公告，计算公式为计算日基金资产净值除以计算日发售在外的基金份额总数。T 日的申购、赎回清单在当日上海证券交易所开市前公告

2. 申购清单与赎回清单

申购清单与赎回清单的具体内容见表 6-2-10。

表 6-2-10　申购清单与赎回清单

项目		内容
清单内容		T 日申购清单和赎回清单公告内容包括最小申购、赎回单位所对应的组合证券内各成分证券数据、现金替代、T 日预估现金部分、T－1 日现金差额、基金份额净值及其他相关内容
组合证券相关内容		组合证券是指基金标的指数所包含的全部或部分证券。申购清单和赎回清单将公告最小申购、赎回单位所对应的各成分证券名称、证券代码及数量
现金替代相关内容		现金替代是指申购和赎回过程中，投资者按基金合同和招募说明书的规定，用于替代组合证券中部分证券的一定数量的现金。采用现金替代是为了在相关成分股股票停牌等情况下便利投资者的申购，提高基金运作的效率
	禁止现金替代	禁止现金替代是指在申购和赎回基金份额时，该成分证券不允许使用现金作为替代
	可以现金替代	可以现金替代是指在申购基金份额时，允许使用现金作为全部或部分该成分证券的替代，但在赎回基金份额时，该成分证券不允许使用现金作为替代
		可以现金替代的证券一般是由于停牌等原因导致投资者无法在申购时买入的证券
	必须现金替代	必须现金替代是指在申购和赎回基金份额时，该成分证券必须用现金作为替代
		必须现金替代的证券一般是由于标的指数调整，即将被剔除的成分证券
		对于必须现金替代的证券，基金管理人将在申购清单和赎回清单中公告替代的一定数量的现金，即“固定替代金额”
	预估现金部分相关内容	预估现金部分是指为便于计算基金份额参考净值及申购和赎回，参与券商预先冻结申请申购、赎回的投资者的相应资金，由基金管理人计算的现金数额
	现金差额相关内容	T 日现金差额在 T＋1 日的申购清单和赎回清单中公告。现金差额的数值可能为正、为负或为零
		在投资者申购时，如现金差额为正数，则投资者应根据其申购的基金份额支付相应的现金；如现金差额为负数，则投资者将根据其申购的基金份额获得相应的现金
		在投资者赎回时，如现金差额为正数，则投资者将根据其赎回的基金份额获得相应的现金；如现金差额为负数，则投资者应根据其赎回的基金份额支付相应的现金

3. 暂停申购和赎回的情形

如果出现以下几种情形，基金管理人可以暂停接受投资者的申购和赎回申请：①不可抗力导致基金无法接受申购和赎回；②证券交易所决定临时停市，导致基金管理人无法计算当日基金资产净值；③证券交易所、申购和赎回参与券商、登记结算机构因异常情况无法办理申购和赎回；④法律法规规定或经中国证监会批准的其他情形。

在发生暂停申购和赎回的情形之一时，基金的申购和赎回可能同时暂停。同时，发生上述情形之一的，基金管理人应当在当日报中国证监会备案，并及时公告。在暂停申购和赎回的情况消除时，基金管理人应及时恢复申购和赎回业务的办理，并予以公告。

四、LOF的上市交易与申购、赎回

（一）LOF的上市交易

LOF完成登记托管手续后，由基金管理人向深圳证券交易所提交上市申请，申请在交易所挂牌上市。基金上市首日的开盘参考价为上市首日前一交易日的基金份额净值（四舍五入至价格最小变动单位）。

LOF在交易所的交易规则与封闭式基金基本相同，具体内容如下：①买入LOF申报数量应当为100份或其整数倍，申报价格最小变动单位为0.001元人民币；②深圳证券交易所对LOF交易实行价格涨跌幅限制，涨跌幅比例为10%，自上市首日起执行；③投资者T日卖出基金份额后的资金T+1日即可到账（T日也可做回转交易），而赎回资金至少T+2日到账。

（二）LOF份额的申购和赎回

LOF份额的申购和赎回见表6-2-11。

表6-2-11　LOF份额的申购和赎回

项目	内容
场所	注册登记在中国证券登记结算有限责任公司的开放式基金登记结算系统（TA系统）内的基金份额，可通过基金管理人及其代销机构在场外办理LOF的申购和赎回；登记在中国证券登记结算有限责任公司的证券登记系统内的基金份额，也可以通过具有基金代销业务资格且符合风险控制要求的深圳证券交易所会员单位在场内办理申购和赎回业务
原则	LOF采取“金额申购、份额赎回”原则，即申购以金额申报，赎回以份额申报
	场内申购申报单位为1元人民币，赎回申报单位为1份基金份额；场外申购和赎回申报单位由基金管理人在基金招募说明书中载明
时间	T日在深圳证券交易所申购的基金份额，自T+1日开始可在深圳证券交易所卖出或赎回；T日买入的基金份额，T+1日可以在深圳证券交易所卖出或者赎回

（三）LOF份额的转托管

LOF份额的转托管见表6-2-12。

表6-2-12　LOF份额的转托管

项目		内容
系统内转托管	场内到场内	投资者将托管在某证券经营机构的LOF份额转托管到其他证券经营机构
	场外到场外	投资者将托管在某基金管理人或其代销机构的LOF份额转托管到其他基金代销机构或基金管理人
跨系统转托管	场内到场外	投资者将托管在某证券经营机构的LOF份额转托管到基金管理人或代销机构
	场外到场内	投资者将托管在基金管理人或其代销机构的LOF份额转托管到某证券经营机构

处于下列情形之一的LOF份额不得办理跨系统转托管：

（1）分红派息前R−2日至R日（R日为权益登记日）的LOF份额。

（2）处于质押、冻结状态的LOF份额。

[注意] 对于处于募集期内或封闭期内的LOF份额进行跨系统转托管虽没有明确规定禁止，但一般的运作方式均为在封闭期结束后再开通跨系统转托管。

考题精练

投资者将托管在甲证券经营机构的 LOF 份额转托管到乙经营机构，属于（　　）的系统内转托管。

A. 场外到场内　　B. 场外到场外

C. 场内到场内　　D. 场内到场外

［答案］C

（四）LOF 和 ETF 的区别

LOF 与 ETF 都具备开放式基金可以申购、赎回和场内交易的特点，但两者存在本质区别，具体内容见表 6-2-13。

表 6-2-13　LOF 和 ETF 的区别

区别	LOF	ETF
申购和赎回的标的不同	LOF 的申购和赎回是基金份额与现金的对价	ETF 与投资者交换的是基金份额与一篮子股票
申购和赎回的场所不同	LOF 的申购和赎回既可以在代销网点进行，也可以在交易所进行	ETF 的申购和赎回通过交易所进行
对申购和赎回限制不同	LOF 在申购和赎回上没有特别要求	只有资金在一定规模以上的投资者（基金份额通常要求在 50 万份以上）才能参与 ETF 的申购和赎回交易
净值报价频率不同	LOF 的净值报价频率要比 ETF 低，通常每 1 天只提供 1 次或几次基金净值报价	在二级市场的净值报价上，ETF 每 15 秒提供一个基金参考净值报价
基金投资策略不同	LOF 是普通的开放式基金增加了交易所的交易方式，它可以是指数型基金，也可以是主动管理型基金	ETF 通常采用完全被动式管理方法，以拟合某一个指数为目标

五、QDII 基金的申购和赎回

（一）与一般开放式基金的申购和赎回的相同点

QDII 基金与一般开放式基金申购和赎回的相同点主要体现在三个方面，具体见表 6-2-14。

表 6-2-14　QDII 基金与一般开放式基金申购和赎回的相同点

相同点	内容
申购和赎回渠道	QDII 基金的申购和赎回渠道与一般开放式基金基本相同
申购和赎回的开放时间	证券交易所的交易日（基金管理人公告暂停申购或赎回时除外）为 QDII 基金申购和赎回开放日，投资者应当在开放日的开放时间办理申购和赎回申请
申购和赎回的原则与程序	申购份额和赎回金额的确定，巨额赎回的处理办法等都与一般开放式基金类似

（二）与一般开放式基金的申购和赎回的区别

QDII 基金与一般开放式基金申购和赎回的区别见表 6-2-15。

表 6-2-15　QDII 基金与一般开放式基金申购和赎回的区别

区别	内容
币种	一般情况下，QDII 基金申购和赎回的币种为人民币，但基金管理人可以在不违反法律法规规定的情况下，接受其他币种的申购和赎回，并提前公告

续表

区别	内容
申购和赎回登记	一般情况下，基金管理公司会在T+2日内对该申请的有效性进行确认。T日提交的有效申请，投资者应在T+3日到销售网点柜台或以销售机构规定的其他方式查询申请的确认情况
	对QDII基金而言，赎回申请成功后，基金管理人将在T+10日（包括该日）内支付赎回款项。在发生巨额赎回时，款项的支付办法按基金合同有关规定处理
拒绝或暂停申购的情形	因为QDII基金主要投资于海外市场，所以拒绝或暂停申购的情形与一般开放式基金有所不同，如基金规模不可超出中国证监会、国家外汇管理局核准的境外证券投资额度等

考题精练

关于QDII基金与普通开放式基金的相同点和区别，以下表述错误的是（　　）。

A. 投资者同时赎回QDII基金和普通开放式基金，一般情况下QDII基金的赎回款先收到

B. 两者申购和赎回一般都可以通过直销和代销渠道进行

C. 两者发生巨额赎回的处理方法类似

D. QDII基金申购和赎回的币种可以是人民币或者其他币种；普通开放式基金通常只能是人民币

[答案] A

[解析] 对普通开放式基金而言，基金管理人应当自受理基金投资者有效赎回申请之日起7个工作日内支付赎回款项。对QDII基金而言，赎回申请成功后，基金管理人将在T+10日（包括该日）内支付赎回款项，A项错误。

六、分级基金份额的上市交易及申购、赎回

分级基金份额的上市交易及申购、赎回见表6-2-16。

表6-2-16　分级基金份额的上市交易及申购、赎回

项目	内容
分级基金份额的上市交易	分开募集的分级基金，是分别以子代码进行募集，基金成立后，向深圳证券交易所提交上市申请，仅以子代码上市交易，母基金既不上市也不申购、赎回
	目前我国发行的合并募集分级基金，通常是子份额上市交易，基础份额仅进行申购和赎回，不上市交易。因此，合并募集的分级基金募集完成后，通常是仅将场内认购的份额按比例拆分为子份额，场外认购的基金份额以基础份额的形式持有
开放式分级基金份额的申购和赎回	开放式分级基金份额的申购和赎回包括场内和场外两种方式
	分开募集的分级基金，以子代码进行申购和赎回，母基金代码不能进行申购和赎回
	目前我国发行的合并募集的分级基金，通常只能以母基金代码进行申购和赎回，子基金份额只能上市交易，不能单独申购和赎回。场内申购的基础份额可以按比例拆分为子份额上市交易。投资者可以按初始份额配比比例将其持有的不同风险收益的子份额配对转换为基础份额，然后以母基金代码进行赎回
	开放式分级基金份额的场内、场外申购和赎回遵循LOF的原则和流程
	分级基金较普通基金复杂，风险更大，投资者需要具有更强的风险承受能力。自2012年起，新募集的分级基金要求设定单笔认购/申购的下限：合并募集的分级基金，单笔认购/申购金额不得低于5万元人民币；分开募集的分级基金，B类份额单笔认购/申购金额不得低于5万元人民币

续表

项目	内容
分级基金的跨系统转托管	由于分级基金份额是分系统登记的，登记在基金注册登记系统的基金份额只能申请赎回，不能直接在证券交易所卖出，登记在证券登记结算系统中的基金份额可以在证券交易所卖出
	基金份额持有人拟申请将登记在基金注册登记系统中的基金份额进行上市交易，必须先办理跨系统转托管，即将登记在基金注册登记系统中的基金份额转托管到证券登记结算系统

第三节 开放式基金份额的登记

『扫码』免费刷好题 听考点串讲

一、开放式基金份额登记的概念

开放式基金份额的登记，是指基金注册登记机构通过设立和维护基金份额持有人名册，确认基金份额持有人持有基金份额的事实的行为。基金份额登记具有确定和变更基金份额持有人及其权利的法律效力，是保障基金份额持有人合法权益的重要环节。

二、我国开放式基金注册登记机构及其职责

我国开放式基金注册登记机构及其职责的具体内容见表 6-3-1。

表 6-3-1 我国开放式基金注册登记机构及其职责

项目	内容
我国开放式基金注册登记体系	《证券投资基金法》规定，开放式基金的登记业务可以由基金管理人办理，也可以委托中国证监会认定的其他机构办理
	我国开放式基金注册登记体系的模式包括：①基金管理人自建注册登记系统的"内置"模式；②委托中国证券登记结算有限责任公司作为注册登记机构的"外置"模式；③以上两种情况兼有的"混合"模式
我国开放式基金注册登记机构的职责	①建立并管理投资者基金份额账户；②负责基金份额登记，确认基金交易；③发放红利；④建立并保管基金投资者名册；⑤基金合同或者登记代理协议规定的其他职责

考题精练

下列选项中，不属于开放式基金注册登记机构主要职责的是（　　）。

A. 保管基金投资者名册　　B. 负责基金份额登记，确认基金交易

C. 管理基金投资者基金份额账户　　D. 基金资产估值

[答案] D

三、基金份额登记流程

基金份额登记过程实际上是基金注册登记机构通过基金注册登记系统对基金投资者所投资基金份额及其变动的确认、记账的过程。具体流程如下：

(1) T 日，投资者的申购和赎回申请信息通过代销机构网点传送至代销机构总部，由代销机构总部将本代销机构的申购和赎回申请信息汇总后统一传送至注册登记机构。

(2) T+1 日，注册登记机构根据 T 日各代销机构的申购和赎回申请数据及 T 日的基金份额净值统一进行确认处理，并将确认的基金份额登记至投资者的账户，然后将确认后的申购和赎回数据信息下发至各代销机构，各代销机构再下发至各所属网点。同时，注册登记机构也将登记数据发送至基金托管人。

对于不同基金品种，份额登记时间可能不一样，一般基金通常是 T+1 日登记，而 QDII 基金则通常是 T+2 日登记。

四、申购和赎回的资金结算

资金结算分清算和交收两个环节。清算是按照确定的规则计算出基金当事各方应收应付资金数额的行为。交收是基金当事各方根据确定的清算结果进行资金的收付，从而完成整个交易过程。资金的申购和赎回资金流程具体分别见图 6-3-1 和图 6-3-2。

申购资金：

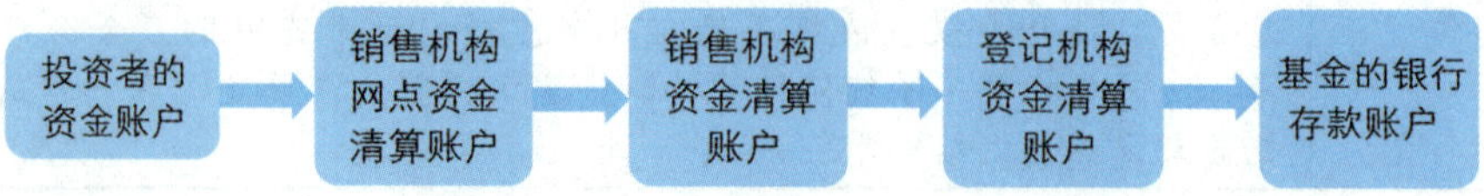

图 6-3-1　申购资金流程

赎回资金：

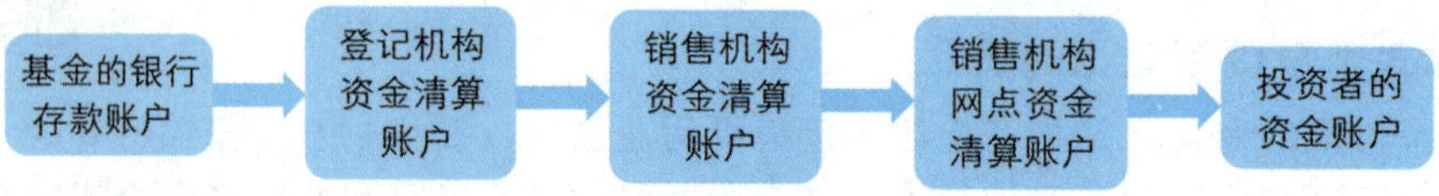

图 6-3-2　赎回资金流程

由于基金申购和赎回的资金清算依据注册登记机构的确认数据进行，为保护基金投资人的利益，有关法规明确规定，基金管理人应当自收到投资者的申购（认购）、赎回申请之日起 3 个工作日内，对该申购（认购）、赎回申请的有效性进行确认。

目前，我国境内基金申购款一般能在 T+2 日内到达基金的银行存款账户，赎回款一般于 T+3 日内从基金的银行存款账户划出。货币市场基金的赎回资金划付更快一些，一般 T+1 日即可从基金的银行存款账户划出，最快可在划出当天到达投资者资金账户。

考题精练

基金管理人应当自收到投资者的申购（认购）、赎回申请之日起（　　）个工作日内，对该申购（认购）、赎回申请的有效性进行确认。

A. 5　　　　B. 3

C. 7　　　　D. 1

[答案] B

第七章　基金的信息披露

知识结构

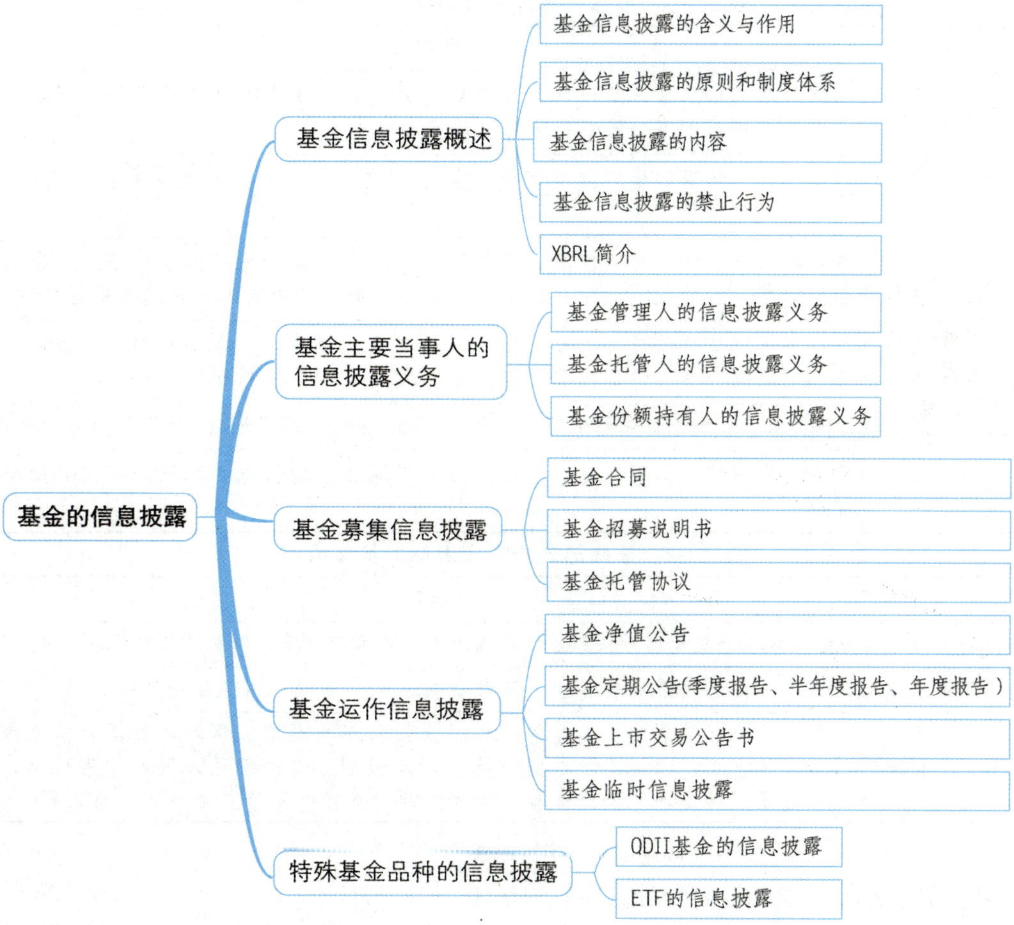

第一节　基金信息披露概述

一、基金信息披露的含义与作用

基金信息披露是指基金市场上的有关当事人依照法律法规规定向社会公众进行的信息披露。信息披露主要发生在基金募集、上市交易、投资运作等一系列环节中。信息披露的作用见图 7-1-1。

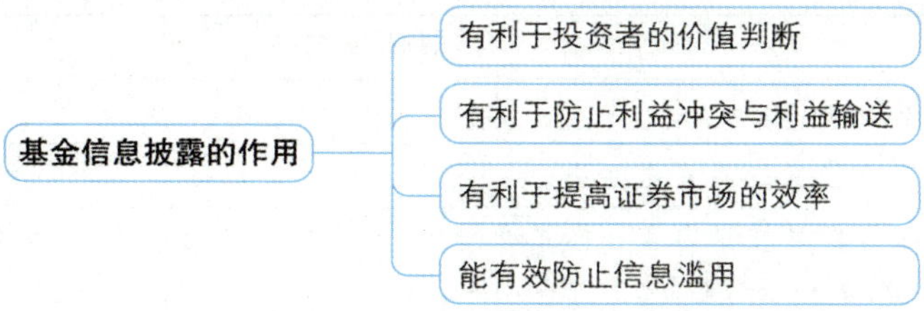

图 7-1-1　基金信息披露的作用

依靠强制性信息披露，培育和完善市场运行机制，增强市场参与各方对市场的理解和信心，是世界各国（地区）证券市场监管的普遍做法。

二、基金信息披露的原则和制度体系

（一）基金信息披露的原则

基金信息披露的原则既体现在对披露内容的要求上，也体现在对披露形式的要求上。基金信息披露的具体原则见表 7-1-1、表 7-1-2。

表 7-1-1　披露内容方面应遵循的基本原则

原则	内容
真实性原则	真实性原则是基金信息披露最根本、最重要的原则，它要求披露的信息应当以客观事实为基础，以没有扭曲和不加粉饰的方式反映真实状态
准确性原则	准确性原则要求用精确的语言披露信息，在内容和表达方式上不使人误解，不得使用模棱两可的语言
完整性原则	完整性原则要求充分披露重大信息，但并不是要求事无巨细地披露所有信息，因为这不仅将增加披露义务人的成本，而且将增加投资者收集信息的成本和筛选有用信息的难度
及时性原则	及时性原则要求以最快的速度公开信息，体现在基金管理人应在法定期限内披露基金招募说明书、定期报告等文件，在重大事件发生之日起 2 日内披露临时报告
	及时性原则要求公开披露信息处于最新状态，为此，基金管理人还应定期更新招募说明书
公平性原则	公平性原则要求将信息向市场上所有的投资者平等公开地披露，而不是仅向个别机构或投资者披露

第7章

表 7-1-2　披露形式方面应遵循的基本原则

原则	内容
规范性原则	规范性原则要求基金信息必须按照法定的内容和格式进行披露，以保证披露信息的可比性
易解性原则	易解性原则要求信息披露的表述应当简明扼要、通俗易懂，避免使用冗长、技术性用语
易得性原则	易得性原则要求公开披露的信息易为一般公众投资者所获取。例如，我国目前基金信息披露采用了多种方式，包括通过中国证监会指定报刊、基金管理人网站披露信息，将信息披露文件备置于特定场所供投资者查阅或复制，直接邮寄给基金份额持有人等

考题精练

关于基金信息披露内容方面应遵循的原则，不包括（　　）。

A. 谨慎性原则　　B. 真实性原则　　C. 及时性原则　　D. 准确性原则

[答案] A

（二）基金信息披露制度体系

我国的基金信息披露制度体系主要分为四个层次，即国家法律、部门规章、规范性文件与自律性规则，具体内容见表 7-1-3。

表 7-1-3　基金信息披露制度体系

层次	具体规范
国家法律	《证券投资基金法》
部门规章	《证券投资基金信息披露管理办法》
规范性文件	《证券投资基金信息披露内容与格式准则》《证券投资基金信息披露编报规则》《证券投资基金信息披露 XBRL 模板》
自律性规则	证券交易所业务规则、证券交易所 ETF 业务实施细则、证券交易所 LOF 业务规则与业务指引

三、基金信息披露的内容

基金信息披露的内容包括以下方面：①基金招募说明书；②基金合同；③基金托管协议；④基金份额发售公告；⑤基金募集情况；⑥基金合同生效公告；⑦基金份额上市交易公告书；⑧基金资产净值、基金份额净值；⑨基金份额申购、赎回价格；⑩基金定期报告，包括基金年度报告、基金半年度报告和基金季度报告；⑪临时报告；⑫基金份额持有人大会决议；⑬基金管理人、基金托管人的基金托管部门的重大人事变动；⑭涉及基金管理人、基金财产、基金托管业务的诉讼；⑮澄清公告；⑯中国证监会规定的其他信息。

四、基金信息披露的禁止行为

为了防止信息误导会给投资者造成损失，维护证券市场的正常秩序，法律法规对公开披露的信息做了一些禁止性的规定，具体内容见图 7-1-2。

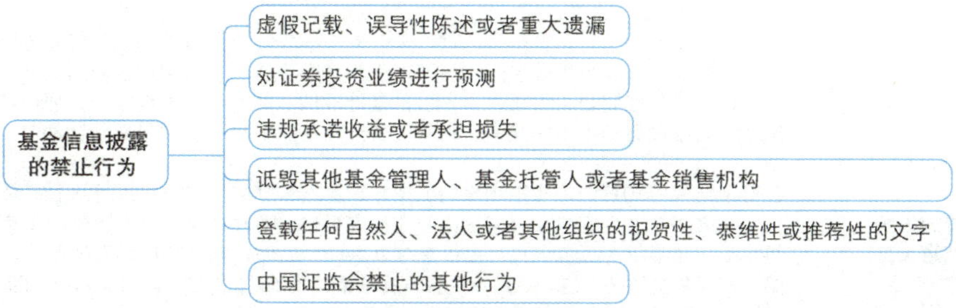

图 7-1-2　基金信息披露的禁止行为

考题精练

关于基金信息披露中承诺收益或承担损失的行为，以下表述错误的是（　　）。

A. 属于不正当竞争行为　　B. 属于信息披露中的违规行为

C. 属于对投资者的诱骗　　D. 有助于帮助投资者了解产品的风险和收益

[答案] B

五、XBRL 简介

XBRL（可扩展商业报告语言）是国际上将会计准则与计算机语言相结合，用于非结构化数据，尤其是财务信息交换的最新公认标准和技术。XBRL 一个比较大的优点是实现了一次录入、多次使用。它通过对数据统一进行特定的识别和分类，可直接被使用者或其他软件读取及进一步处理。

在我国，上市公司自 2003 年年底就开始尝试应用 XBRL 报送定期报告，至今已持续 10 多年时间。基金公司自 2008 年也启动了信息披露的 XBRL 应用工作，至今已实现了净值公告、部分临时公告和季度报告、半年度报告、年度报告等定期报告的 XBRL 报送。

总的来说，XBRL 在基金信息披露中的应用将有利于促进信息披露的规范化、透明化和电子化，提高信息编报、传送和使用的效率和质量。

第二节　基金主要当事人的信息披露义务

扫码
免费刷好题
听考点串讲

在基金募集和运作过程中，负有信息披露义务的主要是基金的当事人。因此，基金管理人、基金托管人、召集基金份额持有人大会的基金份额持有人都应当依法及时披露基金信息，同时还要对所披露信息的真实性、准确性和完整性负责。

一、基金管理人的信息披露义务

基金管理人主要负责的信息披露与基金财产资产管理业务活动有关。这些活动主要涉及基金募集、上市交易、投资运作、净值披露等各个环节，具体内容见图 7-2-1。

基金管理人的信息披露义务

- 向中国证监会提交基金合同草案、托管协议草案、招募说明书草案等募集申请材料。在基金份额发售的3日前，将招募说明书、基金合同摘要登载在指定报刊和管理人网站上；同时，将基金合同、托管协议登载在管理人网站上，将基金份额发售公告登载在指定报刊和管理人网站上
- 在基金合同生效的次日，在指定报刊和管理人网站上登载基金合同生效公告
- 开放式基金合同生效后每6个月结束之日起45日内，将更新的招募说明书登载在管理人网站上，更新的招募说明书摘要登载在指定报刊上；在公告的15日前，应向中国证监会报送更新的招募说明书，并就更新内容提供书面说明
- 基金拟在证券交易所上市的，应向交易所提交上市交易公告书等上市申请材料。基金获准上市的，应在上市日前3个工作日，将基金份额上市交易公告书登载在指定报刊和管理人网站上。ETF上市交易后，其管理人应在每日开市前向证券交易所和证券登记结算公司提供申购、赎回清单，并在指定的信息发布渠道上公告
- 至少每周公告一次封闭式基金的资产净值和份额净值。开放式基金在开始办理申购或者赎回前，至少每周公告一次资产净值和份额净值；开放申购赎回后，应于每个开放日的次日披露基金份额净值和份额累计净值。如遇半年末或年末，还应披露半年度和年度最后一个市场交易日的基金资产净值、份额净值和份额累计净值
- 在每年结束后90日内，在指定报刊上披露年度报告摘要，在管理人网站上披露年度报告全文。在上半年结束后60日内，在指定报刊上披露半年度报告摘要，在管理人网站上披露半年度报告全文。在每季结束后15个工作日内，在指定报刊和管理人网站上披露基金季度报告。上述定期报告在披露的第2个工作日，应分别报中国证监会及地方监管局、基金上市的证券交易所备案。对于当期基金合同生效不足2个月的基金，可以不编制上述定期报告
- 当发生对基金份额持有人权益或者基金价格产生重大影响的事件时，应在2日内编制并披露临时报告书，并分别报中国证监会及地方监管局备案。封闭式基金还应在披露临时报告前，送基金上市的证券交易所审核
- 当媒体报道或市场流传的消息可能对基金价格产生误导性影响或引起较大波动时，管理人应在知悉后立即对该消息进行公开澄清，并将有关情况报告中国证监会及基金上市的证券交易所
- 管理人召集基金份额持有人大会的，应至少提前30日公告大会的召开时间、会议形式、审议事项、议事程序和表决方式等事项。会议召开后，应将持有人大会决定的事项报中国证监会核准或备案，并予以公告
- 基金管理人职责终止时，应聘请会计师事务所对基金财产进行审计，并将审计结果予以公告，同时报中国证监会备案

图 7-2-1　基金管理人的信息披露义务

除依法披露基金财产管理业务活动相关的事项外，对管理人运用固有资金进行基金投资的事项，基金管理人也应履行相关披露义务，包括：认购基金份额的，在基金合同生效公告中载明所认购的基金份额、认购日期、适用费率等情况；申购、赎回或者买卖基金份额的，在基金季度报告中载明申购、赎回或者买卖基金的日期、金额、适用费率等情况。

考题精练

1. 封闭式基金一般至少（　　）披露一次资产净值和份额净值。

A. 每周　　B. 每季度　　C. 每日　　D. 每月

[答案] A

2. 基金公司进行基金募集前，须在公司网站上公告的文件不包括（　　）。

A. 法律意见书　　B. 基金托管协议

C. 基金的招募说明书　　D. 基金合同

[答案] A

二、基金托管人的信息披露义务

同基金管理人一样，基金托管人也应建立健全各项信息披露管理制度，指定专人负责管理信息披露事务。其具体内容见图 7-2-2。

- 基金托管人的信息披露义务
  - 在基金份额发售的3日前，将基金合同、托管协议登载在托管人网站上
  - 对基金管理人编制的基金资产净值、份额净值、申购赎回价格、基金定期报告和定期更新的招募说明书等公开披露的相关基金信息进行复核、审查，并向基金管理人出具书面文件或者盖章确认
  - 在基金半年度报告及年度报告中出具托管人报告，对报告期内托管人是否尽职尽责履行义务以及管理人是否遵规守约等情况做出声明
  - 当基金发生涉及托管人及托管业务的重大事件时，例如：基金托管人的专门基金托管部门的负责人变动，该部门的主要业务人员在1年内变动超过30%，托管人召集基金份额持有人大会，托管人的法定名称或住所发生变更，发生涉及托管业务的诉讼，托管人受到监管部门的调查或托管人及其托管部门的负责人受到严重行政处罚，等等。托管人应当在事件发生之日起2日内编制并披露临时公告书，并报中国证监会及地方监管局备案
  - 托管人召集基金份额持有人大会的，应至少提前30日公告大会的召开时间、会议形式、审议事项、议事程序和表决方式等事项。会议召开后，应将持有人大会决定的事项报中国证监会核准或备案，并予以公告
  - 基金托管人职责终止时，应聘请会计师事务所对基金财产进行审计，并将审计结果予以公告，同时报中国证监会备案

图 7-2-2　基金托管人的信息披露义务

考题精练

1. 基金托管人需于基金份额发售的（　　）前，将基金合同、托管协议登载在托管人网站上。

   A. 1 日　　B. 2 日　　C. 3 日　　D. 4 日

   [答案] C

2. A 基金由甲基金管理有限公司发行，并托管在具有基金托管资格的乙商业银行。乙商业银行需要对甲基金管理有限公司编制的（　　）等公开披露的相关基金信息进行复核、审查，并向其出具书面文件或者盖章确认。

   Ⅰ. A 基金资产净值、份额净值　　Ⅱ. 甲基金管理有限公司定期报告

   Ⅲ. A 基金定期报告和定期更新的招募说明书

   A. Ⅰ、Ⅲ、Ⅳ　　B. Ⅰ、Ⅳ

   C. Ⅰ、Ⅲ　　D. Ⅰ、Ⅱ、Ⅲ、Ⅳ

   [答案] C

   [解析] 基金托管人对基金管理人编制的基金资产净值、份额净值、申购赎回价格、基金定期报告和定期更新的招募说明书等公开披露的相关基金信息进行复核、审查。

3. 甲券商为取得基金托管资格的基金托管人，A 基金托管在该券商，甲券商需要在 A 基金的（　　）中出具托管人报告，对报告期内托管人是否尽职尽责履行义务以及管理人是否遵规守约等情况做出声明。

   Ⅰ. 季度报告　　Ⅱ. 半年度报告　　Ⅲ. 年度报告　　Ⅳ. 重大事项报告

   A. Ⅱ、Ⅲ、Ⅳ　　B. Ⅲ、Ⅳ　　C. Ⅰ、Ⅱ、Ⅲ　　D. Ⅱ、Ⅲ

   [答案] D

4. 基金托管人召集基金份额持有人大会的，必须披露的事项不包括（　　）。

   A. 审议事项　　B. 召开时间　　C. 份额净值　　D. 会议形式

   [答案] C

三、基金份额持有人的信息披露义务

基金份额持有人的信息披露义务主要体现在与基金份额持有人大会相关的披露义务。

根据《证券投资基金法》，当代表基金份额10%以上的基金份额持有人就同一事项要求召开持有人大会，而基金份额持有人大会的日常机构、基金管理人和托管人都不召集的时候，代表基金份额10%以上的持有人有权自行召集，并报中国证监会备案。此时，该类持有人应至少提前30日公告持有人大会的召开时间、会议形式、审议事项、议事程序和表决方式等事项。会议召开后，如果基金管理人和托管人对持有人大会决定的事项不履行信息披露义务的，召集基金持有人大会的基金份额持有人应当履行相关的信息披露义务。

有时公开披露的基金信息需要由中介机构出具意见书，如：会计师事务所需要对基金年度报告中的财务报告、基金清算报告等进行审计，律师事务所需要对基金招募说明书、基金清算报告等文件出具法律意见书。此时，该类中介机构应保证所出具文件内容的真实性、准确性和完整性。

第三节　基金募集信息披露

基金募集期间的三大信息披露文件包括基金合同、基金招募说明书和基金托管协议。

一、基金合同

基金合同是约定基金管理人、基金托管人和基金份额持有人权利义务关系的重要法律文件。投资者交纳基金份额认购款项时，即表明其对基金合同的承认和接受，此时基金合同成立。

(一) 基金合同的主要披露事项

基金合同的主要披露事项见图7-3-1。

基金合同的主要披露事项

- 募集基金的目的和基金名称
- 基金管理人、基金托管人的名称和住所
- 基金运作方式，基金管理人运用基金财产进行证券投资，采用资产组合方式的，其资产组合的具体方式和投资比例，也要在基金合同中约定
- 封闭式基金的基金份额总额和基金合同期限，或者开放式基金的最低募集份额总额
- 确定基金份额发售日期、价格和费用的原则
- 基金份额持有人、基金管理人和基金托管人的权利与义务
- 基金份额持有人大会召集、议事及表决的程序和规则
- 基金份额发售、交易、申购、赎回的程序、时间、地点、费用计算方式以及给付赎回款项的时间和方式
- 基金收益分配原则、执行方式
- 作为基金管理人、基金托管人报酬的管理费、托管费的提取、支付方式与比例
- 与基金财产管理、运用有关的其他费用的提取、支付方式
- 基金财产的投资方向和投资限制
- 基金资产净值的计算方法和公告方式
- 基金募集未达到法定要求的处理方式
- 基金合同解除和终止的事由、程序以及基金财产清算方式
- 争议解决方式

图7-3-1　基金合同的主要披露事项

考题精练

在我国，证券投资基金的基金管理人、基金托管人和基金份额持有人之间的权利义务由(　　)确定。

A. 基金公司章程　B. 基金托管协议　C. 基金招募说明书　D. 基金合同

[答案] D

(二) 基金合同所包含的重要信息

基金合同主要包含两类重要信息，具体内容见表 7-3-1。

表 7-3-1　基金合同所包含的重要信息

信息	内容
基金投资运作安排和基金份额发售安排方面的信息	包括基金运作方式，运作费用，基金发售、交易、申购、赎回的相关安排，基金投资基本要素，基金估值和净值公告等事项
	此类信息一般也会在基金招募说明书中出现
基金合同特别约定的事项	(1) 基金当事人的权利义务，特别是基金份额持有人的权利 (2) 基金持有人大会的召集、议事及表决的程序和规则 (3) 基金合同终止的事由、程序及基金财产的清算方式

考题精练

下列不属于基金合同特别约定事项的是(　　)。

A. 基金当事人的权利义务

B. 基金合同终止的事由，程序及基金财产的清算方式

C. 基金持有人大会的召集，议事及表决的程序和规则

D. 基金发售、交易、申购、赎回的相关安排

[答案] D

二、基金招募说明书

基金招募说明书是基金管理人为发售基金份额而依法制作的，供投资者了解管理人基本情况、说明基金募集有关事宜、指导投资者认购基金份额的规范性文件。其编制原则是，基金管理人应将所有对投资者做出投资判断有重大影响的信息予以充分披露，以便投资者更好地做出投资决策。

(一) 基金招募说明书的主要披露事项

基金招募说明书的主要披露事项见图 7-3-2。

基金招募说明书的主要披露事项

- 招募说明书摘要
- 基金募集申请的核准文件名称和核准日期
- 基金管理人和基金托管人的基本情况
- 基金份额的发售日期、价格、费用和期限
- 基金份额的发售方式、发售机构及登记机构名称
- 基金份额申购和赎回的场所、时间、程序、数额与价格，拒绝或暂停接受申购、暂停赎回或延缓支付、巨额赎回的安排等
- 基金的投资目标、投资方向、投资策略、业绩比较基准、投资限制
- 基金资产的估值
- 基金管理人和基金托管人的报酬及其他基金运作费用的费率水平、收取方式
- 基金认购费、申购费、赎回费、转换费的费率水平、计算公式、收取方式
- 出具法律意见书的律师事务所和审计基金财产的会计师事务所的名称和住所
- 风险警示内容
- 基金合同和基金托管协议的内容摘要

图 7-3-2　基金招募说明书的主要披露事项

考题精练

关于招募说明书，以下说法错误的是（　　）。

A. 招募说明书是指导投资者认购基金份额的规范性文件

B. 招募说明书约定基金管理人、基金托管人和基金份额持有人的权利和义务

C. 招募说明包含基金募集申请的核准文件名称和核准日期

D. 招募说明书中包含基金合同和基金托管协议的内容摘要

［答案］B

［解析］基金合同（而非招募说明书）约定基金管理人、基金托管人和基金份额持有人的权利和义务，故B项错误。

（二）招募说明书包含的重要信息

作为投资者，应对如表7-3-2所示的招募说明书的重要信息重点关注。

表7-3-2　招募说明书包含的重要信息

重要信息	内容
基金运作方式	不同运作方式的基金，其交易场所和方式不同，基金产品的流动性不同。此外，不同运作方式的基金，其运作特点也会有差异
从基金资产中列支的费用的种类、计提标准和方式	不同类别基金的管理费和托管费水平存在差异。即使是同一类别的基金，计提管理费的方式也可能不同。例如，有的管理人会在招募说明书中约定，如果基金资产净值低于某一标准将停止计提管理费；对于一些特殊的基金品种，如货币市场基金，不仅计提管理费和托管费，还计提销售服务费用
基金份额的发售、交易、申购、赎回的约定，特别是买卖基金费用的相关条款	不同开放式基金的申购和赎回费率可能不同。即使是同一开放式基金品种，由于买卖金额不同、收费模式不同（如前端收费和后端收费），也可能适用不同的费率水平。有的基金品种，如货币市场基金是不收取申购和赎回费的
基金投资目标、投资范围、投资策略、业绩比较基准、风险收益特征、投资限制等	这是招募说明书中最为重要的信息，因为它体现了基金产品的风险收益水平，可以帮助投资者选择与自己风险承受能力和收益预期相符合的产品
基金资产净值的计算方法和公告方式	基金资产净值与基金投资成本息息相关。对于投资者来说，除了解基金估值的原则和方法外，还应清楚基金资产净值的公告方式，以便及时了解净值信息
基金风险提示	在招募说明书封面的显著位置，管理人一般会做出“基金过往业绩不预示未来表现；不保证基金一定盈利，也不保证最低收益”等风险提示。在招募说明书正文，管理人还会就基金产品的各项风险因素进行分析，并列明与特定基金品种、特定投资方法或特定投资对象相关的特定风险
招募说明书摘要	该部分出现在每6个月更新的招募说明书中，主要包括基金投资基本要素、投资组合报告、基金业绩和费用概览、招募说明书更新说明等内容。它是招募说明书内容的精华

考题精练

基金的招募说明书更新的频率是（　　）。

A. 每半年　　B. 每季度

C. 依据实际需要进行更新　　D. 每年

［答案］A

三、基金托管协议

基金托管协议是基金管理人和基金托管人签订的协议，主要目的在于明确双方在基金财产保

管、投资运作、净值计算、收益分配、信息披露及相互监督等事宜中的权利、义务及职责，确保基金财产的安全，保护基金份额持有人的合法权益。基金托管协议的具体内容见表7-3-3。

表7-3-3　基金托管协议

重要信息	内容
基金管理人和基金托管人之间的相互监督和核查	基金管理人应对基金托管人履行账户开设、净值复核、清算交收等托管职责情况等进行核查
	基金托管人应依据法律法规和基金合同的约定，对基金投资对象、投资范围、投融资比例、投资禁止行为、基金参与银行间市场的信用风险控制等进行监督
协议当事人权责约定中事关持有人权益的重要事项	当事人在净值计算和复核中重要环节的权责包括基金管理人与基金托管人依法自行商定估值方法的情形和程序，基金管理人或基金托管人发现估值未能维护持有人权益时的处理，估值错误时的处理及责任认定等

考题精练

关于公募基金的托管协议，以下说法正确的有（　　）。

Ⅰ.基金托管人应对基金管理人履行投资管理职责情况进行监督

Ⅱ.基金管理人应对基金托管人履行托管职责情况进行核查

Ⅲ.基金的估值方法由基金管理人确定，无需基金管理人和基金托管人共同商定

Ⅳ.基金管理人和基金托管人应对基金估值错误的处理及责任认定等事项进行约定

A. Ⅱ、Ⅳ　　B. Ⅰ、Ⅱ、Ⅳ　　C. Ⅰ、Ⅲ、Ⅳ　　D. Ⅱ、Ⅲ

［答案］B

［解析］基金管理人与基金托管人依法自行商定估值方法的情形和程序，故第Ⅲ项错误。

第四节　基金运作信息披露

基金运作信息披露文件主要包括基金净值公告、基金定期公告以及基金上市交易公告书等。

一、基金净值公告

（一）普通基金净值公告

普通基金净值公告主要包括基金资产净值、份额净值和份额累计净值等信息。封闭式基金和开放式基金在披露净值公告的频率上有所不同。封闭式基金一般至少每周披露一次资产净值和份额净值。对开放式基金来说，在其开放申购和赎回前，一般至少每周披露一次资产净值和份额净值；开放申购和赎回后，则会披露每个开放日的份额净值和份额累计净值。

（二）货币市场基金收益公告和偏离度公告

1. 收益公告

货币市场基金每日分配收益，份额净值保持1元不变，因此，货币市场基金不像其他类型基金那样定期披露份额净值，而是需要披露收益公告，包括每万份基金收益和最近7日年化收益率。按照披露时间的不同，货币市场基金收益公告分为封闭期的收益公告、开放日的收益公告和节假日的收益公告三类。其具体内容见表7-4-1。

表7-4-1　货币市场基金收益公告

种类	内容
封闭期的收益公告	是指货币市场基金的基金合同生效后，基金管理人于开始办理基金份额申购或者赎回当日，在中国证监会指定的报刊和基金管理人网站上披露截至前一日的基金资产净值，基金合同生效至前一日期间的每万份基金净收益，前一日的7日年化收益率

续表

种类	内容
开放日的收益公告	是指货币市场基金于每个开放日的次日在中国证监会指定报刊和基金管理人网站上披露开放日每万份基金净收益和最近7日年化收益率
节假日的收益公告	是指货币市场基金开放申购和赎回后，在遇到法定节假日时，于节假日结束后第二个自然日披露节假日期间的每万份基金净收益，节假日最后一日的7日年化收益率，以及节假日后首个开放日的每万份基金净收益和7日年化收益率

2. 偏离度公告

为了客观地体现货币市场基金的实际收益情况，避免采用摊余成本法计算的基金资产净值与按市场利率和交易市价计算的基金资产净值发生重大偏离，从而对基金份额持有人的利益产生不利影响，基金管理人会采用影子定价于每一估值日对基金资产进行重新估值。

当影子定价所确定的基金资产净值超过摊余成本法计算的基金资产净值（即产生正偏离）时，表明基金组合中存在浮盈；反之，当存在负偏离时，则基金组合中存在浮亏。此时，若基金投资组合的平均剩余期限和融资比例仍较高，则该基金隐含的风险较大。

按我国基金信息披露法规要求，当偏离达到一定程度时，货币市场基金应刊登偏离度信息，主要包括以下三类，具体内容见表 7-4-2。

表 7-4-2　货币市场基金偏离度公告

种类	内容
在临时报告中披露偏离度信息	当影子定价与摊余成本法确定的基金资产净值负偏离度绝对值超过0.25%时，基金管理人应当在2个交易日内向中国证监会报告，并依法履行信息披露义务，其中涉及银行间债券市场的，应当遵守中国人民银行有关规定，向有关部门备案
	当正偏离度绝对值达到0.5%时，基金管理人应当暂停接受申购并在5个交易日内将正偏离度绝对值调整到0.5%以内。当负偏离度绝对值达到0.5%时，基金管理人应当使用风险准备金或者固有资金弥补潜在资产损失，将负偏离度绝对值控制在0.5%以内。当负偏离度绝对值连续2个交易日超过0.5%时，基金管理人应当采用公允价值估值方法对持有投资组合的账面价值进行调整，或者采取暂停接受所有赎回申请并终止基金合同进行财产清算等措施。基金管理人应按照合同中约定前述情形及处理方法并履行信息披露义务
在半年度报告和年度报告中披露偏离度信息	在半年度报告和年度报告的重大事件揭示中，基金管理人将披露报告期内偏离度的绝对值达到或超过0.5%的信息
在投资组合报告中披露偏离度信息	在季度报告的投资组合报告中、货币市场基金将披露报告期内偏离度绝对值在0.25%—0.5%间的次数、偏离度的最高值和最低值、偏离度绝对值的简单平均值等信息

考题精练

1. 在信息披露方面，货币市场基金与其他普通公募基金存在的差异包括（　　）。

Ⅰ. 货币市场基金不像其他类型基金那样定期披露份额净值，而是需要披露收益公告

Ⅱ. 在披露时间上，货币市场基金除了封闭期收益公告和开放日收益公告外，还需特别披露节假日收益公告

Ⅲ. 采用摊余成本法计价的货币市场基金需公告偏离度信息

Ⅳ. 除季报、半年报和年报之外，货币市场基金还需编制月报并公告

A. Ⅰ、Ⅲ、Ⅳ　　B. Ⅰ、Ⅱ、Ⅲ、Ⅳ

C. Ⅰ、Ⅱ、Ⅲ　　D. Ⅱ、Ⅲ、Ⅳ

[答案] C

[解析] 货币市场基金无需编制月报并公告，第Ⅳ项错误。

2. 下列关于货币市场基金偏离度的说法错误的是（　　）。

A. 当影子定价所确定的基金资产净值超过摊余成本法计算的基金资产净值（即产生正偏离）时，表明基金组合中存在浮亏；反之，当存在负偏离时，则基金组合中存在浮盈

B. 当负偏离度绝对值连续 2 个交易日超过 0.5%时，基金管理人应当采用公允价值估值方法对持有投资组合的账面价值进行调整

C. 在季度报告的投资组合报告中，应披露报告期内偏离度的绝对值在 0.25%—0.5%间的次数

D. 在临时报告中，应披露影子定价与摊余成本法确定的基金资产净值负偏离度绝对值超过 0.25%时的信息

[答案] A

二、基金定期公告

（一）基金季度报告

基金管理人应当在每个季度结束之日起 15 个工作日内，编制完成基金季度报告，并将季度报告登载在指定报刊和网站上。基金合同生效不足 2 个月的，基金管理人可以不编制当期季度报告、半年度报告或者年度报告。

基金季度报告主要包括基金概况、主要财务指标和净值表现、管理人报告、投资组合报告、开放式基金份额变动等内容。在季度报告的投资组合报告中，需要披露基金资产组合，按行业分类的股票投资组合，前 10 名股票明细，按券种分类的债券投资组合，前 5 名债券明细，投资贵金属、股指期货、国债期货等情况，以及投资组合报告附注等内容。

考题精练

季度报告的投资组合报告需要披露季末基金资产组合的（　　）信息。

A. 前 10 名债券明细　　B. 前 10 名股票明细

C. 全部股票明细　　D. 全部债券明细

[答案] B

（二）基金半年度报告

基金管理人应当在上半年结束之日起 60 日内，编制完成基金半年度报告，并将半年度报告正文登载在网站上，将半年度报告摘要登载在指定报刊上。与年度报告相比，半年度报告披露的特点见图 7-4-1。

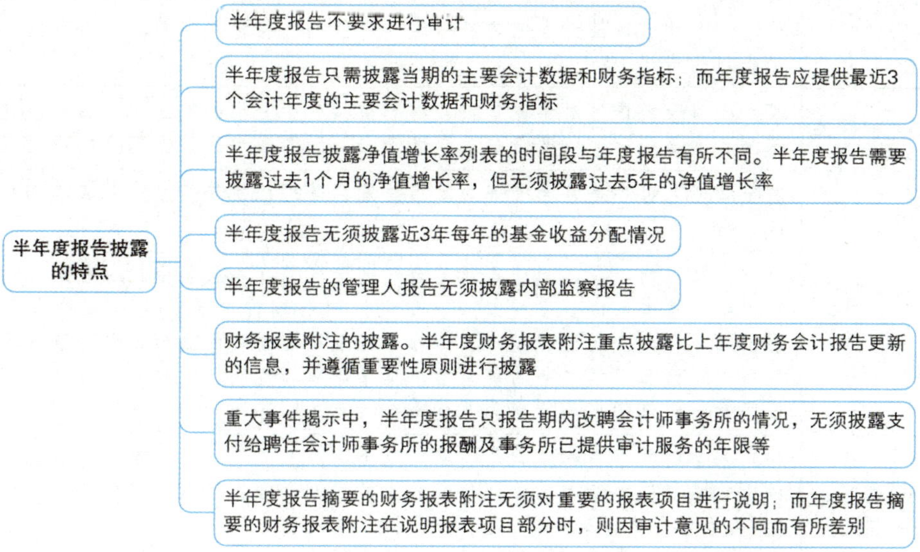

图 7-4-1　半年度报告披露的特点

考题精练

基金管理人应在上半年结束后（　　）内，在指定报刊上披露半年度报告摘要，在管理人网站上披露半年度报告全文。

A. 60 个工作日　　B. 30 个工作日　　C. 90 日　　D. 60 日

［答案］D

（三）基金年度报告

基金年度报告是基金存续期信息披露中信息量最大的文件。应当在每年结束之日起 90 日内，编制完成基金年度报告，并将年度报告正文登载于网站上，将年度报告摘要登载在指定报刊上。基金年度报告的财务会计报告应当经过审计。基金年度报告的具体内容见表 7-4-3。

表 7-4-3　基金年度报告

报告内容	阐述
基金管理人和托管人在年度报告披露中的责任	基金管理人是基金年度报告的编制者和披露义务人，因此，基金管理人及其董事应保证年度报告的真实、准确和完整，承诺其中不存在虚假记载、误导性陈述或重大遗漏，并就其保证承担个别及连带责任
	为了进一步保障基金信息质量，法规规定基金年度报告应经 2/3 以上独立董事签字同意，并由董事长签发；如个别董事对年度报告内容的真实、准确、完整无法保证或存在异议，应当单独陈述理由和发表意见；未参会董事应当单独列示其姓名
	基金托管人在年度报告披露中的责任主要是一些与托管职责相关的披露责任，包括负责复核年度报告、半年度报告中的财务会计资料等内容，并出具托管人报告等
正文与摘要的披露	目前基金年度报告采用在基金管理人网站上披露正文、在指定报刊上披露摘要两种方式。基金管理人披露的正文信息应力求充分、详尽，摘要应力求简要揭示重要的基金信息。相对于正文，摘要在基金简介、报表附注、投资组合报告等部分进行了较大程度的简化
关于年度报告中的重要提示	目前法规规定应在年度报告的扉页就以下方面做出提示：①基金管理人和托管人的披露责任；②基金管理人管理和运用基金资产的原则；③投资风险提示；④年度报告中注册会计师出具非标准无保留意见的提示
基金财务指标的披露	基金年度报告中应披露以下财务指标：本期利润、本期利润扣减本期公允价值变动损益后的净额、加权平均份额本期利润、期末可供分配利润、期末可供分配份额利润、期末资产净值、期末基金份额净值、加权平均净值利润率、本期份额净值增长率和份额累计净值增长率等。净值增长指标是目前较为合理的评价基金业绩表现的指标
基金净值表现的披露	基金净值表现信息对于保护投资者利益具有十分重要的意义。目前，法规要求在基金年度报告、半年度报告、季度报告中以图表形式披露基金的净值表现
基金管理人报告的披露	基金管理人报告是基金管理人就报告期内管理职责履行情况等事项向投资者进行的汇报
	具体内容包括：基金管理人及基金经理情况简介，报告期内基金运作遵规守信情况说明，报告期内公平交易情况说明，报告期内基金的投资策略和业绩表现说明，基金管理人对宏观经济、证券市场及行业走势的展望，基金管理人内部监察稽核工作情况，报告期内基金估值程序等事项说明，报告期内基金利润分配情况说明及对会计师事务所出具非标准审计报告所涉事项的说明等
基金财务会计报告的编制与披露	（1）基金财务报表的编制与披露。基金财务报表包括报告期末及其前一个年度末的比较式资产负债表，该两年度的比较式利润表，该两年度的比较式所有者权益（基金净值）变动表 （2）财务报表附注的披露

续表

报告内容	阐述
基金投资组合报告的披露	基金年度报告中的投资组合报告应披露以下信息：期末基金资产组合，期末按行业分类的股票投资组合，期末按市值占基金资产净值比例大小排序的所有股票明细，报告期内股票投资组合的重大变动，期末按券种分类的债券投资组合，期末按市值占基金资产净值比例大小排序的前5名债券明细，投资贵金属、股指期货、国债期货等情况，投资组合报告附注等
	基金股票投资组合重大变动的披露内容包括：报告期内累计买入、累计卖出价值超出期初基金资产净值2%（报告期内基金合同生效的基金，采用期末基金资产净值的2%）的股票明细；对累计买入、累计卖出价值前20名的股票价值低于2%的，应披露至少前20名的股票明细；整个报告期内买入股票的成本总额及卖出股票的收入总额。披露该信息的意义主要在于反映报告期内基金的一些重大投资行为
基金持有人信息的披露	基金年度报告披露的持有人信息主要有：①上市基金前10名持有人的名称、持有份额及占总份额的比例。②持有人结构，包括机构投资者、个人投资者持有的基金份额及占总份额的比例。③持有人户数及户均持有基金份额
	当期末基金管理人的基金从业人员持有开放式基金时，年度报告还将披露基金管理人所有基金从业人员投资基金的总量及占基金总份额的比例。另外针对基金管理人高级管理人员、基金投资和研究部门负责人持有基金情况，以及该基金的基金经理持有基金的情况，需按持有基金份额总量的数量区间列示
开放式基金份额变动的披露	法规要求在年度报告中披露开放式基金合同生效日的基金份额总额、报告期内基金份额的变动情况（包括期初基金份额总额、期末基金份额总额、期间基金总申购份额、期间基金总赎回份额、期间基金拆分变动份额）。报告期内基金合同生效的基金，应披露自基金合同生效以来基金份额的变动情况

考题精练

关于公募基金年度报告，下列表述正确的是（　　）。

A. 基金年度报告应当在每年结束之日起60日内编制完成并公告

B. 基金年度报告必须经3/4以上独立董事签字同意，并由董事长签发

C. 基金年度报告的财务会计报告应当经过审计

D. 基金年度报告应当披露近5年每年的基金收益分配情况

[答案] C

[解析] 基金年度报告应当在每年结束之日起90日内编制完成并公告，A项错误。基金年度报告必须经2/3以上独立董事签字同意，并由董事长签发，B项错误。基金年度报告应当披露近3年每年的基金收益分配情况，D项错误。

三、基金上市交易公告书

凡是根据有关法律法规发售基金份额并申请在证券交易所上市交易的基金，基金管理人均应编制并披露基金上市交易公告书。交易公告书的具体内容见表7-4-4。

表7-4-4　基金上市交易公告书

项目	内容
适用类型	目前，披露上市交易公告书的基金品种主要有封闭式基金、上市开放式基金（LOF）和交易型开放式指数基金（ETF）以及分级基金子份额
披露事项	基金上市交易公告书的主要披露事项包括：基金概况、基金募集情况与上市交易安排、持有人户数、持有人结构及前10名持有人、主要当事人介绍、基金合同摘要、基金财务状况、基金投资组合报告、重大事件揭示等

四、基金临时信息披露

（一）关于基金信息披露的重大性标准

各国（地区）信息披露所采用的"重大性"概念有以下两种标准，具体要求见表 7-4-5。

表 7-4-5　基金信息披露的"重大性"标准

标准	内容
影响投资者决策标准	如果可以合理地预期某种信息将会对理性投资者的投资决策产生重大影响，则该信息为重大信息，应及时予以披露
影响证券市场价格标准	如果相关信息足以导致或可能导致证券价值或市场价格发生重大变化，则该信息为重大信息，应予披露

（二）基金临时报告

对于重大性的界定，我国基金信息披露法规采用较为灵活的标准，即"影响投资者决策标准"或者"影响证券市场价格标准"。重大事件的界定及报告要求见表 7-4-6。

表 7-4-6　重大事件的界定及报告

项目	内容
重大事件	基金的重大事件可包括：基金份额持有人大会的召开，提前终止基金合同，延长基金合同期限，转换基金运作方式，更换基金管理人或托管人，基金管理人的董事长、总经理及其他高级管理人员、基金经理和基金托管人的基金托管部门负责人发生变动，涉及基金管理人、基金财产、基金托管业务的诉讼，基金份额净值计价错误金额达基金份额净值的 0.5%，开放式基金发生巨额赎回并延期支付，等等
报告要求	如果预期某种信息可能对基金份额持有人权益或者基金份额的价格产生重大影响，则该信息为重大信息，相关事件为重大事件，信息披露义务人应当在重大事件发生之日起 2 日内编制并披露临时报告书

（三）基金澄清公告

在基金合同期限内，任何公共媒体中出现的或者在市场上流传的消息可能对基金份额价格或者基金投资者的申购和赎回行为产生误导性影响的，相关信息披露义务人知悉后应当立即对该消息进行公开澄清。

考题精练

关于公募基金的临时信息披露，下列表述错误的是（　　）。

A. 基金的重大事件可包括基金经理变更、基金持仓股票出现连续 2 个以上跌停、开放式基金发生巨额赎回等

B. 信息披露义务人应在重大事件发生之日起 2 日内编制并披露临时报告书

C. 对于任何在公众间流传的、可能对于基金份额价格或基金投资者申赎行为产生误导性影响的信息均应立即公开澄清

D. 如果预期某种信息可能对基金份额持有人权益或基金份额的价格产生重大影响，则应临时披露报告

[答案] A

第五节　特殊基金品种的信息披露

『扫码』免费刷好题 听考点串讲

一、QDII 基金的信息披露

与普通基金不同，QDII 基金将其全部或部分资金投资于境外证券，除了现有的法律法规规定的披露要求之外，QDII 基金还有一些特殊的披露要求。

（一）信息披露所使用的语言及币种选择

QDII 基金在披露相关信息时，可同时采用中文和英文，并以中文为准，可单独或同时以人民币、美元等主要外汇币种计算并披露净值信息。当涉及币种之间转换的，应披露汇率数据来源，并保持一致性。

考题精练

关于 QDII 基金信息披露所使用的语言，正确的是（　　）。

A. 只能采用英文披露，不允许披露中文版本

B. 可以同时采用中文和英文披露，并以英文为主

C. 可以同时采用中文和英文披露，并以中文为主

D. 只能采用中文披露，不允许披露英文版本

[答案] C

（二）基金合同、基金招募说明书中的特殊披露要求

基金合同、基金招募说明书中的特殊披露要求见表 7-5-1。

表 7-5-1　基金合同、基金招募说明书中的特殊披露要求

项目	内容
境外投资顾问和境外托管人信息	基金管理公司在管理 QDII 基金时，如委托境外投资顾问、境外托管人，应在招募说明书中文披露境外投资顾问和境外托管人的相关信息，包括境外投资顾问和境外托管人的名称、注册地址、办公地址、法定代表人、成立时间，境外投资顾问最近一个会计年度资产管理规模，主要负责人教育背景、从业经历、取得的从业资格和专业职称介绍，境外托管人最近一个会计年度实收资本、托管资产规模、信用等级等
投资交易信息	QDII 基金投资金融衍生品，应在基金合同、招募说明书中详细说明拟投资的衍生品种及其基本特性，拟采取的组合避险、有效管理策略以及采取的方式、频率。如 QDII 基金投资境外基金，应披露基金与境外基金之间的费率安排
投资境外市场可能产生的风险信息	包括境外市场风险、政府管制风险、政治风险、流动性风险、信用风险等的定义、特征及可能发生的后果

考题精练

QDII 基金投资金融衍生品，应在（　　）中详细说明投资的衍生品种、基本特性及拟采取的管理策略。

A. 基金合同、托管协议

B. 基金合同、招募说明书

C. 基金合同、基金年度报告

D. 招募说明书、托管协议

[答案] B

（三）净值信息的披露频率要求

QDII 基金也是开放式基金，在其开放申购、赎回前，一般至少每周披露一次资产净值和份额净值；开放申购、赎回后，则需要披露每个开放日的份额净值和份额累计净值。QDII 基金的净值在估值日后 1—2 个工作日内披露。

（四）定期报告中的特殊披露要求

定期报告中也有一些特殊的披露要求，具体内容见表 7-5-2。

表 7-5-2　定期报告中的特殊披露要求

项目	内容
境外投资顾问和境外资产托管人信息	在基金定期报告的产品概况部分中披露境外投资顾问和境外资产托管人的基本情况，在定期报告的管理人报告部分中披露境外投资顾问为基金提供投资建议的主要成员的情况

续表

项目	内容
境外证券投资信息	在基金投资组合报告中，QDII 基金将根据证券所在证券交易所的不同，列表说明期末在各个国家（地区）证券市场的权益投资分布情况，除股票投资和债券投资明细外，还会披露基金投资明细及金融衍生品组合情况
外币交易及外币折算相关的信息	在财务报表附注中披露外币交易及外币折算采用的会计政策，计入当期损益的汇兑损益等

（五）临时公告中的特殊披露要求

当 QDII 基金发生变更境外托管人、变更投资顾问、投资顾问主要负责人变动、涉及境外诉讼等重大事件时，应在事件发生后及时披露临时公告，并在更新的招募说明书中予以说明。

二、ETF 的信息披露

ETF 的信息披露具有其特殊性，具体内容见表 7-5-3。

表 7-5-3　ETF 的信息披露

项目	内容
基金合同和招募说明书	在基金合同和招募说明书中，需明确基金份额的各种认购、申购、赎回方式，以及投资者认购、申购、赎回基金份额涉及的对价种类等
基金上市交易后	基金上市交易之后，需按交易所的要求，在每日开市前披露当日的申购、赎回清单，并在交易时间内即时揭示基金份额参考净值（IOPV）
	在每日开市前，基金管理人需向证券交易所、证券登记结算机构提供 ETF 的申购、赎回清单，并通过基金公司官方网站和证券交易所指定的信息发布渠道予以公告。对于当日发布的申购、赎回清单，当日不得修改
	交易日的基金份额净值除了按规定于次日（跨境 ETF 可以为次 2 个工作日）在指定报刊和管理人网站披露外，也将通过证券交易所的行情发布系统于次 1 个交易日（跨境 ETF 可以为次 2 个工作日）揭示
	在交易时间内，证券交易所根据基金管理人提供的基金份额参考净值计算方式、申购和赎回清单中的组合证券等信息，实时计算并公布基金份额参考净值。可见，基金份额参考净值是指在交易时间内，申购清单和赎回清单中组合证券（含预估现金部分）的实时市值，主要供投资者交易、申购、赎回基金份额时参考
	基金管理人关于 ETF 基金份额参考净值的计算方式，一般需经证券交易所认可后公告；修改 ETF 基金份额参考净值计算方式，也需经证券交易所认可后公告
定期报告	按法规对上市交易指数基金的一般要求进行披露，无特别的披露事项

考题精练

1. 按交易所的要求，ETF 在每日交易时间内揭示基金份额参考净值（IOPV），以下说法错误的是（　　）。

A. 在交易时间内，每 15 秒提供一个基金份额参考净值（IOPV）报价

B. IOPV 即时反映了指数涨跌带来基金净值的变化

C. 供投资者交易、申购、赎回基金份额时参考

D. IOPV 是随着 ETF 二级市场交易价格的变化而变化

[答案] D

[解析] IOPV 不随着 ETF 二级市场交易价格的变化而变化。

2. 非跨境的 ETF，其交易日的基金份额净值将通过证券交易所行情发布系统于（　　）揭示。

A. 当日　　B. 次 2 个交易日　　C. 次 1 个交易日　　D. 下 1 个节假日期

[答案] C

第八章　基金客户和销售机构

知识结构

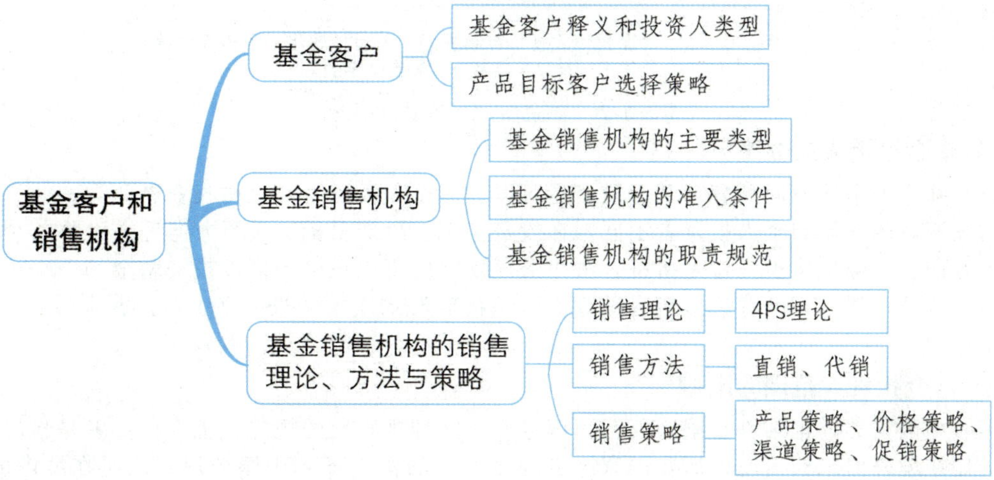

第一节　基金客户

一、基金客户释义及投资人类型

基金客户即基金份额的持有人、基金产品的投资人，是基金资产的所有者和基金投资回报的受益人，是开展基金一切活动的中心。

基于一般营销理论在基金产品营销范畴下讨论的语言习惯，基金公司在销售阶段更多采用基金客户这一称谓。当销售行为完成，基金公司与客户确定了产品购买关系，客户基于基金产品的购买行为享有基金合同和《证券投资基金法》规定下的投资人、持有人的权利义务时，基金投资人、基金持有人的称谓就经常用到。

（一）基金投资人

基金投资人即基金份额持有人。根据《证券投资基金法》规定，基金份额持有人既享受一定的权利，也需要承担一定的义务，具体内容见图 8-1-1，图 8-1-2。

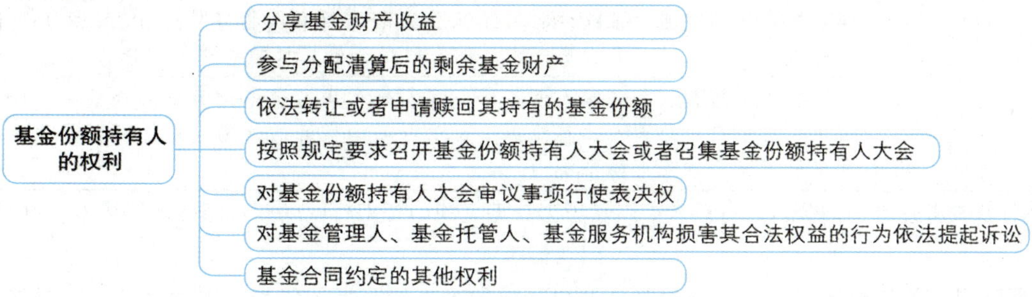

图 8-1-1　基金份额持有人的权利

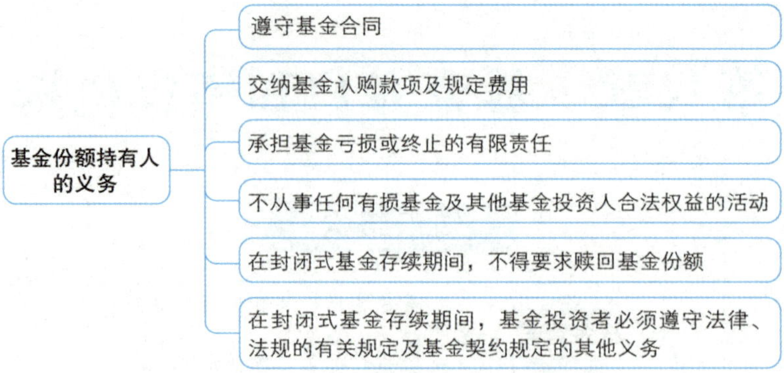

图 8-1-2　基金份额持有人的义务

（二）基金投资人的分类

按投资基金的个体不同划分，基金投资者可以分为个人投资者和机构投资者两类。

机构投资者的性质与个人投资者不同，在投资来源、投资目标、投资方向等方面都与个人投资者有很大差别。基金机构投资者是指符合法律法规规定的可以投资于证券投资基金的、在中华人民共和国境内合法注册登记并存续或经有关政府部门批准设立并存续的企业法人、事业法人、社会团体或其他组织。

（三）基金投资人范围的限制

根据《中国证券登记结算有限责任公司证券账户管理规则》的规定，境内投资者是指居住在境内或虽居住在境外但未获得境外所在国家或者地区永久居留签证的中国公民、注册在境内的法人。各类投资者境内开立基金账户的具体要求见表 8-1-1。

表 8-1-1　各类投资者境内开立基金账户的要求

类型	要求
境内个人基金投资者	境内个人基金投资者开立基金账户时需要出示有效身份证件原件，提供复印件（身份证件包括中华人民共和国居民身份证、中华人民共和国护照、军官证、士兵证、文职证及警官证）。除上述明确列举的有效身份证件以外，投资者提交其他证件的，由注册登记机构最后认定其是否有效。我国相关法律法规规定，办理基金开户要求的个人投资者年龄为 18—70 周岁具有完全民事行为能力人，而 16 周岁以上不满 18 周岁的公民要求提交相关的收入证明才能进行开户
境内机构基金投资者	境内机构基金投资者开立基金账户时，企业需要出示企业营业执照正本或副本原件及加盖单位公章的复印件，事业法人、社会团体或其他组织提供民政部门或主管部门颁发的注册登记证书原件及加盖单位公章的复印件；另外还需要提供法定代表人授权委托书，业务经办人有效身份证件，指定银行交收账户的开户证明原件等
境内工作生活的港、澳、台居民	在境内工作生活的港、澳、台居民申请开设基金账户需要提交审核的身份证件包括：港澳居民来往内地通行证或台湾居民来往大陆通行证及复印件；香港、澳门、台湾居民身份证及复印件；公安机关出具的临时住宿登记证明表及复印件
取得中国永久居留权的外国人	取得中国永久居留权的外国人，可持外国人永久居留证申请开立基金账户。除取得中国永久居留权的外国人，其他在中国境内工作生活的外国人是否可以开立以及如何开立基金账户的规定尚不明确

境外投资者指外国的法人、自然人，以及中国香港、澳门特别行政区和台湾地区的法人、自然人。

考题精练

根据我国相关法律法规规定，办理基金开户要求的个人投资者的年龄上限为（　　）周岁具有完全民事行为能力人。

A. 75　　B. 60　　C. 65　　D. 70

［答案］D

二、产品目标客户选择策略

在确定目标市场与投资者方面，基金销售机构面临的重要问题之一就是分析投资者的真实需求。

（一）明确目标客户市场

销售机构市场细分必须契合实际，能对基金销售工作起到积极、有效的作用，因此销售机构在进行市场细分时应遵循表 8-1-2 中的原则。

表 8-1-2　销售机构市场细分的原则

原则	内容
易入原则	易入原则是指完成市场细分后，销售机构有能力向某一细分市场提供其所需的基金产品和服务，即该细分市场是易于开发、便于进入的
可测原则	可测原则是指根据市场调查、专业咨询等途径提供的各个细分市场的特征要素，能够测算出细分市场的客户数量、销售规模、购买潜力等量化指标
成长原则	成长原则是指细分市场在今后的一段时期内，市场规模会不断扩大，市场容量会稳步增长，并且有可能引申出更多的营销机会
识别原则	识别原则是指每个细分市场有明显的区分标准，让销售机构能够清楚地认识不同细分市场的客户差异，提供个性化的产品和服务，以确保营销策略具有针对性
利润原则	利润原则是指销售机构进行市场细分后，必须有足够的业务量，以保证销售机构在扣除经营成本和营销费用后，在现在或未来能够获得一定的利润

考题精练

基金销售机构在进行市场细分时，应遵循的原则不包括（　　）。

A. 可测原则　　B. 易入原则　　C. 成长原则　　D. 适用原则

［答案］D

（二）客户寻找

客户寻找是指在目标客户中寻找有需求、有购买能力、未来有望成为现实客户的潜在购买者。

基金销售机构可以通过多种形式与客户建立联系，可以通过发布广告让客户了解销售机构，主动与销售机构建立联系，也可以通过销售人员主动寻找潜在的客户。常见的寻找潜在客户的方法主要有三种，具体内容见表 8-1-3。

表 8-1-3　寻找潜在客户的方法

方法	内容
缘故法	缘故法针对直接关系型群体，就是利用营销人员个人的生活与工作经历所建立的人际关系进行客户开发
介绍法	介绍法针对间接客户型群体，是通过现有客户介绍新客户
陌生拜访法	陌生拜访法是针对陌生关系型群体，是营销人员通过主动自我介绍与陌生人认识、交流，把陌生人发展成为潜在客户的方法，是营销人员在客户中运用最多的方法

第二节　基金销售机构

一、基金销售机构的主要类型

基金销售机构，是指依法办理开放式基金份额的认购、申购和赎回的基金管理人以及取得基金代销业务资格的其他机构。

目前，国内的基金销售机构可分为直销机构和代销机构两种类型。直销机构是指直接销售基金的基金公司。代销机构是指与基金公司签订基金产品代销协议，代为销售基金产品，赚取销售佣金的商业机构，主要包括商业银行、证券公司、期货公司、保险机构（包括保险公司、保险代理公司、保险经纪公司)、证券投资咨询机构以及独立基金销售机构。

考题精练

下列金融机构中，可以申请基金销售资格的是（　　）。

Ⅰ. 期货公司　　Ⅱ. 证券投资咨询机构

Ⅲ. 财务公司　　Ⅳ. 保险代理公司

A. Ⅰ、Ⅱ、Ⅳ　　B. Ⅰ、Ⅱ、Ⅲ

C. Ⅰ、Ⅲ、Ⅳ　　D. Ⅱ、Ⅲ、Ⅳ

[答案] A

二、基金销售机构的准入条件

2013 年 6 月，中国证监会修订了《证券投资基金销售管理办法》。该办法规定，基金管理人可以办理其募集的基金产品的销售业务。

商业银行（含在华外资法人银行，下同）、证券公司、期货公司、保险机构、证券投资咨询机构、独立基金销售机构以及中国证监会认定的其他机构从事基金销售业务的，应向工商注册登记所在地的中国证监会派出机构进行注册并取得相应资格，同时还需要具备图 8-2-1 中的条件。

基金销售机构的准入条件

- 具有健全的治理结构、完善的内部控制和风险管理制度，并得到有效执行
- 财务状况良好，运作规范稳定
- 有与基金销售业务相适应的营业场所、安全防范设施和其他设施
- 有安全、高效的办理基金发售、申购和赎回等业务的技术设施，且符合中国证监会对基金销售业务信息管理平台的有关要求，基金销售业务的技术系统已与基金管理人、中国证券登记结算公司相应的技术系统进行了联网测试，测试结果符合国家规定的标准
- 制定了完善的资金清算流程，资金管理符合中国证监会对基金销售结算资金管理的有关要求
- 有评价基金投资人风险承受能力和基金产品风险等级的方法体系
- 制定了完善的业务流程、销售人员执业操守、应急处理措施等基金销售业务管理制度，符合中国证监会对基金销售机构内部控制的有关要求
- 有符合法律法规要求的反洗钱内部控制制度
- 中国证监会规定的其他条件

图 8-2-1　基金销售机构的准入条件

三、基金销售机构的职责规范

《证券投资基金销售管理办法》及其他规范性文件对基金销售机构职责的规范见表 8-2-1。

表 8-2-1　基金销售机构的职责规范

职责规范	内容
签订销售协议，明确权利与义务	基金销售机构办理基金的销售业务，应当由基金销售机构与基金管理人签订书面销售协议，明确双方的权利及义务。未经签订书面销售协议，基金销售机构不得办理基金的销售。同时，基金销售机构不得委托其他机构代为办理基金的销售业务
基金管理人应制定业务规则并监督实施	在销售基金时，基金管理人应制定合理的业务规则，对基金认购、申购、赎回、转换、非交易过户等行为进行规定。基金管理人、基金销售机构按规定进行业务操作。为保护投资人的合法权益，对资金归集、信息传输、销售服务等也应进行规范
建立相关制度	基金管理人、基金销售机构应当建立健全并有效执行基金销售业务制度和销售人员的持续培训制度，加强对基金业务合规运作和销售人员行为规范的检查和监督

续表

职责规范	内容
建立相关制度	基金管理人、基金销售机构应当建立完善的基金份额持有人账户和资金账户管理制度，基金份额持有人资金的存取程序和授权审批制度
	基金管理人、基金销售机构应当建立健全档案管理制度，妥善管理基金份额持有人的开户资料和与销售业务有关的其他资料。客户身份资料自业务关系结束当年起至少保存 15 年，与销售业务有关的其他资料自业务发生当年起至少保存 15 年
禁止提前发行	基金募集申请获得中国证监会核准前，基金管理人、基金销售机构不得办理基金的销售业务，不得向公众分发、公布基金宣传推介材料或发售基金份额
严格账户管理	基金销售结算专用账户是指基金销售机构、基金销售支付结算机构或基金注册登记机构用于归集、暂存、划转基金销售结算资金的专用账户。相关机构破产或清算时，基金销售结算资金不属于其破产或清算财产
基金销售机构反洗钱	在中国证监会的指导下，中国证券业协会发布了专门针对基金客户的《基金管理公司反洗钱客户风险等级划分标准指引（试行）》。基金销售机构为客户开立基金账户时，应当按照反洗钱相关法律法规的规定进行客户身份识别，并在此基础上对客户的洗钱风险进行等级划分。客户风险等级至少应当分为高、中、低三个等级
	基金销售机构应根据中国人民银行《金融机构大额交易和可疑交易报告管理办法》第 9 条和第 10 条规定，监测客户现金收支或款项划转情况，对符合大额交易标准的，在该大额交易发生后 5 个工作日内，向中国反洗钱监测分析中心报告。在发现有可疑交易或者行为时，在其发生后 10 个工作日内，向中国反洗钱监测分析中心报告

考题精练

1. 某基金管理公司正在发行一只新公募基金，即将于 9 个交易日后结束募集。该基金产品通过多家销售机构进行销售，其中 Y 证券公司也参与该产品的募集销售。基金销售机构办理基金的销售业务，下列说法错误的是（　　）。

A. 应当由基金销售机构与基金管理人签订书面销售协议

B. 基金募集申请在完成向中国证监会注册前，基金销售机构不得向公众分发、公布基金宣传推介材料

C. 为了保证募集成功，在发售前先向投资者开放预约认购

D. 未经基金销售机构聘任，任何人员不得从事基金销售活动

[答案] C

2. 按照《证券投资基金销售管理办法》的规定，基金管理人、基金销售机构应当建立健全档案管理制度，妥善管理有关资料。以下表述正确的有（　　）。

Ⅰ. 客户身份资料自业务关系结束当年起至少保存 10 年

Ⅱ. 与销售业务相关的资料自业务发生当年起至少保存 15 年

Ⅲ. 客户身份资料自业务关系结束当年起至少保存 15 年

Ⅳ. 与销售业务有关的资料自业务发生当年起至少保存 20 年

A. Ⅱ、Ⅲ　　B. Ⅰ、Ⅳ　　C. Ⅲ、Ⅳ　　D. Ⅰ、Ⅱ

[答案] A

第三节　基金销售机构的销售理论、方式与策略

『扫码』
免费刷好题
听考点串讲

一、销售理论

基金销售机构销售基金产品一般以 4Ps 营销理论为指导，归纳为产品（product）、价格

(price)、渠道(place)、促销(promotion),简称4Ps。以4Ps为核心的营销组合策略如下:①产品策略;②分销策略;③促销策略;④价格策略。

证券投资基金属于金融服务行业,其市场营销不同于有形产品营销,在运用4Ps理论时有其特殊性,具体内容见表8-3-1。

表8-3-1 4Ps营销理论的特殊性

特殊性	内容
规范性	基金是面对广大投资者的金融理财产品,为维护投资者利益,监管部门在基金销售费用、基金销售宣传推介等方面做了严格的规定。因此,基金销售机构在制定产品策略和促销策略时,需要严格遵守这些规定
服务性	基金作为一种金融产品,其产品品质体现为基金的未来收益和营销人员的持续服务。因此,基金销售机构在注重产品、分销和促销的同时,还必须在高质量的服务、品牌的形象宣传等方面下功夫,以增强可靠的信誉,扩大客户基础
专业性	基金是投资于股票、债券、货币市场工具等多种金融产品的组合投资工具,客观上要求营销人员广泛了解和掌握相关金融知识和投资工具,因此,基金销售对营销人员的专业水平有更高的要求
持续性	基金营销是一种理财服务,不是一锤子买卖,因而更强调销售服务的持续性。基金销售策略的制定也应特别重视这一点,从而不断扩大客户群体,扩大基金规模
适用性	基金销售机构在销售基金和相关产品时,应根据投资者的风险承受能力销售不同风险等级的产品,注重销售的适用性。坚持投资人利益优先的原则,把合适的产品卖给合适的投资人,是各基金销售机构在销售过程中运用4Ps理论时尤其需要注意的一点

考题精练

基金销售机构必须在高质量的服务、品牌的形象宣传等方面下功夫,以增强可靠的信誉,扩大客户基础。该描述体现了基金销售机构销售基金产品具有(　　)的特点。

A. 适用性　　B. 持续性　　C. 服务性　　D. 专业性

[答案] C

二、销售方式

目前的基金销售方式包括:基金公司直销、银行代销、证券公司代销、独立第三方销售公司、新兴的互联网金融渠道。各销售方式的优缺点见表8-3-2。

表8-3-2 各类销售方式的特点

销售方式	优缺点	内容
基金公司直销	优点	熟悉自身产品,重视资讯;在购买费率上通常低于传统代销渠道
	缺点	受限于政策和运营,目前只能销售自己的产品。客户如果通过直销渠道购买多家公司产品,需要开立多个账户,不方便进行管理,而且由于产品相对单一,较难给予客户全面的配置建议
银行代销	优点	对客户来说,银行最有安全感和信赖感。同时银行的基金产品和其他金融产品也相对全面。银行网点众多,便于传统客户实地交易和咨询
	缺点	由于基金业务只是银行中间业务的一部分,银行客户经理往往还要负责储蓄、贷款、保险等多种销售任务,因此难以专注于基金销售
证券公司代销	优点	证券公司经纪业务营业部是传统股票投资者转为基金投资者时的首选;网点较多,便于传统客户交易买卖;客户经理专业水平相对较高,服务也较好
	缺点	主营业务是股票经纪,在一定程度上缺乏推动股票经纪客户向基金投资者转化的动力

续表

销售方式	优缺点	内容
独立第三方销售公司	优点	销售各种基金产品，打造基金超市，既有定位于线下高净值客户的，也有定位于线上大众网民的；除基金销售外，业务领域也在不断发展。客户可得到相对客观的信息和投资建议及优质服务
	缺点	发起人或主要管理人来源多样，对行业的理解和把握能力差别大
新兴的互联网金融渠道	优点	随着互联网金融的兴起和发展，很多互联网企业进入基金销售领域。得益于其互联网思维，投资便利度高、产品投资门槛低、附加功能丰富，将广大用户带入了基金投资领域
	缺点	但由于发展时间短，存在政策、技术等多重风险，且品种多为货币基金，较为单一；在销售专业度上也与传统机构存在一定差距

三、销售策略

结合我国证券投资基金市场销售实际情况，基金的销售策略主要包括几个方面，具体内容见表 8-3-3。

表 8-3-3　销售策略

策略	内容
产品策略	在产品策略方面，中国基金销售机构开始呈现出根据客户需求，创新和销售多样化产品的特点
价格策略	在价格策略方面，基金销售机构常采取多种费率结构相结合的方式，根据申购资金量不同、持有期限不同、基金投资品种和期限的不同设定不同的费率结构
	价格调节手段包括首次认申购客户的费用折扣，后端收费模式，对同一基金设计不同的收费结构和结算模式，设计费用优惠政策等
渠道策略	我国基金销售的渠道还是较为单一，以银行和券商代销为主。基金销售机构还需在巩固现有渠道、增强银行和券商渠道代销积极性的同时，引进多样化的营销渠道，拓宽销售渠道的广度和深度，并对各种渠道进行有效管理，组成一个功能互补、效益最大化的渠道网络，服务各个不同的细分市场
促销策略	除采取报刊广告、网络宣传、电台广告、平面广告、派发各种宣传资料、基金产品推介会、费率打折等常用手段外，产品组合营销以及历史上存在过的基金拆分、大比例分红等创新型基金促销手段也不断涌现
	我国基金销售机构在促销策略上存在着下列不足： （1）基金销售机构往往重首发而轻持续营销 （2）中国基金销售机构普遍缺乏整体促销战略，而且促销手段比较简单，大都停留在以媒体推广为主的阶段

考题精练

在渠道策略方面，我国基金销售的渠道还是较为单一。目前，是以（　　）代销为主。

A. 券商和保险公司

B. 银行和券商

C. 第三方销售公司

D. 银行和保险公司

[答案] B

[解析] 在渠道策略方面，虽然基金公司直销和独立基金销售公司的销售额占比在上升，但我国基金销售的渠道还是较为单一，以银行和券商代销为主。

第九章　基金销售行为规范及信息管理

知识结构

第一节　基金销售机构人员行为规范

一、基金销售机构人员的资格管理

基金销售机构人员应当具备从事基金销售活动所必需的法律法规、金融、财务等专业知识和技能，根据有关规定取得中国证券投资基金业协会认可的基金从业人员资格。

负责基金销售业务的管理人员应取得基金从业资格。

证券公司总部及营业网点，商业银行总行、各级分行及营业网点，专业基金销售机构和证券投资咨询机构总部及营业网点从事基金宣传推介、基金理财业务咨询等活动的人员应取得基金销售业务资格。

上述从业人员需由所在机构进行执业注册登记，未经基金管理人或者基金销售机构聘任，任何人员不得从事基金销售活动。

二、基金销售机构人员管理和培训

基金销售机构应该建立科学的聘用、培训、考评、晋升、淘汰等人力资源管理制度，确保基金销售人员具备与岗位要求相适应的职业操守和专业胜任能力。

第一，基金销售机构应完善销售人员招聘程序，明确资格条件，审慎考察应聘人员。

第二，基金销售机构应建立员工培训制度，通过培训、考试等方式，确保员工理解和掌握相关法律法规和规章制度。员工培训应符合基金行业自律机构的相关要求，培训情况应记录并存档。

第三，基金销售机构应加强对销售人员的日常管理，建立管理档案，对销售人员行为、诚信、奖惩等情况进行记录。

第四，基金销售机构应建立科学合理的销售绩效评价体系，健全激励、约束机制。

第五，基金销售机构对于通过基金业协会资质考核并获得基金销售资格的基金销售人员，统一办理执业注册、后续培训和执业年检。

第六，基金销售机构对于所属已获得基金销售资格的从业人员，应参照中国证券投资基金业协会发布的《基金从业人员后续职业培训大纲》的要求，组织与基金销售相关的职业培训。

第七，基金销售机构对基金销售人员的销售行为、流动情况、获取从业资质和业务培训等进行日常管理，建立健全基金销售人员管理档案，登记基金销售人员的基本资料和培训情况等。

第八，基金销售机构应通过网络或其他方式向社会公示本机构所属的取得基金销售从业资质的人员信息，公示的内容包括但不限于姓名、从业资质证明及编号、所在营业网点等信息。

考题精练

关于基金销售机构人员管理和培训，下列表述错误的是（　　）。

A. 基金销售机构应建立科学合理的销售绩效评价体系

B. 对通过基金销售资格的基金销售人员，基金销售机构需统一办理执业注册、后续培训等

C. 基金销售机构应完善销售人员的招聘程序等

D. 为保护隐私，基金销售机构可以不用对外公示本机构销售人员的相关信息

[答案] D

三、基金销售机构人员行为规范

（一）基金销售人员基本行为规范

基金销售人员基本行为规范见图 9-1-1。

基金销售人员基本行为规范

- 在与投资者交往中应热情诚恳，稳重大方，语言和行为举止应文明礼貌
- 在向投资者推介基金时应首先自我介绍并出示基金销售人员身份证明及从业资格证明
- 在向投资者推介基金时应征得投资者的同意，如投资者不愿或不便接受推介，基金销售人员应尊重投资者的意愿
- 在向投资者进行基金宣传推介和销售服务时，应公平对待投资者
- 对其所在机构和基金产品进行宣传应符合中国证监会和其他部门的相关规定
- 分发或公布的基金宣传推介材料应为基金管理公司或基金代销机构统一制作的材料
- 应根据投资者的目标和风险承受能力推荐基金品种，并客观介绍基金的风险收益特征，明确提示投资者注意投资基金的风险
- 在为投资者办理基金开户手续时，应严格遵守《证券投资基金销售机构内部控制指导意见》的有关规定，并注意如下事项：①有效识别投资者身份；②向投资者提供“投资人权益须知”；③向投资者介绍基金销售业务流程、收费标准及方式、投诉渠道等；④了解投资者的投资目标、风险承受能力、投资期限和流动性要求
- 应当积极为投资者提供售后服务，回访投资者，解答投资者的疑问
- 应当耐心倾听投资者的意见、建议和要求，并根据投资者的合理意见改进工作，如有需要应立即向所在机构报告
- 应当自觉避免其个人及其所在机构的利益与投资者的利益冲突，当无法避免时，应当确保投资者的利益优先

图 9-1-1　基金销售人员基本行为规范

考题精练

基金销售人员为投资者办理基金开户手续时，须完成的事项有（　　）。

Ⅰ．有效识别投资者身份　　Ⅱ．向投资者提供“投资人权益须知”

Ⅲ．向投资者介绍基金业绩　　Ⅳ．了解投资者投资目标和风险承受能力等

A. Ⅰ、Ⅱ、Ⅳ　B. Ⅰ、Ⅱ、Ⅲ　C. Ⅰ、Ⅲ　D. Ⅰ、Ⅱ、Ⅲ、Ⅳ

［答案］A

（二）基金销售人员禁止性规范

对于基金销售人员而言，上面我们介绍的行为规范固然重要，但是其禁止性的行为更为重要。基金销售人员禁止性规范见图 9-1-2。

基金销售人员禁止性规范

- 基金销售人员对基金产品的陈述、介绍和宣传，应当与基金合同、招募说明书等相符，不得进行虚假或误导性陈述，或者出现重大遗漏
- 基金销售人员在陈述所推介基金或同一基金管理人管理的其他基金的过往业绩时，应当客观、全面、准确，并提供业绩信息的原始出处，不得片面夸大过往业绩，也不得预测所推介基金的未来业绩
- 基金销售人员应向投资者表明，所推介基金的过往业绩并不预示其未来表现，同一基金管理人管理的其他基金的业绩并不构成所推介基金业绩表现的保证
- 基金销售人员应当引导投资者到基金管理公司、基金代销机构的销售网点、网上交易系统或其他经监管部门核准的合法渠道办理开户、认购、申购、赎回等业务手续，不得接受投资者的现金，不得以个人名义接受投资者的款项
- 基金销售人员应当按照基金合同、招募说明书以及基金销售业务规则的规定为投资者办理基金认购、申购、赎回等业务，不得擅自更改投资者的交易指令，无正当理由不得拒绝投资者的交易要求
- 基金销售人员获得投资者提供的开户资料和基金交易等相关资料后，应及时交所在机构建档保管，并依法为投资者保守秘密，不得泄露投资者买卖、持有基金份额的信息及其他相关信息
- 基金销售人员在向投资者办理基金销售业务时，应当按照基金合同、招募说明书和发行公告等销售法律文件的规定代扣或收取相关费用，不得收取其他额外费用，也不得对不同投资者违规收取不同费率的费用
- 基金销售人员从事基金销售活动的其他禁止性情形

图 9-1-2　基金销售人员禁止性规范

基金销售人员从事基金销售活动的其他禁止性情形包括：①在销售活动中为自己或他人牟取不正当利益；②违规向他人提供基金未公开的信息；③诋毁其他基金、销售机构或销售人员；④散布虚假信息，扰乱市场秩序；⑤同意或默许他人以其本人或所在机构的名义从事基金销售业务；⑥违规接受投资者全权委托，直接代理客户进行基金认购、申购、赎回等交易；⑦违规对投资者做出盈亏承诺，或与投资者以口头或书面形式约定利益分成或亏损分担；⑧承诺利用基金资产进行利益输送；⑨以账外暗中给予他人财物或利益或接受他人给予的财物或利益等形式进行商业贿赂；⑩挪用投资者的交易资金或基金份额；⑪从事其他任何可能有损其所在机构和基金业声誉的行为。

第二节　基金宣传推介材料规范

一、宣传推介材料的范围

《证券投资基金销售管理办法》规定，基金宣传推介材料是指为推介基金向公众分发或者公布，使公众可以普遍获得的书面、电子或者其他介质的信息，包括以下几类，具体内容见图 9-2-1。

- 基金宣传推介材料的范围
  - 公开出版资料
  - 宣传单、手册、信函、传真、非指定信息披露媒体上刊发的与基金销售相关的公告等面向公众的宣传资料
  - 海报、户外广告
  - 电视、电影、广播、互联网资料、公共网站链接广告、短信及其他音像、通信资料
  - 通过报眼及报花广告、公共网站链接广告、传真、短信、非指定信息披露媒体上刊发的与基金分红、销售相关的公告等可以使公众普遍获得的、带有广告性质的基金销售信息
  - 中国证监会规定的其他材料

图 9-2-1　基金宣传推介材料的范围

考题精练

以下不属于基金宣传推介材料的是（　　）。

A. 公开出版资料　　B. 营业网点发布的宣传单

C. 群发短信　　D. 指定媒体发布的基金分红报告

[答案] D

[解析] 指定媒体发布的基金分红报告是信息披露不属于宣传推介材料。

二、宣传推介材料审批报备流程

基金管理人的基金宣传推介材料，应当事先经基金管理人负责基金销售业务的高级管理人员和督察长检查，出具合规意见书，并自向公众分发或者发布之日起 5 个工作日内报主要经营活动所在地中国证监会派出机构备案。

其他基金销售机构的基金宣传推介材料，应当事先经基金销售机构负责基金销售业务和合规的高级管理人员检查，出具合规意见书，并自向公众分发或者发布之日起 5 个工作日内报工商注册登记所在地中国证监会派出机构备案。

基金管理公司和基金代销机构制作、分发或公布基金宣传推介材料，应当按照表 9-2-1 规定的要求报送报告材料。

表 9-2-1　宣传推介材料的报送要求

项目	内容
报送内容	报送内容包括基金宣传推介材料的形式和用途说明、基金宣传推介材料、基金管理公司督察长出具的合规意见书、基金托管银行出具的基金业绩复核函或基金定期报告中相关内容的复印件，以及有关获奖证明的复印件。基金管理公司或基金代销机构负责基金营销业务的高级管理人员也应当对基金宣传推介材料的合规性进行复核并出具复核意见
报送形式	书面报告报送基金管理公司或基金代销机构主要办公场所所在地证监局。报证监局时应随附电子文档
报送流程	基金管理公司或基金代销机构应当在分发或公布基金宣传推介材料之日起 5 个工作日内递交报告材料

三、宣传推介材料的原则性要求

制作基金宣传推介材料的基金销售机构应当对其内容负责，保证其内容的合规性，并确保向公众分发、公布的材料与备案的材料一致。

基金管理公司和基金代销机构应当在基金宣传推介材料中加强对投资人的教育和引导，积极培养投资人的长期投资理念，避免利用通过大比例分红等降低基金单位净值来吸引基金投资人购买基金的营销手段，或对有悖基金合同约定的暂停、打开申购等营销手段进行宣传。

四、宣传推介材料的禁止性规定

基金宣传推介材料必须真实、准确，与基金合同、基金招募说明书相符，不得有下列情形，具体内容见图 9-2-2。

基金宣传推介材料的禁止性规定

- 虚假记载、误导性陈述或者重大遗漏
- 预测基金的投资业绩
- 违规承诺收益或者承担损失
- 诋毁其他基金管理人、基金托管人或者基金销售机构，或者其他基金管理人募集或者管理的基金
- 夸大或者片面宣传基金，违规使用安全、保证、承诺、保险、避险、有保障、高收益、无风险等可能使投资人认为没有风险的或者片面强调集中营销时间限制的表述
- 登载单位或者个人的推荐性文字
- 基金宣传推介材料所使用的语言表述应当准确、清晰
- 中国证监会规定的其他情形

图 9-2-2　基金宣传推介材料的禁止性规定

对于基金宣传推介材料所使用的语言应当特别注意：①在缺乏足够证据支持的情况下，不得使用“业绩稳健”“业绩优良”“名列前茅”“位居前列”“首只”“最大”“最好”“最强”“唯一”等表述；②不得使用“坐享财富增长”“安心享受成长”“尽享牛市”等易使基金投资人忽视风险的表述；③不得使用“欲购从速”“申购良机”等片面强调集中营销时间限制的表述；④不得使用“净值归一”等误导基金投资人的表述。

考题精练

下列情形中，不属于基金宣传推介材料禁止性规定的情形的是（　　）。

A. 某银行网点在某股票型基金销售宣传单页上注明“尽享牛市”“申购良机”“欲购从速”

B. 某银行网点在基金定期定额投资宣传单页上注明“合理的延长投资期限，可能会平滑投资收益波动”

C. 某银行网点在滚动电子屏上宣传某债券型基金产品“业绩优良，一年最高可享 10%收益”

D. 某基金管理公司在官方网站上宣传旗下某只混合型基金“坐享财富增长”

[答案] B

五、宣传推介材料业绩登载规范

基金宣传推介材料可以登载该基金、基金管理人管理的其他基金的过往业绩，但基金合同生效不足 6 个月的除外。基金宣传推介材料登载过往业绩的，应当符合表 9-2-2 的要求。

表 9-2-2　基金宣传推介材料登载过往业绩的相关要求

基金合同生效时间	登载规范
6 个月以上但不满 1 年的	应当登载从合同生效之日起计算的业绩
1 年以上但不满 10 年的	应当登载自合同生效当年开始所有完整会计年度的业绩，宣传推介材料公布日在下半年的，还应当登载当年上半年度的业绩
10 年以上的	应当登载最近 10 个完整会计年度的业绩

业绩登载期间基金合同中投资目标、投资范围和投资策略发生改变的，应当予以特别说明。

基金宣传推介材料登载该基金、基金管理人管理的其他基金的过往业绩，应当遵守下列规定：

首先，按照有关法律法规的规定或者行业公认的准则计算基金的业绩表现数据。

其次，引用的统计数据和资料应当真实、准确，并注明出处，不得引用未经核实、尚未发生或者模

拟的数据。对于推介定期定额投资业务等需要模拟历史业绩的，应当采用我国证券市场或者境外成熟证券市场具有代表性的指数，对其过往足够长时间的实际收益率进行模拟，同时注明相应的复合年平均收益率；此外，还应当说明模拟数据的来源、模拟方法及主要计算公式，并进行相应的风险提示。

最后，真实、准确、合理地表述基金业绩和基金管理人的管理水平。基金业绩表现数据应当经基金托管人复核或者摘取自基金定期报告。基金宣传推介材料登载基金过往业绩的，应当特别声明，基金的过往业绩并不预示其未来表现，基金管理人管理的其他基金的业绩并不构成基金业绩表现的保证。基金宣传推介材料对不同基金的业绩进行比较的，应当使用可比的数据来源、统计方法和比较期间，并且有关数据来源、统计方法应当公平、准确，具有关联性。

考题精练

某证券投资基金合同生效刚满 10 个月，关于该基金宣传推介材料的业绩登载，下列做法错误的是（　　）。

A. 基金业绩表现数据经过基金托管人复核

B. 在推介定期定额投资业务时选择了沪深 300 指数，对其过往足够长时间的实际收益率进行了模拟

C. 登载了最近半年的优异业绩表现

D. 登载了基金管理人管理的其他基金的业绩，同时特别声明其他基金的业绩并不构成对本基金业绩表现的保证

[答案] C

[解析] 基金合同生效 6 个月以上但不满 1 年的，应当登载从合同生效之日起计算的业绩。

六、宣传推介材料的其他规范

基金宣传推介材料附有统计图表的，应当清晰、准确。

基金宣传推介材料提及基金评价机构评价结果的，应当符合中国证监会关于基金评价结果引用的相关规范，并应当列明基金评价机构的名称及评价日期。

基金宣传推介材料登载基金管理人股东背景时，应当特别声明基金管理人与股东之间实行业务隔离制度，股东并不直接参与基金财产的投资运作。

基金宣传推介材料中推介货币市场基金的，应当提示基金投资人，购买货币市场基金并不等于将资金作为存款存放在银行或者存款类金融机构，基金管理人不保证基金一定盈利，也不保证最低收益。

避险策略基金应充分揭示基金的风险，同时说明引入保障机制并不必然确保投资者投资本金的安全，持有人在极端情况下仍存在本金损失，清晰易懂地说明保障机制的具体安排，并举例说明可能存在本金损失的极端情形。避险策略基金应在宣传推介材料中明确投资者在避险策略期间赎回、转换转出是否可获得差额补足保障，对可能发生的损失进行特别风险提示。

基金宣传推介材料含有基金获中国证监会核准内容的，应当特别声明中国证监会的核准并不代表中国证监会对该基金的风险和收益做出实质性判断、推荐或者保证。

七、货币市场基金宣传推介的规定

基金管理人应当在货币市场基金的招募说明书及宣传推介材料的显著位置列明，投资者购买货币市场基金不等于将资金作为存款存放在银行或者存款类金融机构，基金管理人不保证基金一定盈利，也不保证最低收益。

基金管理人、基金销售机构在从事货币市场基金销售活动过程中，应当按照有关法律法规规定制作宣传推介材料，严格规范宣传推介行为，充分揭示投资风险，不得承诺收益，不得使用与货币市场基金风险收益特征不相匹配的表述，不得夸大或者片面宣传货币市场基金的投资收益或者过往业绩。

除基金管理人、基金销售机构外，其他机构或者个人不得擅自制作或者发放与货币市场基金相关的宣传推介材料；登载货币市场基金宣传推介材料的，不得片面引用或者修改其内容。

基金销售支付结算机构等相关机构开展与货币市场基金相关的业务推广活动，应当事先征得合

作基金管理人或者基金销售机构的同意，严格遵守相关法律法规的规定，不得混同、比较货币市场基金与银行存款及其他产品的投资收益，不得以宣传理财账户或者服务平台等名义变相从事货币市场基金的宣传推介活动。

基金管理人、基金销售机构独立或者与互联网机构等其他机构合作开展货币市场基金互联网销售业务时，应当采取显著方式向投资人揭示提供基金销售服务的主体、投资风险以及销售的货币市场基金名称，不得以理财账户或者服务平台的名义代替基金名称，并对合作业务范围、法律关系界定、信息安全保障、客户信息保密、合规经营义务、应急处置机制、防范非法证券活动、合作终止时的业务处理方案、违约责任承担和投资人权益保护等进行明确约定。

基金管理人、基金销售机构、基金销售支付结算机构以及互联网机构在从事或者参与货币市场基金销售过程中，向投资人提供快速赎回等增值服务的，应当充分揭示增值服务的业务规则，并采取有效方式披露增值服务的内容、范围、权利义务、费用及限制条件等信息，不得片面强调增值服务便利性，不得使用夸大或者虚假用语宣传增值服务。

从事基金销售支付结算业务的非银行支付机构应当严格按照《支付机构客户备付金存管办法》有关要求存放、使用、划转客户备付金，不得将客户备付金用于基金赎回垫支。

考题精练

下列关于货币市场基金宣传推介的说法，正确的是（　　）。

A. 披露基金管理人真实的过往业绩，并告知投资人过往业绩将预示本次基金投资的收益水平

B. 基金管理人可以承诺最低收益，基金销售机构承诺的收益不能高于基金管理人的承诺水平

C. 告知投资人购买货币市场基金相当于将资金作为存款存放银行或者存款类金融机构，风险很小

D. 基金销售机构和基金管理人都不能承诺最低收益

[答案] D

[解析] 基金宣传推介材料中，推介基金的过往业绩并不预示其未来表现，故 A 项错误。基金宣传推介材料禁止违规承诺收益或者承担损失，故 B 项错误。基金宣传推介材料中推介货币市场基金的，应当提示基金投资人，购买货币市场基金并不等于将资金作为存款存放在银行或者存款类金融机构，基金管理人不保证基金一定盈利，也不保证最低收益，故 C 项错误。

八、宣传推介材料违规情形和监管处罚

基金的宣传推介材料如果出现违规将会受到相应的处罚，具体规定见表 9-2-3。

表 9-2-3　宣传推介材料的违规情形和监管处罚

项目	内容
使用基金宣传推介材料的违规情形	①未履行报送手续；②基金宣传推介材料和上报的材料不一致；③基金宣传推介材料违反《证券投资基金销售管理办法》及其他情形
行政监管处罚措施	出现上述情形的，将视违规程度由中国证监会或地方证监局依法采取以下行政监管或行政处罚措施： (1) 提示基金管理公司或基金代销机构进行改正 (2) 对基金管理公司或基金代销机构出具监管警示函 (3) 对在6个月内连续两次被出具监管警示函仍未改正的基金管理公司或基金代销机构，该公司或机构在分发或公布基金宣传推介材料前，应当事先将材料报送中国证监会。基金宣传推介材料自报送中国证监会之日起10日后，方可使用；在上述期限内，中国证监会发现基金宣传推介材料不符合有关规定的，可及时告知该公司或机构进行修改，材料未经修改的，该公司或机构不得使用 (4) 责令基金管理公司或基金代销机构进行整改，暂停办理相关业务，并对其立案调查 (5) 对直接负责的基金管理公司或基金代销机构高级管理人员和其他直接责任人员，采取监管谈话、出具警示函、记入诚信档案、暂停履行职务、认定为不适宜担任相关职务者等行政监管措施，或建议公司或机构免除有关高管人员的职务

考题精练

基金管理公司或基金代销机构出现基金宣传推介材料的违规情形，对其采取的行政监管措施不包括（　　）。

A. 对基金公司出具监管警示函

B. 对在6个月内出现一次被出具监管警示函后仍未改正的基金管理公司，其在分发基金宣传材料前，应当事先将材料报送中国证监会

C. 对直接负责的基金管理公司高级管理人员采取监管谈话等措施

D. 责令基金管理公司进行整改

[答案] B

[解析] 对在6个月内连续两次被出具监管警示函后仍未改正的基金管理公司，其在分发基金宣传材料前，应当事先将材料报送中国证监会。

九、风险提示函的必备内容

基金在投资运作过程中可能面临各种风险，既包括市场风险，也包括基金自身的管理风险、技术风险和合规风险等。巨额赎回风险是开放式基金所特有的一种风险，即当单个交易日基金的净赎回申请超过基金总份额的10%时，投资人将可能无法及时赎回持有的全部基金份额。

投资人投资不同类型的基金将获得不同的收益预期，也将承担不同程度的风险。投资人应当认真阅读基金合同、招募说明书等基金法律文件，了解基金的风险收益特征，并根据自身的投资目的、投资期限、投资经验、资产状况等判断基金是否和投资人的风险承受能力相适应。

投资人应当充分了解基金定期定额投资和零存整取等储蓄方式的区别。定期定额投资并不能规避基金投资所固有的风险，不能保证投资人获得收益，也不是替代储蓄的等效理财方式。

第三节　基金销售费用规范

〖扫码〗免费刷好题 听考点串讲

一、基金销售费用原则性规范

基金管理人应当依据有关法律法规及《开放式证券投资基金销售费用管理规定》，设定科学合理、简单清晰的基金销售费用结构和费率水平，不断完善基金销售信息披露，防止不正当竞争。

二、基金销售费用具体规范

（1）基金销售机构应当依据相关法律法规的要求，完善内部控制制度和业务执行系统，健全内部监督和反馈系统，加强后台管理系统对费率的合规控制，强化对分支机构基金销售费用的统一管理和监督。

（2）基金销售机构应当按照基金合同和招募说明书的约定向投资人收取销售费用；未经招募说明书载明并公告，不得对不同投资人适用不同费率。

（3）基金管理人与基金销售机构应在基金销售协议及其补充协议中约定，双方在申购（认购）费、赎回费、销售服务费等销售费用的分成比例，并据此就各自实际取得的销售费用确认基金销售收入，如实核算、记账，依法纳税。

（4）基金销售机构销售基金管理人的基金产品前，应与基金管理人签订销售协议，约定支付报酬的比例和方式。基金管理人与基金销售机构可以在基金销售协议中约定依据销售机构销售基金的保有量提取一定比例的客户维护费，用以向基金销售机构支付客户服务及销售活动中产生的相关费用，客户维护费从基金管理费中列支。

（5）基金管理人和基金销售机构应当在基金销售协议中明确约定销售费用的结算方式和支付方式，除客户维护费外，不得就销售费用签订其他补充协议。

（6）基金管理人不得向销售机构支付非以销售基金的保有量为基础的客户维护费，不得在基金销售协议之外支付或变相支付销售佣金或报酬奖励。

（7）基金销售机构在基金销售活动中，不得有图 9-3-1 中的行为。

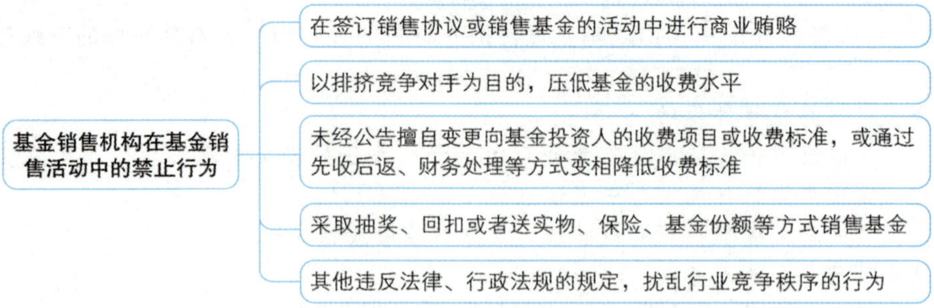

图 9-3-1　基金销售机构在基金销售活动中的禁止行为

（8）基金管理人应当在招募说明书及基金份额发售公告中载明以下有关基金销售费用的信息内容：①基金销售费用收取的条件、方式、用途和费用标准；②以简单明了的格式和举例方式向投资人说明基金销售费用水平；③中国证监会规定的其他有关基金销售费用的信息事项。

（9）基金管理人应当在基金半年度报告和基金年度报告中披露从基金财产中计提的管理费、托管费、基金销售服务费的金额，并说明管理费中支付给基金销售机构的客户维护费总额。

（10）基金管理人应当在每季度的监察稽核报告中列明基金销售费用的具体支付项目和使用情况以及从管理费中支付的客户维护费总额。

考题精练

基金的招募说明书以及份额发售公告中的基金销售费用信息不包括（　　）。

A. 基金销售费用收取的用途和费用标准

B. 以简单明了的格式和举例方式向投资人说明基金销售费用水平

C. 基金销售费用收取的条件和方式

D. 各销售机构的费率优惠情况

［答案］D

第四节　基金销售适用性与投资者适当性

基金销售适用性是指基金销售机构在销售基金和相关产品的过程中，注重根据基金投资人的风险承受能力销售不同风险等级的产品，把合适的产品卖给合适的基金投资人。

一、基金销售适用性的指导原则和管理制度

基金销售机构在实施基金销售的过程中应当勤勉尽责，全面了解客户的情况，确保把适当的产品或服务提供给适当的投资者。在这个过程中，销售机构应当遵循表 9-4-1 中的原则。

表 9-4-1　基金销售适用性的指导原则

指导原则	内容
投资人利益优先原则	当基金销售机构或基金销售人员的利益与基金投资人的利益发生冲突时，应当优先保障基金投资人的合法利益
全面性原则	基金销售机构应当将基金销售适用性作为内部控制的组成部分，将基金销售适用性贯穿基金销售的各个业务环节，对基金管理人（或产品发起人，下同）、基金产品（或基金相关产品，下同）和基金投资人都要了解并做出评价
客观性原则	基金销售机构应当建立科学合理的方法，设置必要的标准和流程，保证基金销售适用性的实施。对基金管理人、基金产品和基金投资人的调查和评价，应当尽力做到客观准确，并作为基金销售人员向基金投资人推介合适基金产品的重要依据
及时性原则	基金产品的风险评价和基金投资人的风险承受能力评价应当根据实际情况及时更新

续表

指导原则	内容
有效性原则	通过建立科学的投资者适当性管理制度与方法，确保投资者适当性管理的有效执行
差异性原则	对投资者进行分类管理，对普通投资者和专业投资者实施差别适当性管理，履行差别适当性义务

基金销售机构建立基金销售适用性管理制度，应当至少包括图 9-4-1 中内容。

基金销售适用性的管理制度
- 对基金管理人进行审慎调查的方式和方法
- 对基金产品或者服务的风险等级进行设置，对基金产品或者服务进行风险评价的方式或方法
- 对投资者进行分类的方法与程序，投资者转化的方法和程序
- 对基金投资者风险承受能力进行调查和评价的方式和方法
- 对基金产品或者服务和基金投资者进行匹配的方法
- 投资者适当性管理的保障措施和风控制度

图 9-4-1　基金销售适用性的管理制度

考题精练

1. 为了避免造成不公平对待投资者的情况，某基金销售机构对所有投资者履行相同的适当性义务。该销售机构违反了基金销售适用性的指导原则中的（　　）。

A. 差异性原则　　B. 及时性原则

C. 全面性原则　　D. 投资人利益优先原则

[答案] A

[解析] 基金销售适用性的指导原则之一——差异性原则，是指基金销售机构对投资者进行分类管理，对普通投资者和专业投资者实施差别适当性管理，履行差别适当性义务。

2. 银行开展与基金管理公司的合作，根据基金销售适用性的要求，以下做法正确的有（　　）。

Ⅰ. 对基金管理公司的产品和服务进行风险等级设置

Ⅱ. 对该行投资者进行分类

Ⅲ. 对基金管理公司产品的未来业绩表现进行预测和评估

Ⅳ. 将基金管理公司的产品与基金投资者进行匹配

A. Ⅱ、Ⅲ、Ⅳ　　B. Ⅰ、Ⅱ、Ⅳ　　C. Ⅰ、Ⅱ、Ⅲ　　D. Ⅰ、Ⅱ、Ⅲ、Ⅳ

[答案] B

[解析] 禁止预测基金的投资业绩，第Ⅲ项错误。

二、基金销售渠道审慎调查

基金销售渠道审慎调查既包括基金代销机构对基金管理人的审慎调查，也包括基金管理人对基金代销机构的审慎调查。基金销售的适用性要求基金管理人和基金代销机构相互进行审慎调查，具体包括以下四个方面：

第一，基金代销机构通过对基金管理人进行审慎调查，了解基金管理人的诚信状况、经营管理能力、投资管理能力、产品设计能力和内部控制情况，并可将调查结果作为是否代销该基金管理人的基金产品或是否向基金投资人优先推介该基金管理人的重要依据。

第二，基金管理人通过对基金代销机构进行审慎调查，了解基金代销机构的内部控制情况、信息管理平台建设、账户管理制度、销售人员能力和持续营销能力，并可将调查结果作为选择基金代销机构的重要依据。

第三，基金销售机构在研究和执行对基金管理人、基金产品和基金投资人调查、评价的方法、标准和流程时，应当尽力减少主观因素和人为因素的干扰，尽量做到客观准确，并且有合理的理论依据。

第四，开展审慎调查应当优先根据被调查方公开披露的信息进行；接受被调查方提供的非公开信息使用的，必须对信息的适当性实施尽职甄别。

考题精练

关于基金销售渠道的审慎调查，以下行为错误的是（　　）。

A. 某地方银行行长向某基金公司总经理表示，虽然其具备销售资质的人员少、信息平台建设落后，但销售能力强，该基金公司直接上线该行代销

B. 某银行分行零售部门根据私下对某产品基金经理的调研，结合对该基金公司、产品的综合调查、评价，决定重点推荐该产品

C. 某商业银行总行个人金融部建立了科学、客观的基金管理人筛选机制，建立合作白名单，对每个拟上线基金管理人均进行打分

D. 某互联网基金销售平台要求基金管理人提供近三年的财务报表，以便于其审查、筛选基金管理人

[答案] A

三、基金产品或者服务风险评价

对于基金产品或服务的风险评价，需要考虑到评价主体、风险等级、评价依据等方面的因素，具体内容见表9-4-2。

表9-4-2　基金产品或者服务风险评价

项目	内容
评价主体	对基金产品的风险评价，可以由基金销售机构的特定部门完成，也可以由第三方的基金评级与评价机构提供。由基金评级与评价机构提供基金产品风险评价服务的，基金销售机构应当要求服务方提供基金产品风险评价方法及其说明。基金产品风险评价结果应当作为基金销售机构向基金投资人推介基金产品的重要依据
风险等级	基金产品风险评价以基金产品的风险等级来具体反映，基金产品风险应当至少包括以下五个等级：R1、R2、R3、R4和R5
评价依据	基金产品风险评价应当至少依据以下四个因素：①基金招募说明书所明示的投资方向、投资范围和投资比例；②基金的历史规模和持仓比例；③基金的过往业绩及基金净值的历史波动程度；④基金成立以来有无违规行为发生

当存在下列因素时应审慎评估基金产品或服务的风险等级：

（1）存在本金损失的可能性，因杠杆交易等因素容易导致本金大部分或者全部损失的产品或者服务。

（2）产品或者服务的流动变现能力，因无公开交易市场、参与投资者少等因素导致难以在短期内以合理价格顺利变现的产品或者服务。

（3）产品或者服务的可理解性，因结构复杂、不易估值等因素导致普通人难以理解其条款和特征的产品或者服务。

（4）产品或者服务的募集方式，涉及面广、影响力大的公募产品或者相关服务。

（5）产品或者服务的跨境因素，存在市场差异、适用境外法律等情形的跨境发行或者交易的产品或者服务。

（6）中国基金业协会认定的高风险产品或者服务。

（7）其他有可能构成投资风险的因素。

基金销售机构所使用的基金产品风险评价方法及其说明，应当通过适当途径向基金投资人公开。基金产品风险评价的结果应当定期更新，过往的评价结果应当作为历史记录保存。

考题精练

应当对基金投资人进行风险承受能力调查和评价的机构或部门包括（　　）。

Ⅰ. 基金管理人的直销业务部门　　Ⅱ. 基金销售机构

Ⅲ. 第三方基金评级与评价机构　　Ⅳ. 基金托管人的风险控制部门

A. Ⅰ、Ⅱ　　B. Ⅱ、Ⅲ　　C. Ⅰ、Ⅳ　　D. Ⅱ、Ⅳ

[答案] B

四、基金投资人风险承受能力调查和评价

基金销售机构应当建立基金投资人调查制度，制定科学合理的调查方法和清晰有效的作业流程，对基金投资人的风险承受能力进行调查和评价。其具体内容见表 9-4-3。

表 9-4-3　基金投资人风险承受能力调查和评价

项目	内容
调查制度	在对基金投资人的风险承受能力进行调查和评价前，基金销售机构应当执行基金投资人身份认证程序，核查基金投资人的投资资格，切实履行反洗钱等法律义务
风险承受能力分类	基金投资人评价应以基金投资人的风险承受能力类型来具体反映，根据基金业协会发布的《基金募集机构投资者适当性管理指引（试行）》，普通投资者风险承受能力应至少分为五个类型，分别为 C1、C2、C3、C4、C5，其中 C1 含风险承受能力最低类别。风险承受能力最低的投资者指在 C1 中符合下列情况之一的自然人：①不具有完全民事行为能力；②没有风险容忍度或者不愿承受任何投资损失；③法律、行政法规规定的其他情形
调查内容	对基金投资人进行风险承受能力调查，应当从调查结果中至少了解到基金投资人的以下情况：投资目的、投资期限、投资经验、财务状况、短期风险承受水平、长期风险承受水平

在进行风险承受能力调查的时候，对基金投资人调查的具体内容见图 9-4-2。

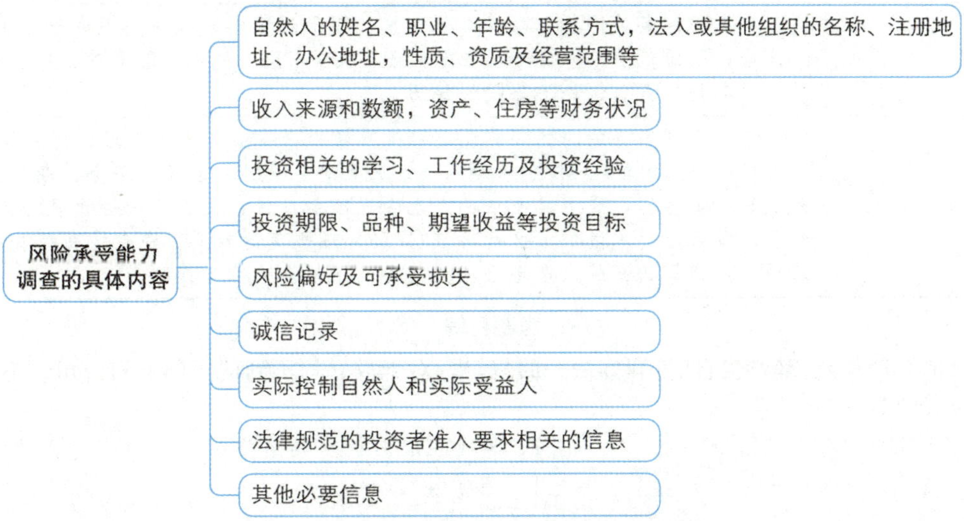

图 9-4-2　风险承受能力调查的具体内容

基金销售机构应当定期或不定期地提示基金投资人重新接受风险承受能力调查，也可以通过对已有客户信息进行分析的方式更新对基金投资人的评价。过往的评价结果应当作为历史记录保存。

考题精练

关于基金投资人风险承受能力调查和评价，以下说法正确的是（　　）。

A. 为避免重复采集，提高评估效率，销售机构无需对基金投资人重复进行调查

B. 如基金投资人放弃接受调查的，销售机构无需对其再进行风险承受能力调查

C. 普通投资者风险承受能力从高到低至少分为 C1 至 C5 五个类型，其中 C5 为最低类别

D. 对已经购买了基金产品的基金投资人，销售机构应当追溯调查

[答案] D

[解析] 基金销售机构应当定期或不定期地提示基金投资人重新接受风险承受能力调查，也可以通过对已有客户信息进行分析的方式更新对基金投资人的评价，并告知投资者上述情况，故A项错误。基金投资人放弃接受调查的，基金销售机构可以采用当面、信函、网络或对已有的客户信息进行分析等方式对基金投资人的风险承受能力进行调查，并向基金投资人及时反馈评价的结果，故B项错误。普通投资者风险承受能力由低到高至少分为C1至C5五个类型，其中C1为最低类别，故C项错误。

五、普通投资者和专业投资者

（一）专业投资者

专业投资者需要符合表9-4-4所列的条件之一。

表9-4-4 专业投资者应符合的条件

投资者	具体包括
金融机构	（1）经有关金融监管部门批准设立的金融机构，包括证券公司、期货公司、基金管理公司及其子公司、商业银行、保险公司、信托公司、财务公司等 （2）经行业协会备案或者登记的证券公司子公司、期货公司子公司、私募基金管理人
理财产品	上述机构面向投资者发行的理财产品，包括但不限于证券公司资产管理产品、基金管理公司及其子公司产品、期货公司资产管理产品、银行理财产品、保险产品、信托产品、经行业协会备案的私募基金
社会公益基金与合格境外机构投资者	社会保障基金、企业年金等养老基金，慈善基金等社会公益基金，合格境外机构投资者（QFII）、人民币合格境外机构投资者（RQFII）
法人或者其他组织	同时符合下列条件的法人或者其他组织：①最近1年末净资产不低于2 000万元人民币；②最近1年末金融资产不低于1 000万元人民币；③具有2年以上证券、基金、期货、黄金、外汇等投资经历
自然人	同时符合下列条件的自然人：①金融资产不低于500万元人民币，或者最近3年个人年均收入不低于50万元人民币；②具有2年以上证券、基金、期货、黄金、外汇等投资经历，或者具有2年以上金融产品设计、投资、风险管理及相关工作经历，或者上述本表中第2行第（1）（2）项规定的专业投资者的高级管理人员、获得职业资格认证的从事金融相关业务的注册会计师和律师

第9章

考题精练

根据《证券期货投资者适当性管理办法》的规定，对于成立均不到两年的下列公司，不属于专业投资者的是（　　）。

A. 信托公司　　　　B. 国有控股的投资集团公司

C. 保险公司　　　　D. 证券公司

[答案] B

（二）普通投资者

专业投资者之外的投资者为普通投资者。普通投资者在信息告知、风险警示、适当性匹配等方面享有特别保护。基金销售机构对普通投资者承担表9-4-5中的特别责任和要求。

表9-4-5 基金销售机构对普通投资者承担的特别责任和要求

要求	内容
细化分类和管理义务	综合考虑收入来源、资产状况、债务、投资知识和经验、风险偏好、诚信状况等因素，确定普通投资者的风险承受能力，对其进行细化分类和管理

续表

要求	内容
特别的注意义务	基金销售机构向普通投资者销售高风险产品或者提供相关服务，应当履行特别的义务，包括制定专门的工作程序，追加了解相关信息，告知特别的风险点，给予普通投资者更多的考虑时间，增加回访频次等
特别告知义务	基金销售机构向普通投资者销售产品或者提供服务前，应当告知下列信息：①可能直接导致本金亏损的事项；②可能直接导致超过原始本金损失的事项；③因经营机构的业务或者财务状况变化，可能导致本金或者原始本金亏损的事项；④因经营机构的业务或者财产状况变化，影响客户判断的重要事由；⑤限制销售对象权利行使期限或者可解除合同期限等全部限制内容；⑥投资者适当性匹配意见
不得主动推介超越风险承受能力或不符合投资目标的产品义务	基金销售机构不得向普通投资者主动推介风险等级高于其风险承受能力的产品或者服务，也不得向普通投资者主动推介不符合其投资目标的产品或者服务；不得向风险承受能力最低类别的普通投资者销售风险等级高于其风险承受能力的基金产品或者服务
举证责任倒置原则	基金销售机构履行适当性义务存在过错并造成投资者损失的，应当依法承担相应法律责任。尤其是经营机构与普通投资者发生纠纷的，经营机构应当提供相关资料，证明其已向投资者履行相应义务
录音或录像要求	通过营业网点向普通投资者进行告知、警示时，应当全过程录音或者录像；通过互联网等非现场方式进行，经营机构应当完善配套留痕安排，由普通投资者通过符合法律、行政法规要求的电子方式进行确认

考题精练

1. 关于基金销售机构对于普通投资者承担的特别责任和要求，以下表述错误的是（　　）。

A. 应基于对普通投资者投资需求的判断，向其主动推介各类风险等级的产品

B. 向普通投资者销售高风险产品时应当履行特别的注意义务

C. 不得向普通投资者主动推介不符合其投资目标的产品

D. 应当根据普通投资者的风险承受能力对其进行细化分类和管理

［答案］A

2. 关于基金销售机构同普通投资者销售产品前应当告知的相关信息，以下表述错误的是（　　）。

A. 告知投资者适当性匹配的意见　　B. 告知可能直接导致本金亏损的事项

C. 告知可能出现投资风险的事项　　D. 告知所销售产品未来收益预期

［答案］D

（三）普通投资者与专业投资者的转换

普通投资者和专业投资者之间可以相互转换，但应符合一定条件，具体内容见表 9-4-6。

表 9-4-6　普通投资者与专业投资者的转换条件

项目	内容
普通投资者转化为专业投资者	符合下列条件之一的普通投资者可以申请转化成为专业投资者，但基金销售机构有权自主决定是否同意其转化： (1) 最近 1 年末净资产不低于 1 000 万元人民币，最近 1 年末金融资产不低于 500 万元人民币，且具有 1 年以上证券、基金、期货、黄金、外汇等投资经历的除专业投资者外的法人或其他组织 (2) 金融资产不低于 300 万元人民币或者最近 3 年个人年均收入不低于 30 万元人民币，且具有 1 年以上证券、基金、期货、黄金、外汇等投资经历或者 1 年以上金融产品设计、投资、风险管理及相关工作经历的自然人投资者

续表

项目	内容
专业投资者转化为普通投资者	符合以下条件的专业投资者，可以书面告知基金销售机构选择成为普通投资者，经营机构应当对其履行相应的适当性义务： (1) 同时符合下列条件的法人或者其他组织：①最近1年末净资产不低于2 000万元人民币；②最近1年末金融资产不低于1 000万元人民币；③具有2年以上证券、基金、期货、黄金、外汇等投资经历 (2) 同时符合下列条件的自然人：①金融资产不低于500万元人民币，或者最近3年个人年均收入不低于50万元人民币；②具有2年以上证券、基金、期货、黄金、外汇等投资经历，或者具有2年以上金融产品设计、投资、风险管理及相关工作经历，或者属于本条第（1）项规定的专业投资者的高级管理人员、获得职业资格认证的从事金融相关业务的注册会计师和律师

普通投资者申请成为专业投资者应当以书面形式向经营机构提出申请并确认自主承担可能产生的风险和后果，提供相关证明材料。

考题精练

关于普通投资者与专业投资者，以下说法正确的是（　　）。

A. 符合转化条件的专业投资者可以自主选择转化为普通投资者，只需书面告知基金销售机构

B. 基金销售机构应当自动将符合转化条件的普通投资者转化为专业投资者

C. 专业投资者必须是法人机构或金融机构发行的产品

D. 自然人只能是普通投资者，普通投资者还包括部分法人机构

[答案] A

[解析] 普通投资者可以申请转化成为专业投资者，但基金销售机构有权自主决定是否同意其转化，故B项错误；专业投资者包括符合条件的法人或其他组织和符合条件的自然人，故C项错误；符合相应条件的自然人可以是专业投资者，专业投资者之外的投资者为普通投资者，故D项错误。

六、投资者与基金产品或者服务的风险匹配

基金募集机构要制定普通投资者和基金产品或服务相匹配的方法、流程，明确各个岗位在执行投资者适当性管理过程中的职责。将普通投资者按照风险承受能力由低到高至少分为C1（含最低风险承受能力类别）、C2、C3、C4、C5五种类型；将基金产品按风险从低到高划分为R1、R2、R3、R4、R5五个等级，普通投资者与基金产品或者服务的风险要相匹配。具体的风险匹配情况见表9-4-7。

表9-4-7　投资者与基金产品或者服务的风险匹配

客户风险级别	适配的基金产品或服务
C1	R1
C2	R1、R2
C3	R1、R2、R3
C4	R1、R2、R3、R4
C5	R1、R2、R3、R4、R5

最低风险承受能力类别的普通投资者不得购买高于其风险承受能力的基金产品或者服务。除因遗产继承等特殊原因产生的基金份额转让之外，普通投资者主动购买高于其风险承受能力基金产品或服务的行为，不得突破相关准入资格的限制。

基金募集机构在向普通投资者销售最高风险等级（R5）的基金产品或者服务时，应向其完整

揭示以下事项：①基金产品或者服务的详细信息、重点特性和风险；②基金产品或者服务的主要费用、费率及重要权利、信息披露内容、方式及频率；③普通投资者可能承担的损失；④普通投资者投诉方式及纠纷解决安排。

基金募集机构向投资者销售基金产品或服务时，禁止出现一些行为，具体内容见图 9-4-3。

销售基金产品或服务的禁止行为

- 向不符合准入要求的投资者销售基金产品或服务
- 向投资者就不确定的事项提供确定性的判断，或者告知投资者有可能使其误认为具有确定性的判断
- 向普通投资者主动推介风险等级高于其风险承受能力的基金产品或服务
- 向普通投资者主动推介不符合其投资目标的基金产品或者服务
- 向风险承受能力最低类别的普通投资者销售风险等级高于其风险承受能力的基金产品或服务
- 其他违背适当性要求，损害投资者合法权益的行为

图 9-4-3　销售基金产品或服务的禁止行为

普通投资者主动要求购买与之风险承受能力不匹配的基金产品或者服务的，基金销售要遵循以下程序：

（1）普通投资者主动向基金募集机构提出申请，明确表示要求购买具体的、高于其风险承受能力的基金产品或者服务，并同时声明，基金募集机构及其工作人员没有在基金销售过程中主动推介该基金产品或者服务的信息。

（2）基金募集机构对普通投资者资格进行审核，确认其不属于风险承受能力最低类别投资者，也没有违反投资者准入性规定。

（3）基金募集机构向普通投资者以纸质或电子文档的方式进行特别警示，告知其该产品或服务风险高于投资者承受能力。

（4）普通投资者对该警示进行确认，表示已充分知晓该基金产品或者服务风险高于其承受能力，并明确做出愿意自行承担相应不利结果的意思表示。

（5）基金募集机构履行特别警示义务后，普通投资者仍坚持购买产品或者服务的，基金募集机构可以向其销售相关产品或者提供相关服务。

考题精练

1. 基金募集销售机构向普通投资者销售最高风险等级的基金产品时，应当向投资者揭示的事项不包括（　　）。

A. 普通投资者诉讼方式及纠纷解决安排　　B. 普通投资者可能承担的损失

C. 该产品的历史业绩、分红以及投资计划　　D. 基金产品的详细信息、重点特征和风险

［答案］C

2. 根据基金销售适用性与投资者适当性原则，基金募集机构以下（　　）行为是允许的。

A. 由于遗产继承，将高风险等级的产品份额转让给普通投资者

B. 向不符合准入要求的投资者销售基金产品或者服务

C. 风险承受能力最低类别的普通投资者主动要求并经过录像留痕后，向其出售高于其风险承受能力的基金产品或者服务

D. 向普通投资者主动推介风险等级高于其风险承受能力的产品或者服务

［答案］A

七、基金销售适用性与投资者适当性的实施保障

基金销售机构应当通过内部控制保障基金销售适用性在基金销售各个环节的实施，具体内容见

表 9-4-8。

表 9-4-8　基金销售适用性与投资者适当性的实施保障

项目	内容
客户回访	基金销售机构要建立健全普通投资者回访制度，对购买基金产品或者服务的普通投资者定期抽取一定比例进行回访，对持有最高风险等级基金产品或者服务的普通投资者增加回访比例和频次。基金销售机构对回访时发现的异常情况进行持续跟踪，对异常情况进行核查，存在风险隐患的及时排查，并定期整理总结，以完善投资者适当性制度
	回访内容包括但不限于以下信息：①受访人是否为投资者本人；②受访人是否已知晓基金产品或者服务的风险以及相关风险警示；③受访人是否已知晓自己的风险承受能力等级、购买的基金产品或者接受的服务的风险等级以及适当性匹配意见；④受访人是否知晓承担的费用以及可能发生的投资损失；⑤基金销售机构及其工作人员是否存在法规规定的禁止行为
销售适用性保障	基金销售机构应当通过内部控制保障基金销售适用性在基金销售各个业务环节的实施
投资者适当性管理自查	基金销售机构每半年开展一次投资者适当性管理自查。自查可以采取现场、非现场及暗访相结合的方式进行，并形成自查报告留存备查
匹配检验	基金销售机构应当制定基金产品和基金投资人匹配的方法，在销售过程中由销售业务信息管理平台完成基金产品风险和基金投资人风险承受能力的匹配检验
投资者意愿声明	在基金认购或申购申请中加入基金投资人意愿声明内容，对于基金投资人主动认购或申购的基金产品风险超越基金投资人风险承受能力的情况，要求基金投资人在认购或申购基金的同时进行确认，并在销售业务信息管理平台上记录基金投资人的确认信息
不匹配禁止	禁止基金销售机构违背基金投资人意愿向基金投资人销售与基金投资人风险承受能力不匹配的产品
监管和自律管理	中国证监会及其派出机构在对基金销售活动进行现场检查时，有权对与基金销售适用性相关的制度建设、推广实施、信息处理和历史记录等进行询问或检查，发现存在问题的，可以对基金销售机构进行必要的指导。基金业协会有权对基金销售适用性的执行情况进行自律管理
资料保存	对匹配方案、警示告知资料、录音录像资料、自查报告等保存期限不得少于 20 年

第五节　基金销售信息管理

【扫码】免费刷好题 听考点串讲

一、基金销售业务信息管理

证券投资基金销售业务信息管理平台是指基金销售机构使用的与基金销售业务相关的信息系统，主要包括前台业务系统、后台管理系统以及应用系统的支持系统。信息管理平台的建立和维护应当遵循安全性、适用性、系统化的原则。基金销售业务信息管理的具体内容见表 9-5-1。

表 9-5-1　基金销售业务信息管理

信息系统	内容
前台业务系统	前台业务系统主要是指直接面对基金投资人，或者与基金投资人的交易活动直接相关的应用系统，分为自助式和辅助式两种类型
	前台业务系统应当具备下列功能：①通过与后台管理系统的网络连接，实现各项业务功能；②为基金投资人以及基金销售人员提供投资资讯的功能；③对基金交易账户以及基金投资人信息进行管理的功能；④基金认购、申购、赎回、转换、变更分红方式和中国证监会认可的其他交易功能；⑤为基金投资人提供服务的功能

续表

信息系统	内容
自助式前台系统	自助式前台系统在满足前台业务系统要求的前提下，应当同时符合以下要求： (1) 基金销售机构要为基金投资人提供核实自助式前台系统真实身份和资质的方法 (2) 通过自助式前台系统为基金投资人开立基金交易账户时，应当要求基金投资人提供证明身份的相关资料，并采取等效实名制的方式核实基金投资人身份 (3) 自助式前台系统应当对基金投资人自助服务的操作具有核实身份的功能和合法有效的抗否认措施 (4) 在基金交易账户存在余额、在途交易或在途权益时，基金投资人不得通过自助式前台系统进行基金交易账户销户或指定银行账户变更等重要操作，基金投资人必须持有效证件前往柜台办理 (5) 基金销售机构应当在自助式前台系统上设定基金交易项目限额 (6) 自助式前台系统的各项功能设计，应当界面友好、方便易用，具有防止或纠正基金投资人误操作的功能
后台管理系统	后台管理系统实现对前台业务系统功能的数据支持和集中管理，后台管理系统功能应当限制在基金销售机构内部使用
	后台管理系统应当符合以下要求： (1) 能够记录基金销售机构、基金销售分支机构、网点和基金销售人员的相关信息，具有对基金销售分支机构、网点和基金销售人员的管理、考核、行为监控等功能 (2) 能够记录和管理基金风险评价、基金管理人与基金产品信息、投资资讯等相关信息 (3) 对基金交易开放时间以外收到的交易申请进行正确的处理，防止发生基金投资人盘后交易的行为 (4) 具备交易清算、资金处理的功能，以便完成与基金注册登记系统、银行系统的数据交换 (5) 具有对所涉及的信息流和资金流进行对账作业的功能

二、基金客户信息的内容与保管要求

基金客户信息资料对基金公司至关重要，因此对于基金公司而言要强化客户规范管理，具体内容见表 9-5-2。

表 9-5-2　基金客户信息的内容与保管要求

项目	内容
基金客户信息的内容	基金经营机构的客户信息主要分为两类，分别是：①客户账户信息。其包括账号、账户开立时间、开户行、账户余额、账户交易情况等。②客户交易记录信息
客户信息管理保密要求	使用客户信息时，应当符合收集该信息的目的，并不得进行以下行为：①出售客户信息；②向本基金机构以外的其他机构和个人提供客户信息，但为客户办理相关业务所必需并经客户本人书面授权或同意的，以及法律法规和相关监管机构另有规定的除外；③在客户提出反对的情况下，将客户信息用于该信息源以外的金融机构其他营销活动
客户信息保存期限有关规定	根据中国人民银行反洗钱相关的法规，客户身份资料和交易记录保管期限是 5 年。《金融机构客户身份识别和客户身份资料及交易记录保存管理办法》规定，客户身份资料应自业务关系结束当年或者一次性交易记账当年计起至少保存 5 年，交易记录应自交易记账当年计起至少保存 5 年
	在中国证监会发布的基金销售法规体系中，对开户资料和销售相关资料保管期限一般规定为 15 年。《证券投资基金销售机构内部控制指导意见》规定，基金销售机构应建立完善的档案管理制度，妥善保管相关业务资料。客户身份资料，自业务关系结束当年计起至少保存 15 年，交易记录自交易记账当年计起至少保存 15 年

续表

项目	内容
客户信息保存期限有关规定	系统数据应逐日备份并异地妥善存放，系统运行数据中涉及基金投资人信息和交易记录的备份应当在不可修改的介质上保存15年
	《证券投资基金法》规定，基金份额登记机构应当妥善保存登记数据，并将基金份额持有人名称、身份信息及基金份额明细等数据备份至中国证监会认定的机构。其保存期限自基金账户销户之日起不得少于20年
	《证券期货投资者适当性管理办法》规定，经营机构应当按照相关规定妥善保存其履行适当性义务的相关信息资料，防止泄露或者被不当利用，接受中国证监会及其派出机构和自律组织的检查。对匹配方案、告知警示资料、录音录像资料、自查报告等的保存期限不得少于20年
	根据《关于加强证券期货经营机构客户交易终端信息等客户信息管理的规定》，证券期货经营机构应妥善保存客户交易终端信息和开户资料电子化信息，保存期限不得少于20年。证券期货经营机构应妥善保存交易时段客户交易区的监控录像资料，保存期限不得少于6个月

考题精练

下列关于基金客户信息的表述，不正确的是（　　）。

A. 基金经营机构不得篡改、违法使用客户信息

B. 客户身份资料自业务关系结束当年或者一次性交易记账当年计起至少保存5年

C. 客户交易记录自交易记账当年计起至少保存3年

D. 对于客户交易终端信息，基金公司应当按照技术规范对客户的主要开户资料进行电子化

［答案］C

［解析］客户交易记录自交易记账当年计起至少保存5年。

第六节　私募投资基金销售行为规范

『扫码』
免费刷好题
听考点串讲

一、一般规定

（一）私募基金销售主体和人员资格

在中国基金业协会办理私募基金管理人登记的机构可以自行募集其设立的私募基金，在中国证监会注册取得的基金销售业务资格并已成为中国基金业协会会员的机构可以受私募基金管理人的委托募集私募基金。其他任何机构和个人不得从事私募基金的募集活动。

私募基金管理人委托基金销售机构募集私募基金的，应当以书面形式签订基金销售协议，并将协议中关于私募基金管理人与基金销售机构的权利义务划分以及其他涉及投资者利益的部分作为基金合同的附件。基金销售协议与作为基金合同附件的关于基金销售内容不一致的，以基金合同附件为准。

从事私募基金募集业务的人员应当具有基金从业资格（包含原基金销售资格），应当遵守法律、行政法规和中国基金业协会的自律规则，恪守职业道德和行为规范，应当参加后续执业培训。

（二）原则性要求

销售机构应当恪尽职守、诚实信用、谨慎勤勉，防范利益冲突，履行说明义务、反洗钱义务等相关义务，承担特定对象确认、投资者适当性审查、私募基金推介及合格投资者确认等相关责任。

销售机构及其从业人员不得从事侵占基金财产和客户资金、利用私募基金相关的未公开信息进行交易等违法活动。

非公开募集基金应当向合格投资者募集，合格投资者累计不得超过200人。任何机构和个人不

得为规避合格投资者标准，募集以私募基金份额或其收益权为投资标的的金融产品，或者将私募基金份额或其收益权进行非法拆分转让，变相突破合格投资者标准。

销售机构应当对投资者的商业秘密及个人信息严格保密。除法律法规和自律规则另有规定的，不得对外披露。销售机构应当妥善保存投资者适当性管理以及其他与私募基金募集业务相关的记录及其他相关资料，保存期限不少于20年。且自基金清算终止之日起不得少于10年。

销售机构或相关合同约定的责任主体应当开立私募基金募集结算资金专用账户，用于统一归集私募基金募集结算资金、向投资者分配收益、给付赎回款项以及分配基金清算后的剩余基金财产等，确保资金原路返还。

销售机构应当与监督机构签署账户监督协议，明确对私募基金募集结算资金专用账户的控制权、责任划分及保障资金划转安全的条款。监督机构是指中国证券登记结算有限责任公司、取得基金销售业务资格的商业银行、证券公司以及中国基金业协会规定的其他机构，监督机构应当成为中国基金业协会的会员。

取得基金销售业务资格的商业银行、证券公司等金融机构，可以在同一私募基金的募集过程中同时作为募集机构与监督机构。

私募基金管理人应当向中国基金业协会报送私募基金募集结算资金专用账户及其监督机构信息。

涉及私募基金募集结算资金专用账户开立、使用的机构不得将私募基金募集结算资金归入其自有财产。

私募基金募集应当履行图9-6-1中的程序。

图9-6-1　私募基金募集程序

二、特定对象确定

私募基金募集机构仅可以通过合法途径公开宣传私募基金管理人的品牌、发展战略、投资策略、管理团队、高管信息以及由中国基金业协会公示的已备案私募基金的基本信息。

私募基金管理人应确保前述信息真实、准确、完整。募集机构应当向特定对象宣传推介私募基金。

募集机构通过互联网媒介在线向投资者推介私募基金之前，应当设置在线特定对象确定程序，在线特定对象确定程序包括但不限于图9-6-2中的内容。

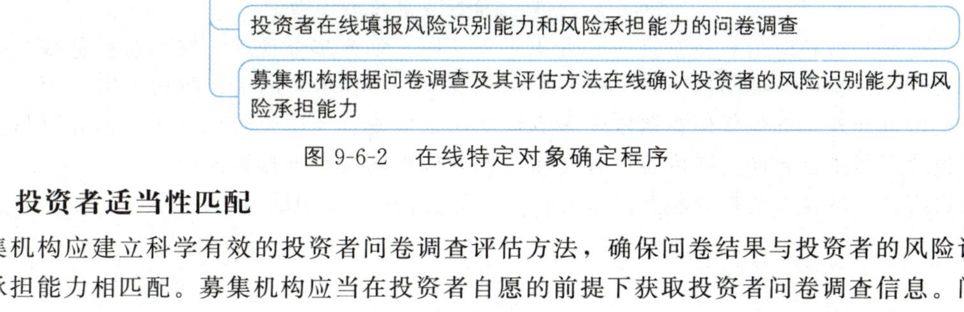

图9-6-2　在线特定对象确定程序

三、投资者适当性匹配

募集机构应建立科学有效的投资者问卷调查评估方法，确保问卷结果与投资者的风险识别能力和风险承担能力相匹配。募集机构应当在投资者自愿的前提下获取投资者问卷调查信息。问卷调查主要内容应包括但不限于表 9-6-1 中的方面。

表 9-6-1　问卷调查的内容

主要内容	阐述
投资者基本信息	个人投资者的基本信息包括身份信息、年龄、学历、职业、联系方式等信息；机构投资者的基本信息包括工商登记中的必备信息、联系方式等信息
财务状况	个人投资者的财务状况包括金融资产状况、最近三年个人年均收入、收入中可用于金融投资的比例等信息；机构投资者的财务状况包括净资产状况等信息
投资知识	包括金融法律法规、投资市场和产品情况、对私募基金风险的了解程度、参加专业培训情况等信息
投资经验	包括投资期限、实际投资产品类型、投资金融产品的数量、参与投资的金融市场情况等
风险偏好	包括投资目的、风险厌恶程度、计划投资期限、投资出现波动时的焦虑状态等

在向投资者推介私募基金之前，募集机构应当采取问卷调查等方式履行特定对象确定程序，对投资者风险识别能力和风险承担能力进行评估。投资者应当以书面形式承诺其符合合格投资者标准。投资者的评估结果有效期最长不得超过 3 年。募集机构逾期再次向投资者推介私募基金时需重新进行投资者风险评估。同一私募基金产品的投资者持续期间超过 3 年的，无须再次进行投资者风险评估。投资者风险承担能力发生重大变化时，可主动申请对自身风险承受能力进行重新评估。

募集机构应当自行或者委托第三方机构对私募基金进行风险评级，建立科学有效的私募基金风险评级标准和方法。

募集机构应当根据私募基金的风险类型和评级结果，向投资者推介与风险识别能力和风险承担能力相匹配的私募基金。

四、宣传推介

私募基金不得公开宣传，因此募集机构不得通过图 9-6-3 所示的媒体渠道推介私募基金。

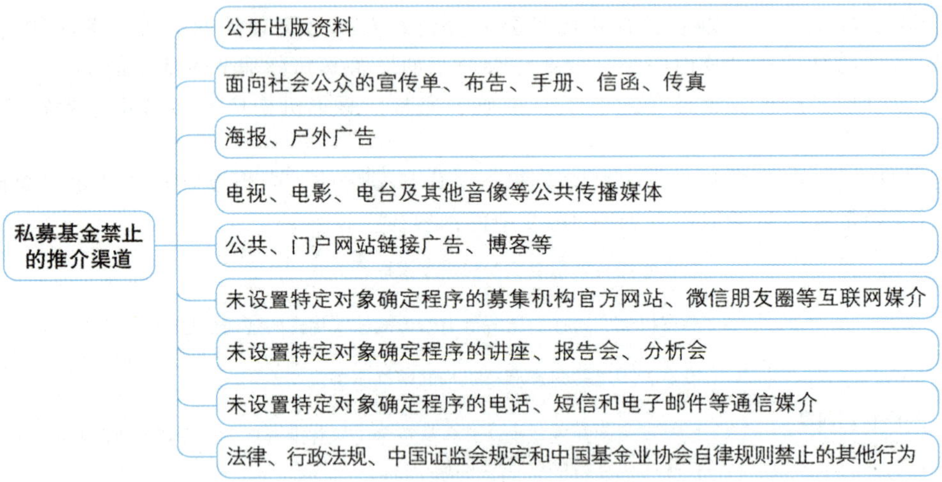

图 9-6-3　私募基金禁止的推介渠道

私募基金推介材料应由私募基金管理人制作并使用。私募基金管理人应当对私募基金推介材料内容的真实性、完整性、准确性负责。除私募基金管理人委托募集的销售机构可以使用推介材料向特定对象宣传推介外，其他任何机构或个人不得使用、更改、变相使用私募基金推介材料。私募基金推介材料应当与基金合同主要内容一致，不一致的应当向投资者特别说明。

募集机构及其从业人员推介私募基金时，禁止进行图 9-6-4 中的行为。

推介私募基金时的禁止行为

- 公开推介或者变相公开推介
- 推介材料虚假记载、误导性陈述或者重大遗漏
- 以任何方式承诺投资者资金不受损失，或者以任何方式承诺投资者最低收益，包括宣传“预期收益”“预计收益”“预测投资业绩”等相关内容
- 夸大或者片面推介基金，违规使用“安全”“保证”“承诺”“保险”“避险”“有保障”“高收益”“无风险”等可能误导投资人进行风险判断的措辞；产品合同及销售材料中存在包含保本保收益内涵的表述，如零风险、收益有保障、本金无忧等；产品名称中含有“保本”字样；与投资者私下签订回购协议或承诺函等文件，直接或间接承诺保本保收益，或者向投资者口头或者通过短信、微信等各种方式承诺保本保收益
- 使用“欲购从速”“申购良机”等片面强调集中营销时间限制的措辞
- 推介或片面节选少于6个月的过往整体业绩或过往基金产品业绩
- 登载个人、法人或者其他组织的祝贺性、恭维性或推荐性的文字
- 采用不具有可比性、公平性、准确性、权威性的数据来源和方法进行业绩比较，任意使用“业绩最佳”“规模最大”等相关措辞
- 恶意贬低同行
- 允许非本机构雇佣的人员进行私募基金推介
- 推介非本机构设立或负责募集的私募基金
- 法律、行政法规、中国证监会和中国基金业协会禁止的其他行为

图 9-6-4　推介私募基金时的禁止行为

考题精练

某私募基金管理人市场部张先生采用“地方政府信用担保”的话术，通过其朋友圈进行私募产品宣传。张先生的朋友圈一共有 120 名朋友。以下说法正确的是（　　）。

A. 该案例中张先生向投资者承诺“地方政府信用担保”的行为符合法律法规要求

B. 该案例中张先生仅向其认识的朋友推介产品符合法律法规要求

C. 该案例中张先生的宣传推介方式不符合基金募集相关规范

D. 该案例中向少于 200 个投资者宣传私募基金符合法律法规要求

[答案] C

[解析] 私募基金禁止公开推介或者变相公开推介，故 B、D 项错误，C 项正确。私募基金宣传中禁止以任何方式承诺投资者资金不受损失，或者以任何方式承诺投资者最低收益，故 A 项错误。

五、合格投资者

在私募基金的投资中，对于投资者有一定的限制，具体内容见表 9-6-2。

表 9-6-2　私募基金的合格投资者

项目	内容
合格投资者的条件	(1) 私募基金的合格投资者是指具备相应风险识别能力和风险承担能力，投资于单只私募基金的金额不低于 100 万元人民币且符合下列相关标准的单位和个人：①净资产不低于 1 000 万元人民币的单位；②金融资产不低于 300 万元人民币或者最近三年个人年均收入不低于 50 万元人民币的个人 [注意] 金融资产包括银行存款、股票、债券、基金份额、资产管理计划、银行理财产品、信托计划、保险产品、期货权益等

第9章

续表

项目	内容
合格投资者的条件	(2) 下列投资者视为合格投资者：①社会保障基金、企业年金等养老基金，慈善基金等社会公益基金；②依法设立并在基金业协会备案的投资计划；③投资于所管理私募基金的私募基金管理人及其从业人员；④中国证监会规定的其他投资者
合格投资者人数限制与穿透计算	以合伙企业、契约等非法人形式，通过汇集多数投资者的资金直接或者间接投资于私募基金的，私募基金管理人或者私募基金销售机构应当穿透核查最终投资者是否为合格投资者，并合并计算投资者人数。但是，社会保障基金、企业年金等养老基金，慈善基金等社会公益基金；依法设立并在基金业协会备案的投资计划以及中国证监会规定的其他投资者，不再穿透核查最终投资者是否为合格投资者和合并计算投资者人数

考题精练

下列不属于《私募投资基金监督管理暂行办法》规定的合格投资者应符合的条件的是（　　）。

A. 具备相应风险识别能力和风险承担能力

B. 个人投资者金融资产不低于 100 万元人民币或者最近三年个人年均收入不低于 30 万元人民币

C. 投资于单只私募基金的金额不低于 100 万元人民币

D. 机构投资者净资产不低于 1 000 万元人民币

[答案] B

六、签署合同

在投资者签署基金合同之前，募集机构应当向投资者说明有关法律法规，说明投资冷静期、回访确认等程序性的安排，具体内容见表 9-6-3。

表 9-6-3　私募基金的合同签署

项目	内容
风险提示	风险揭示书的内容包括但不限于：①私募基金的特殊风险；②私募基金的一般风险；③投资者对基金合同中投资者权益相关重要条款的逐项确认
资格审查	在完成私募基金风险揭示后，募集机构应当要求投资者提供必要的资产证明文件或收入证明。募集机构应当合理审慎地审查投资者是否符合私募基金合格投资者的标准，依法履行反洗钱义务，并确保单只私募基金的投资者人数累计不超过法律规定的特定数量
投资冷静期	基金合同应当约定给投资者设置不少于 24 小时的投资冷静期，募集机构在投资冷静期内不得主动联系投资者
	私募证券投资基金合同应当约定，投资冷静期自基金合同签署完毕且投资者交纳认购基金的款项后起算；私募股权投资基金、创业投资基金等其他私募基金合同关于投资冷静期的约定可以参照前述对私募证券投资基金的相关要求，也可以自行约定
回访	募集机构应当在投资冷静期满后，指令本机构从事基金销售推介业务以外的人员以录音电话、电邮、信函等适当方式进行投资回访。回访过程不得出现诱导性陈述。募集机构在投资冷静期内进行的回访确认无效

考题精练

关于私募基金投资者投资冷静期的规定，以下表述错误的是（　　）。

A. 私募证券投资基金冷静期自基金合同签署完毕且投资者交纳认购款项后计算

B. 基金合同应约定设置不少于 24 小时的投资冷静期

C. 在冷静期内募集机构人员需与投资者进行回访确认

D. 私募股权投资基金和创业投资基金可以自行约定投资冷静期

[答案] C

第9章

对于募集机构的回访，应当包括但不限于图 9-6-5 中的内容。

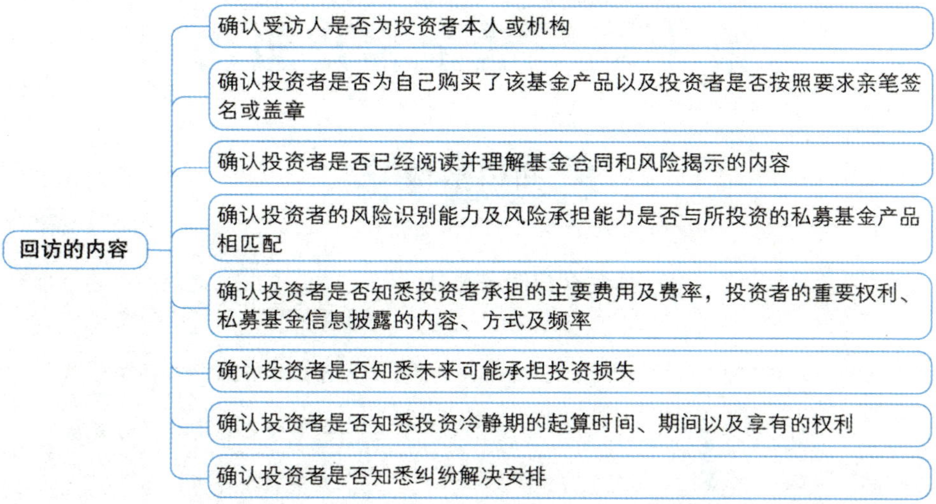

图 9-6-5　回访的内容

基金合同应当约定，投资者在募集机构回访确认成功前有权解除基金合同。出现前述情形时，募集机构应当按合同约定及时退还投资者的全部认购款项。未经回访确认成功，投资者交纳的认购基金款项不得由募集账户划转到基金财产账户或托管资金账户，私募基金管理人不得投资运作投资者交纳的认购基金款项。

第十章　基金客户服务

知识结构

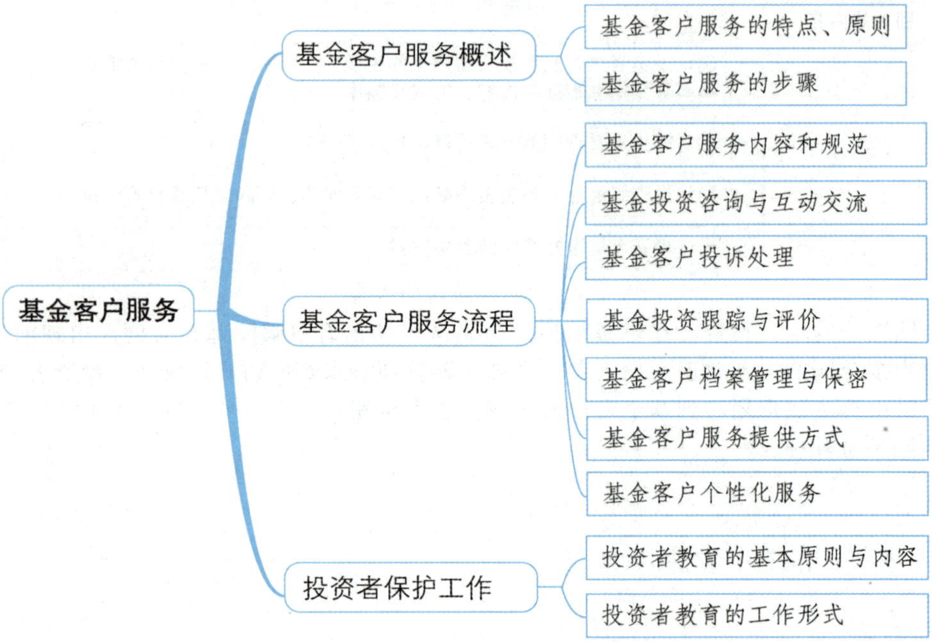

第一节　基金客户服务概述

『扫码』免费刷好题 听考点串讲

客户服务主要通过销售人员主动、及时开发市场，争取投资者认同，建立与投资者的长期关系，从而提高客户的满意度，以达到拓展业务和提升市场占有率的目标。对于基金而言，基金信息查询、人工咨询、客户投诉处理等都属于客户服务。

基金客户服务是指基金销售机构或人员为解决客户有关问题而提供的一系列活动。销售机构为客户提供优质的客户服务，一方面可以树立良好的品牌形象，另一方面也可以提升销售机构的市场竞争力，从而为企业带来巨大的经济效益。

一、基金客户服务的特点

基金客户服务的特点主要包括专业性、规范性、持续性、时效性，具体内容见表 10-1-1。

表 10-1-1　基金客户服务的特点

项目	内容
专业性	基金客户服务是一项专业性很强的服务，要求服务人员除了具有金融知识基础外，还需要深入掌握各类基金产品的相关专业知识
规范性	在基金销售过程中，基金的认购、申购、赎回等交易都具有详细的业务规则，销售机构在提供服务时必须要遵守法律法规和业务规则
持续性	客户到销售机构购买基金份额不是一次简单的买卖行为，销售机构要保持长时间的、持续的服务来满足客户需求

续表

项目	内容
时效性	基金产品时效性的特点决定了其客户服务的时效性。开放式基金每个工作日的份额净值都有可能发生改变，而净值的高低直接关系到投资者的利益，任何失误都会造成重大问题，因此基金销售服务对时效性的要求很高

二、基金客户服务的原则

基金客户服务的宗旨是“投资者利益优先”，因此在为客户提供服务的时候，需要从客户的实际需求出发。基金客户服务应遵循的原则见表 10-1-2。

表 10-1-2 基金客户服务的原则

原则	内容
投资者利益优先原则	企业的生存离不开客户，客户的满意应是客户服务人员追求的目标。“投资者利益优先”是每一位客户服务人员在客户服务过程中应遵循的原则
有效沟通原则	每一位客户服务人员都应站在客户的角度，理解客户，尊重客户，一切为客户着想，为客户提供高品质、高效率的服务
安全第一原则	基金销售机构应建立严格的基金份额持有人信息管理制度和保密制度，及时维护、更新基金份额持有人的信息。基金份额持有人的信息应严格保密，防范投资人资料被不当运用
专业规范原则	基金的认购、申购、赎回等交易都具有详细的业务规则，销售机构在提供服务时必须要遵守法律法规和业务规则
适当性管理原则	基金产品或服务面临各种风险，可以将其划分不同的风险等级。基金投资人具有不同的风险承受能力，并不一定能够投资所有的基金产品或服务。在销售基金产品或服务的过程中，应根据投资者的风险承受能力销售不同风险等级的基金产品或者服务，把合适的基金产品或者服务销售给合适的投资者

考题精练

属于基金客户服务原则的是（　　）。

A. 有效沟通原则　　B. 追求收益原则

C. 适度服务原则　　D. 本金安全原则

[答案] A

第10章

三、基金客户服务的步骤

基金客户服务的步骤主要包括售前服务、售中服务和售后服务。这三个环节相互补充，缺一不可。其具体内容见表 10-1-3。

表 10-1-3 基金客户服务的步骤

步骤	内容
售前服务	售前服务是指在开始基金投资操作前为客户提供的各项服务。主要包括：介绍证券市场基础知识、基金基础知识，普及基金相关法律知识；介绍基金管理人投资运作情况，让客户充分了解基金投资的特点；深入调查分析投资者信息；开展投资者风险教育
售中服务	售中服务是指客户在基金投资操作过程中享受的服务。主要包括：协助客户完成风险承受能力测试并细致解释测试结果；推介符合适用性原则的基金；介绍基金产品；协助客户办理开立账户、申购、赎回、资料变更等基金业务
售后服务	售后服务是指在完成基金投资操作后为投资者提供的服务。主要包括：提醒客户及时核对交易确认；向客户介绍客户服务、信息查询等办法和路径；进行相关信息披露；基金公司、基金产品发生变动时及时通知客户；定期进行投资者回访

第二节　基金客户服务流程

基金销售机构应该建立完整的客户服务流程与制度。客户服务的流程见图10-2-1。

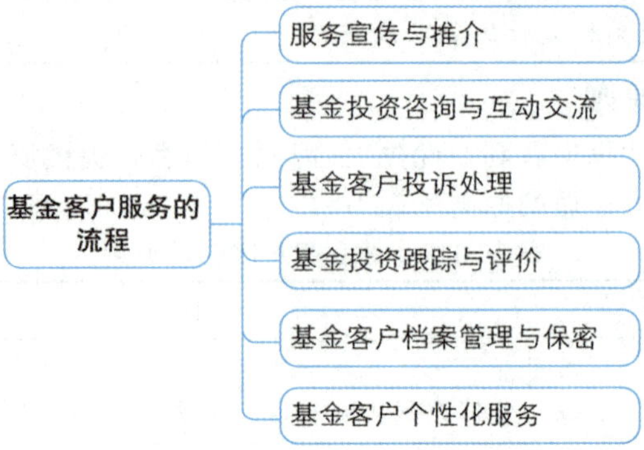

图 10-2-1　基金客户服务的流程

一、基金客户服务内容和规范

基金客户服务宣传与推介是围绕投资人需求而展开的，且随着整个基金销售业务的实践不断发展、修正变化。基金销售机构应制定客户服务标准，对服务对象、服务内容、服务程序等业务进行规范。具体工作内容主要涉及如下方面：

（1）对以往销售的历史数据进行收集、评价、总结，针对拟销售的目标市场识别潜在客户，找到有吸引力的市场机会。

（2）在宣传与推介过程中综合运用公众普遍可获得的书面、电子或其他介质的信息，主要包括公开出版资料、宣传单、手册、电视、广播以及互联网等宣传手段。

（3）遵循销售适用性原则，关注投资人的风险承受能力和基金产品风险收益特征的匹配性。建立评价基金投资人风险承受能力和基金产品风险等级的方法体系。

（4）在投资人开立基金交易账户时，向投资人提供投资人权益须知，保证投资人了解相关权益。及时准确地为投资人办理各类基金销售业务手续，识别客户有效身份，严格管理投资人账户。

（5）为基金份额持有人提供良好的持续服务，保障基金份额持有人有效了解所投基金的相关信息。基金代销机构同时销售多只基金时，不得有歧视性的宣传推介活动和销售政策。

（6）规范基金销售人员行为，产品推介时遵循图 10-2-2 所示的注意事项。

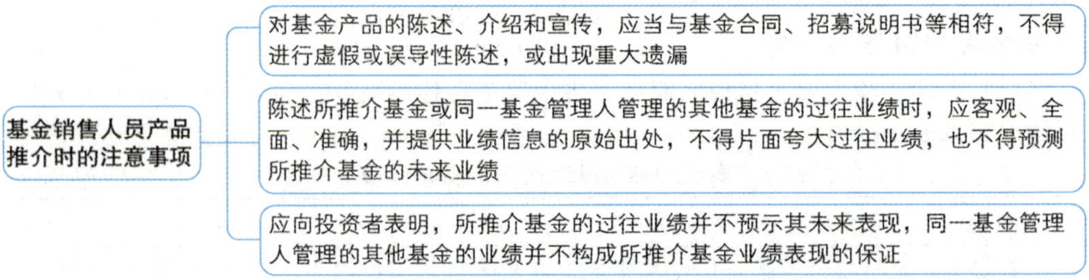

图 10-2-2　基金销售人员产品推介时的注意事项

二、基金投资咨询与互动交流

互动交流是基金销售机构与投资者深入探讨的重要方式，其交流内容如下：

（1）深入了解客户的投资需求，确定和记录客户服务标准。

（2）及时向客户传递重要的市场资讯、持仓品种信息及最新的投资报告。

（3）做好客户服务日志及客户资料的更新、完备工作。

（4）拟订、组织、实施及评估年（季、月）度客户关怀计划。

（5）进行公司所有新客户的首次和定期电话回访工作，改善客户体验，提升满意度。

（6）做好客户回访日志，记录并处理潜在风险隐患、客户建议及意见。

（7）及时接听外部客户的呼入电话、公司客户中心转接及投资顾问转入的电话，并做好电话咨询日志。

三、基金客户投诉处理

客户投诉是客户反馈问题的一种方式。基金销售机构一方面可以从客户投诉中发现经营上的缺陷，另一方面妥善处理投诉也可以再次赢得客户，建立和巩固企业形象。

基金销售机构应建立完备的客户投诉处理体系，具体包括图 10-2-3 中的内容。

客户投诉处理体系

- 设立独立的客户投诉受理和处理协调部门或者岗位
- 向社会公布受理客户投诉的电话、信箱地址及投诉处理规则
- 耐心倾听投资者的意见、建议和要求，准确记录客户投诉的内容，所有客户投诉应当保留完整记录并存档，投诉电话应当录音
- 评估客户投诉风险，采取适当措施，及时妥善处理客户投诉
- 根据客户投诉总结相关问题，及时发现业务风险，并根据投资者的合理意见改进工作，完善内控制度，如有需要应立即向所在机构报告

图 10-2-3　客户投诉处理体系

考题精练

关于基金客户投诉的处理体系，以下说法错误的是（　　）。

A. 应设立独立的投诉受理与处理部门

B. 应不断总结经验、防范风险，完善内控制度

C. 需公布电话、邮箱及投诉处理流程

D. 受理客户投诉，确有必要的情况下对投诉电话进行录音

[答案] D

[解析] 所有客户投诉应当保留完整记录并存档，投诉电话应当录音，D 项错误。

四、基金投资跟踪与评价

基金投资跟踪与评价的核心是对基金销售业务以及人际关系的维护。在跟踪与评价过程中发现存在的问题并寻找新的机遇，以保持和扩大客户关系，建立更为长期稳定的合作关系。

（1）积极为投资者提供售后服务，回访投资者，解答投资者的疑问。

（2）对客户进行调查，征询客户对已使用产品和服务的满意程度，在调查中注意新发现的问题以及改正产品与服务的机会。

（3）建立异常交易的监控、记录和报告制度，重点关注基金销售业务中的异常交易行为。

（4）制定完善的业务流程与销售人员职业操守评价制度，建立应急处理措施的管理制度。

五、基金客户档案管理与保密

基金销售机构关于客户档案管理与保密的实务操作主要包括以下方面：

（1）建立严格的基金份额持有人信息管理制度和保密制度，及时维护、更新基金份额持有人的信息，为基金份额持有人的信息严格保密，防范投资人资料被不当运用。

（2）明确对基金份额持有人信息的维护和使用权限并留存相关记录。

（3）建立完善的档案管理制度，妥善保管相关业务资料。客户身份资料，自业务关系结束当年计起至少保存 15 年，交易记录自交易记账当年计起至少保存 15 年。

（4）数据的保存。应逐日备份并异地妥善存放，对系统运行数据中涉及基金投资人信息和交易记录的备份在不可修改的介质上至少保存 15 年。

（5）人员的限制。在内部建立完善的信息管理体系，设置必要的信息管理岗位，信息技术负责

人和信息安全负责人不能由同一人兼任，对重要业务环节实行双人双岗。

（6）实行信息技术开发、运营维护、业务操作等人员岗位分离制度，限制信息技术开发、运营维护等技术人员介入实际的业务操作。

六、基金客户服务提供方式

基金管理人或基金代销机构一般都设有独立的客户服务部门，通常以表 10-2-1 中的八种方式提供并优化客户服务。

表 10-2-1　基金客户服务提供方式

方式	内容
电话服务中心	以计算机软、硬件设备为基础，并开辟人工座席与语音系统。一些标准化的基金投资操作均可通过自动语音系统完成。同时，在系统中也为投资者提供人工服务选项
邮寄服务	向基金持有者邮寄基金账户卡、交易对账联、季度对账单、投资策略报告、基金通讯、理财月刊等定期或不定期材料，使投资者尽快了解并理性对待投资行情
自动传真、电子信箱与手机短信	自动传真、电子信箱特别适合用于传递行文较长的信息资料、定期或临时公告；而短信通知则主要用于发送简洁、明了的文字信息
“一对一”专人服务	专人服务是指对投资额较大的个人投资者与机构投资者提供的个性化服务。基金销售者一般为其安排较为固定的投资顾问，从基金销售开始就“一对一”服务，并贯穿售前、售中以及售后全过程
互联网的应用	投资者可以随时随地获得包括投资常识、行情、开放式基金净值、投资者账户信息等信息服务，以及基金交易、基金资讯等服务
微信和移动客户端的应用	随着自媒体平台的发展和应用，微信、移动客户端可以让投资者随时获取投资理财资讯，查询基金信息、基金净值、账户信息，进行基金交易，获得人工咨询等服务，从而使得基金投资更加便利、快捷、高效
媒体和宣传手册的应用	可通过电视、电台、报刊等媒体定期或不定期向投资者传达专业信息、传输正确的投资理念
讲座、推介会和座谈会	能为投资者提供一个面对面交流的机会。基金销售机构也可以从这些活动中获得有价值的信息，有效地推介基金产品，并跟进投资者的反馈，进一步改善客户服务

七、基金客户个性化服务

对于客户来说，其自身的素质，能力各不相同，因此所需的基金产品也不相同。基金销售机构应该为客户提供个性化的服务，来满足不同客户对于基金产品的需求。其具体内容见表 10-2-2。

表 10-2-2　基金客户个性化服务

服务	内容
做好客户的动态分析	利用平时市场走访收集的客户营销资料等方面的信息对客户的投资活动进行分析，特别针对异常情况，及时了解原因，通过对客户的了解、咨询和分析，增强客户服务的针对性、有效性和及时性，提高市场走访的效率和服务效果
通过加强客户沟通了解客户深度需求	深度挖掘客户需求是基金公司提供个性化服务的基础。基金销售机构以及基金公司应通过开展实地拜访、现场咨询等特定服务挖掘基金客户的深度需求，通过有针对性的客户服务满足其个性化需求
做好客户的参谋	基金公司及销售机构的信息咨询服务是客户了解市场行情的主要途径。基金公司应该通过增大研发投入提升市场分析能力，并将市场信息及风险准确客观地提供给基金客户。基金公司在市场行情分析中仅有提供信息咨询以及风险揭示的义务，不能承担客户决策的责任

考题精练

以下不属于基金客户个性化服务内容的是（　　）。

A. 做好客户动态分析　　B. 加强客户沟通，了解客户深度需求

C. 提供市场行情分析，揭示市场风险　　D. 接受客户委托，代理客户进行投资决策

[答案] D

第三节　投资者保护工作

『扫码』免费刷好题 听考点串讲

一、投资者教育的基本原则与内容

（一）投资者教育的基本原则

投资者保护是指针对个人投资者所进行的有目的、有计划、有组织地传播有关投资知识，传授有关投资经验，培养有关投资技能，倡导理性的投资观念，提示相关的投资风险，告知投资者的权利和保护途径，提高投资者素质的一项系统的社会活动。

重视投资者教育首先要了解什么是投资者保护以及正确的保护方法。对此，比较权威的解释可以参考国际证监会组织为投资者保护工作设定的六个基本原则，见图 10-3-1。

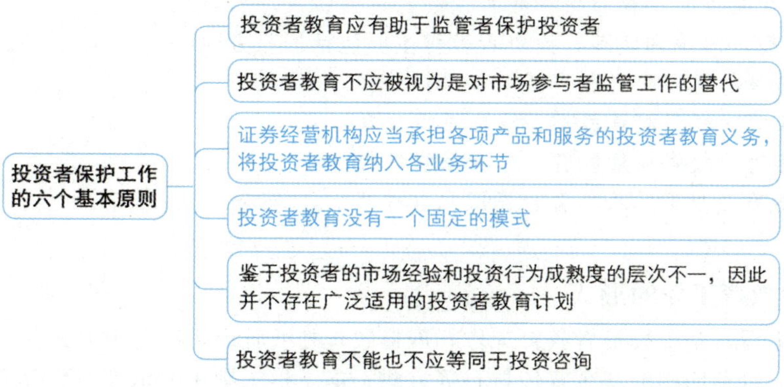

图 10-3-1　投资者保护工作的六个基本原则

考题精练

某基金公司员工甲说，证券经营机构应当承担各项产品和服务的投资者教育义务，将投资者教育纳入各业务环节；员工乙说，投资者教育存在一个固定的模式，有一个广泛应用的投资者教育计划。针对甲乙两位员工的说法，以下判断正确的是（　　）。

A. 甲和乙的说法均错误　　B. 甲的说法错误，乙的说法正确

C. 甲和乙的说法均正确　　D. 甲的说法正确，乙的说法错误

[答案] D

（二）投资者教育的内容

投资者的教育主要包含三方面的内容。这三个方面相辅相成，缺一不可，具体内容见表 10-3-1。

表 10-3-1　投资者教育的内容

方面	内容
投资决策教育	投资决策就是对投资产品和服务做出选择的行为或过程。它是整个投资者教育体系的基础。投资决策教育就是要在指导投资者分析投资问题、获得必要信息、进行理性选择的同时，致力于改善投资者决策条件中的某些变量
资产配置教育	资产配置教育即指导投资者对个人资产进行科学的计划和控制。许多投资者教育专家都认为投资者教育的范围应超越投资者具体的投资行为，深入整个个人资产配置中，只有这样才能从根本上解决投资者的困惑

续表

方面	内容
权益保护教育	权益保护教育即号召投资者为改变其投资决策的社会和市场环境进行主动参与与保护自身权益。这不仅是市场化的要求，也是公平原则在投资者教育领域中的体现。针对投资者进行的风险教育、风险提示以及为投资者维权提供的有关服务，已经成为各国开展投资者保护的重要内容

考题精练

1. 某基金公司员工甲说，投资者教育基本上就是投资咨询；员工乙说，投资者教育的内容仅限于具体的投资行为。针对甲乙两位员工的说法，下列判断正确的是（　　）。

A. 甲的说法错误，乙的说法正确

B. 甲的说法正确，乙的说法错误

C. 甲的说法错误，乙的说法错误

D. 甲的说法正确，乙的说法正确

[答案] C

[解析] 投资者教育不能也不应等同于投资咨询，故甲说法错误。投资者教育内容包括投资决策教育、资产配置教育、权益保护教育，故乙说法错误。

2. 综合投资者教育的理论和实践，投资者教育主要包括的三方面内容是（　　）。

A. 投资决策教育、资产配置教育、权益保护教育

B. 投资决策教育、资产配置教育、投资法规教育

C. 投资风险教育、投资决策教育、权益保护教育

D. 投资决策教育、投资风险教育、资产配置教育

[答案] A

二、投资者教育工作的形式

从宣传介质上看，基金投资者教育工作开展形式包括纸质形式和电子形式两类。纸质形式包括传统的报纸、杂志以及印刷的基金宣传材料等方式；电子形式则主要依托现代互联网技术，通过媒体网页、基金业协会及基金公司官网、电视等渠道开展投资者教育工作。相比于纸质形式，电子形式的投资者教育方式更具有吸引力，投资者的接受效率也较高。

从投资者教育工作形式的时空角度看，可分为现场与非现场两种形式。现场的投资者教育工作形式主要包括基金业协会及基金公司组织的报告会、专题讨论会、行业主题沙龙活动等形式；非现场形式主要是除现场形式以外的各种宣传保护形式。

考题精练

某基金公司员工甲说，投资者教育的工作形式既可以是现场的报告会、专题讨论会等形式，也可以是非现场的各种宣传形式；员工乙说，投资者教育工作开展形式既可以是报纸、杂志等纸质形式，也可以是依托互联网技术的电子形式。针对甲乙两位员工的说法，下列判断正确的是（　　）。

A. 甲和乙的说法均错误

B. 甲的说法正确，乙的说法错误

C. 甲和乙的说法均正确

D. 甲的说法错误，乙的说法正确

[答案] C

第十一章　基金管理人公司治理和风险管理

知识结构

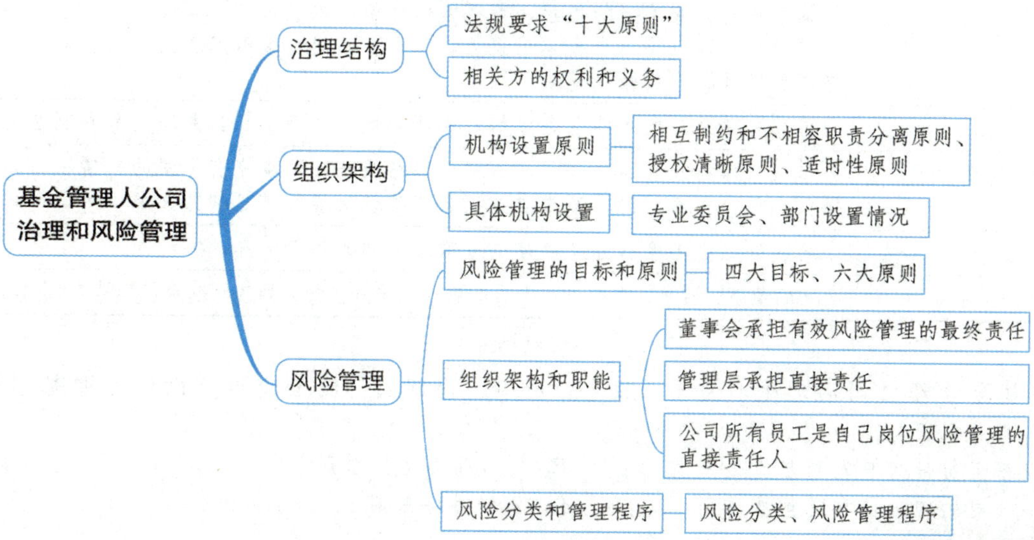

第一节　治理结构

『扫码』免费刷好题 听考点串讲

一、法规要求

基金管理公司所管理的基金财产是基于信托关系形成的，通常可以管理运作几十倍于自身注册资本的基金财产。因为基金公司是“受人之托、代人理财”，所以法律法规以及监管部门对于基金公司治理结构的要求比较严格。

基金管理公司治理中，公司、股东、董事、管理层以及员工要遵循十大原则，具体见表 11-1-1。

表 11-1-1　基金管理公司治理的十大原则

原则	内容
基金份额持有人利益优先原则	基金管理公司从公司章程、规章制度、工作流程、议事规则等的制定到公司各级组织机构职权的行使以及公司员工的从业行为，都应当体现基金份额持有人利益优先原则（这是应遵循的首要基本原则）。在公司、股东以及公司员工的利益与基金份额持有人的利益发生冲突时，应当优先保障基金份额持有人的利益
公司独立运作原则	基金管理公司及其业务部门与股东、实际控制人及其下属部门之间没有隶属关系；股东及其实际控制人不得越过股东会和董事会直接任免基金管理公司高管人员；不得违反公司章程干预投资、研究、交易等具体事务及公司员工选聘；董事、监事之外的所有员工不得在股东单位兼职；所有与股东签署的技术支持、服务、合作等协议均应上报，不得签署任何影响公司独立性的协议
制衡原则	基金管理公司应当明确股东会、董事会、监事会（执行监事）、经理层、督察长的职责权限，完善决策程序，形成协调高效、相互制衡的制度安排
股东诚信与合作原则	股东对公司和其他股东负有诚信义务，应当承担社会责任。股东之间应当信守承诺，建立相互尊重、沟通协商、共谋发展的和谐关系

续表

原则	内容
公司的统一性和完整性原则	公司应当在组织机构和人员的责任体系、报告路径、决策机制等几个方面体现统一性和完整性。股东不得要求经理层或其他员工违反章程直接向股东或其他机构和人员报告基金财产运用具体事项，不得要求经理层将经营决策权让渡给股东或其他机构和人员
公平对待原则	公司董事会和经理层应当公平对待所有股东，不得接受任何股东及其实际控制人超越股东会、董事会的指示，不得偏向任何一方股东。公司开展业务应当公平对待管理的不同基金财产和客户资产，不得在不同基金财产之间、基金财产与委托资产之间进行利益输送
业务与信息隔离原则	公司应当建立与股东的业务与信息隔离制度，防范不正当关联交易和利益输送
经营运作公开、透明原则	公司应当保持经营运作公开、透明，保障股东、董事享有合法的知情权，如定期提供有关公司经营的各项报告，还要依法认真履行信息披露义务
长效激励约束原则	公司应该结合基金行业特点建立长效激励约束机制
人员敬业原则	公司的董事、监事、高级管理人员的履职水平直接关系到广大基金份额持有人的利益

考题精练

在基金管理公司治理中，公司、股东、董事、管理层、员工应当遵循的首要基本原则是（　　）。

A. 基金份额持有人利益优先原则　　B. 公司独立运作原则

C. 公司的统一性和完整性原则　　D. 公平对待原则

[答案] A

二、相关方的权利和义务

（一）股东和股东会

基金公司股东按其在基金公司出资比例对公司享有权利，并承担相应的义务。对于股东而言，具体的权利义务见表 11-1-2。

表 11-1-2　股东的权利和义务

项目	内容
权利	①收益分配权；②表决和监督权；③知情权
义务	①履行出资义务；②尊重公司独立性，严格执行信息传递和保密制度，不得滥用知情权和监督权损害基金份额持有人和基金公司的合法权益；③长期投资的理念

股东会由公司全体股东组成，为公司的最高权力机构。股东会依法可以行使的职权见图 11-1-1。

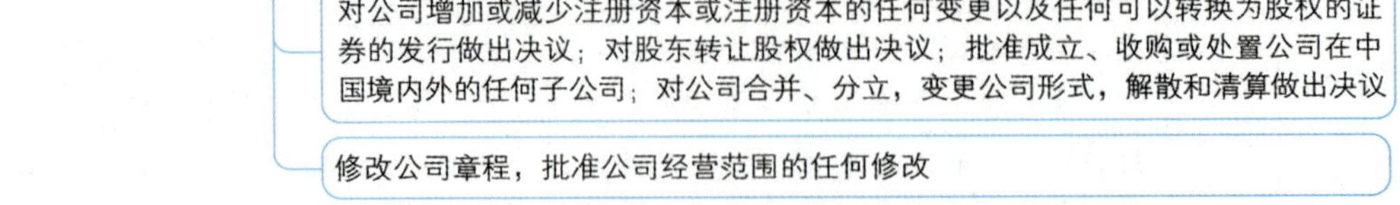

图 11-1-1　股东会的职权

（二）董事和董事会

董事会是对股东负责的决策机构，其成员由股东会决定。董事会负责执行股东会决议，向股东会报告工作。

依照相关法律法规，基金公司董事会的职权见图 11-1-2。

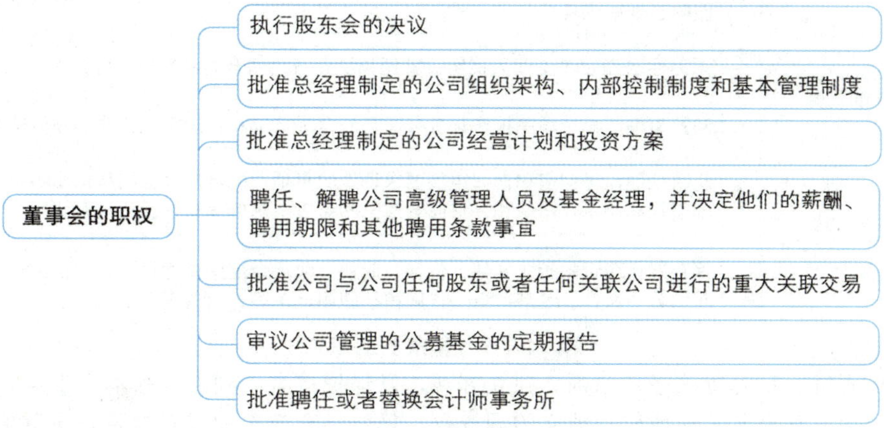

图 11-1-2　董事会的职权

目前基金公司的产品都为契约型，基金公司在治理结构上建立了独立董事制度，要求独立董事独立履行职责。

独立董事制度有两方面重要内容：①规定独立董事的人数及在董事会的人数比例；②在议事规则、表决机制的安排上合理发挥独立董事的作用。

独立董事人数不得少于 3 人，且不得少于董事会人数的 1/3。

董事会审议下列事项，应当经过 2/3 以上独立董事通过：①公司及基金投资运作中的重大关联交易；②公司和基金审计事务，聘请或者更换会计师事务所；③公司管理的基金的半年度报告和年度报告；④法律、行政法规和公司章程规定的其他事项。

（三）监事和监事会

基金监事会向股东会负责。法规要求监事会成员中应包括职工监事，由全体员工民主选举和罢免。

基金公司监事会行使以下职权：①监督、检查公司的财务状况；②监督公司的董事、总经理执行公司职务时是否存在违反相关法律或公司章程的行为，是否存在损害公司利益的行为。

考题精练

基金管理人设监事会，监事会的负责对象为（　　）。

A. 股东会　　B. 董事长　　C. 董事会　　D. 管理层

［答案］A

（四）管理层和督察长制度

基金公司总经理对董事会负责，根据公司章程和董事会授权行使职权，领导和主持公司的管理工作，负责公司的日常经营，并由若干名副总经理等管理层成员提供协助。

管理层在经营管理中，应遵守的原则包括：

（1）展现良好的职业操守。

（2）维护公司的独立性和完整性。

（3）完善内部控制制度和流程。

（4）公平对待股东和客户。应该公平对待所有股东，不得接受任何股东及其实际控制人超越股东会、董事会的指示，不得偏向任何一方股东。公平对待公司管理的不同基金财产和客户资产，不得在不同基金财产之间、基金财产与委托资产之间进行利益输送。

在基金公司治理结构中，中国证监会明确要求基金管理公司建立健全督察长制度，并对督察长的职责范围、工作原则和履职所需的支持进行了规定。督察长的职责见图 11-1-3。

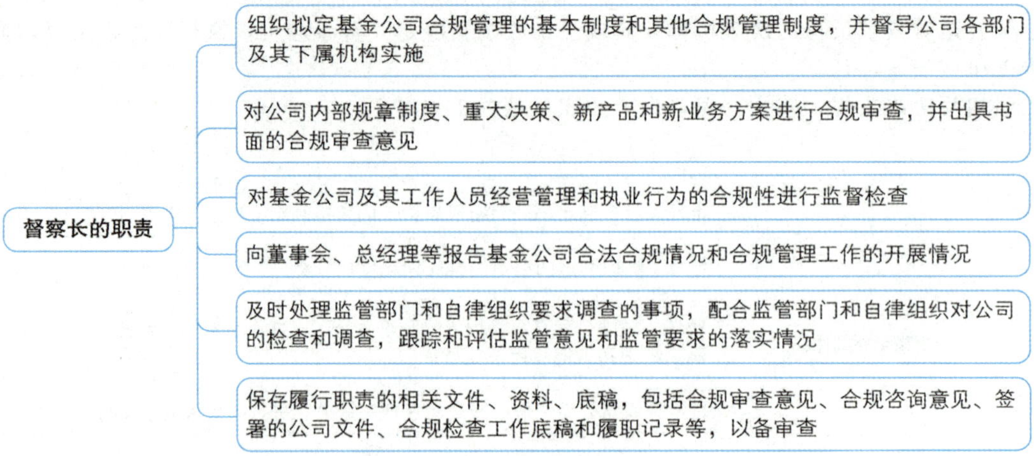

图 11-1-3　督察长的职责

督察长在履行职责时应该坚持原则、独立客观，以保护持有人利益为根本出发点，公平对待投资者。督察长应享有充分的知情权和独立的调查权。督察长有权参加或者列席公司董事会会议、经营决策会议，有权查阅、复制公司相关文件、档案，有权要求相关员工对相关事项做出说明，并向为公司提供审计、法律服务的中介机构了解情况。如果需要，督察长可以以公司的名义直接聘请外部专业机构或者人员协助工作，费用由公司承担。

公司应保证督察长工作的独立性，不得安排或者要求督察长从事基金销售、投资等与其履行职责相冲突的职务和工作。

董事会决定督察长的聘任、解聘和考核，决定其薪酬待遇。

第二节　组织架构

一、机构设置原则

随着基金行业的不断发展，很多基金管理公司根据自身的发展战略，选择设立子公司或是分支机构。基金管理公司在设立子公司时，一方面，要认清自身基础定位，遵循监管要求，梳理完善母子公司的组织架构，坚持以公募基金为主业，以专业化、特色化、差异化为原则，避免母子公司同业竞争；另一方面，母公司要明确自身对子公司的管控责任。

组织架构是公司战略的重要载体。基金管理公司在设置业务体系和组织架构时应遵循表 11-2-1 中的基本原则。

表 11-2-1　机构设置原则

原则	内容
相互制约和不相容职责分离原则	基金公司的管理层、各部门及各级岗位在内部组织结构的设计上应形成权责明确、相互制约的机制，建立部门与岗位之间的制衡机制，消除风险管理盲点，强化全员合规和风险控制
	基金公司对不相容的岗位、公司资产与客户资产执行严格的分离机制。研究、投资决策、交易执行、交易清算及基金核算、公募基金和专户投资等相分离
授权清晰原则	基金公司应实行逐级授权制度，总经理的权限由董事会授予，部门经理的权限由总经理授予，部门内人员的权限由部门经理授予。公司权限的授予均需采取书面形式，重要的临时性授权也应采取书面形式。各部门在授权范围内行使相应的经营管理职能，部门和个人不得越级越权办理业务。基金经理或者专户投资经理对其所管理的投资组合的权限由相应的基金或者专户法律文件授予

续表

原则	内容
适时性原则	基金公司制度的制定应具有前瞻性，并且必须随着公司经营战略、经营方针、经营管理、组织结构的变化等内部环境的变化和国家法律法规、政策制度等外部环境的改变及时进行相应的修改和完善
	公司制度更新分为定期更新和不定期更新。定期更新可以是季度、半年和年度更新；不定期更新是当有新的法律法规发布或者业务、组织架构变化时，相应部门应及时更新相关制度

考题精练

某基金管理公司设置了固定收益部，负责固定收益产品的研究、投资、交易、风控等业务。关于该基金管理公司的做法，下列说法正确的是（　　）。

A. 基金管理公司的做法正确，符合机构设置的相关性原则

B. 基金管理公司的做法正确，符合机构设置的授权清晰原则

C. 基金管理公司的做法错误，违反了机构设置的互相制约和不相容职责分离原则

D. 基金管理公司的做法错误，违反了机构设置的授权清晰原则

[答案] C

[解析] 研究、投资决策、交易执行、交易清算及基金核算、公募基金和专户投资等相分离。

二、具体机构设置

基金公司的组织架构见图 11-2-1。

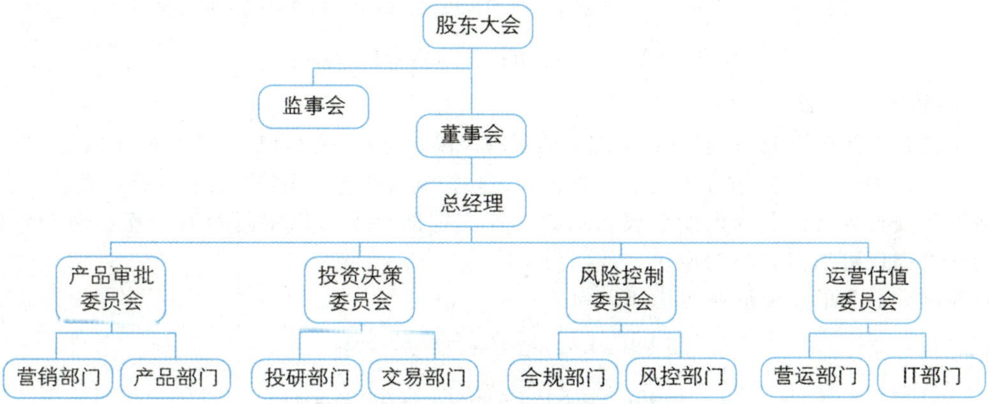

图 11-2-1　基金公司的组织架构

（一）专业委员会

在公司层面，一般设有从管理角度设立的管理层会议或总经理办公会等管理决策机构和从专业角度成立的专业委员会。对于专业委员会不同公司设立情况不一，法律法规只规定了基金管理公司必须设立投资决策委员会，其他委员会的设立由各家公司根据实际情况而定。

1. 投资决策委员会

投资决策委员会是基金管理公司管理基金投资的最高决策机构，是非常设的议事机构。投资决策委员会一般由基金管理公司的总经理、分管投资的副总经理、投资总监、研究部经理、投资部经理及其他相关人员组成，负责基金投资策略、资产分配等重大事项，确定对基金经理的权限，审批超过基金经理投资权限的投资计划等。基金经理在授权范围内全权负责基金的投资工作。

投资决策委员会的所议事项见图 11-2-2。

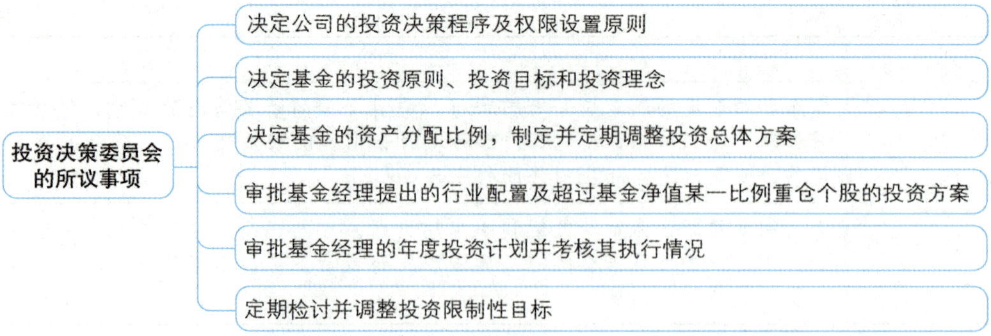

图 11-2-2　投资决策委员会的所议事项

投资决策委员会会议分为定期会议和临时会议。定期会议又分为例会和年会。年会每年召开一次，审议通过基金年度投资目标和计划；例会每月召开一次，讨论基金投资的各有关事宜。

2. 产品审批委员会

产品审批委员会负责公司所有产品的审核、决策和监督执行。

产品审批委员会会议分为定期会议和临时会议。定期会议可以每季度召开一次，产品审批委员会成员可以根据实际需要提议召开产品审批委员会临时会议。产品审批委员会的所议事项见图 11-2-3。

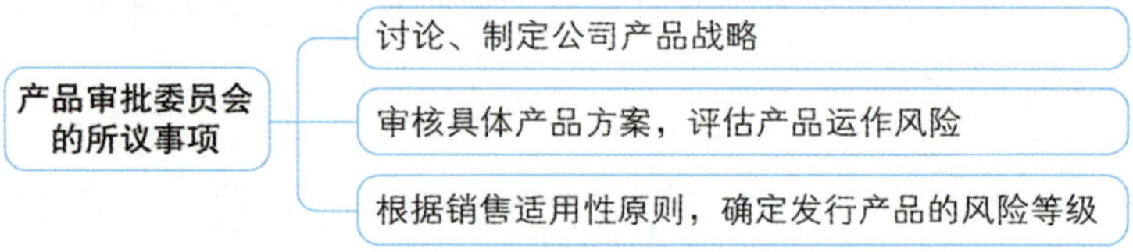

图 11-2-3　产品审批委员会的所议事项

3. 风险控制委员会

风险控制委员会负责对公司经营和管理中的所有风险，包括法律合规风险、操作风险、道德风险、市场风险、流动性风险等进行全面控制，确保公司风险控制战略与公司经营目标保持一致。

风险控制委员会会议分为定期会议和临时会议。定期会议可以每月召开一次；对于突发事件，经委员会成员提议可以召开临时会议。

风险控制委员会的主要职责见图 11-2-4。

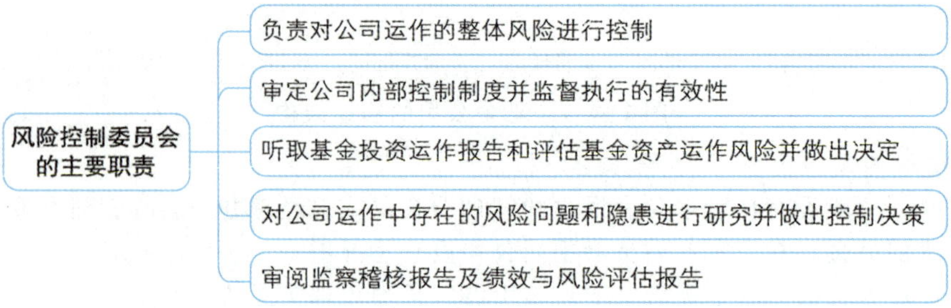

图 11-2-4　风险控制委员会的主要职责

4. 运营估值委员会

运营估值委员会包括 IT 治理委员会和估值委员会。

IT 治理委员会负责制订 IT 规划，使公司 IT 规划与公司发展战略一致，符合公司经营对 IT 的要求。

IT 治理委员会一般由负责 IT 的高管人员、IT 部门负责人、相关业务负责人、财务负责人、内部控制负责人及部分技术骨干人员组成，其中 IT 人员的比例应在 30%以上。IT 治理委员会会议分为定期会议和临时会议。定期会议可以每季度召开一次，IT 治理委员会成员可以根据实际需要提议召开委员会临时会议。

IT 委员会的所议事项见图 11-2-5。

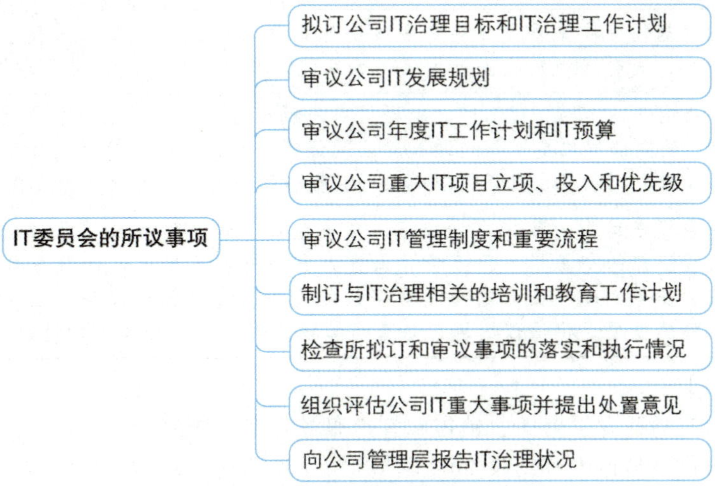

图 11-2-5　IT 委员会的所议事项

估值委员会负责公司资产估值相关决策和执行，保证资产估值的公平、合理。定期会议可以每季度召开一次，评估公司的估值政策和程序等，而临时性会议主要讨论具体的投资品种的估值方法和调整。

考题精练

1. 关于基金管理公司设立的专业委员会，下列说法正确的是（　　）。

   A. 法律法规规定基金管理公司必须设立投资决策专业委员会，其它专业委员会由基金管理公司根据情况自主决定

   B. 法律法规未规定基金管理公司必须设立哪些专业委员会，由基金管理公司根据情况自主决定

   C. 法律法规规定基金管理公司必须设立投资决策专业委员会和风险控制专业委员会，其它专业委员会由基金管理公司根据情况自主决定

   D. 法律法规规定基金管理公司必须设立投资决策专业委员会、风险控制专业委员会、产品审批专业委员会和运营估值委员会

   [答案] A

2. 基金公司管理层可以下设专业委员会，对重大专业事项进行集体决策，专业委员会通常不包括（　　）。

   A. 公募基金投资决策委员会

   B. 风险控制委员会

   C. 专户投资决策委员会

   D. 基金份额持有人工作委员会

   [答案] D

   [解析] 从业务功能的角度，一般基金管理公司内部设有四大专业委员会：投资决策委员会、产品审批委员会、风险控制委员会和运营估值委员会。

（二）部门设置情况

对于基金公司而言，公司规模、经营模式各不相同，因此业务部门的设置也是不同的。根据功能不同，主要将部门划分为五大类。

1. 投资部、研究部、交易部

投资部、研究部和交易部的具体职责见表 11-2-2。

表 11-2-2 投资部、研究部、交易部的职责

部门	职责
投资部	投资部负责根据投资决策委员会制定的投资原则和计划进行股票选择和组合管理，向交易部下达投资指令；同时还担负投资计划反馈的职能，及时向投资决策委员会提供市场动态信息
研究部	研究部是基金投资运作的支撑部门，主要从事宏观经济分析、行业发展状况分析和上市公司投资价值分析。研究部的主要职责是通过对宏观经济、行业状况、市场行情和上市公司价值变化的详细分析和研究，向基金投资部门提供研究报告及投资计划建议，为投资提供决策依据
交易部	交易部是基金投资运作的具体执行部门，负责组织、制订和执行交易计划。交易部的主要职能有：执行投资部的交易指令，记录并保存每日投资交易情况，保持与各证券交易商的联系并控制相应的交易额度，负责基金交易席位的安排、交易量管理等。目前，有些公司出于更好地控制风险的需要，将该部门划归基金运营体系下，从而加强了对投研部门的制衡

2. 产品营销部门

产品营销部包括产品开发、营销、销售和客户服务几个功能部门，负责产品的设计、营销和销售以及客户服务等工作，具体内容见表 11-2-3。

表 11-2-3 产品营销部门职责

部门	职责
产品部	产品部的主要职责是根据公司战略，在贴近客户需求、敏锐把握市场投资机会和公司业绩能力的基础上，研究制定公司中长期产品开发战略和实施计划；负责具体产品的创新、设计工作，产品的后续运作分析与评估
营销部	营销部的主要职责是根据公司长远发展目标，负责制定公司中长期品牌战略和实施规划，高效规范、管理公司品牌形象；制订品牌宣传计划及活动并组织实施；通过多种营销手段，支持产品新发及持续营销；负责公共关系的维护及媒体管理
销售部	销售部的主要职责是负责拓展、管理与渠道、机构客户的合作关系，实施公司销售策略、业务计划，包括新基金发行、持续营销等活动
客户服务中心	通过呼叫中心、互联网、移动端等多种形式，回答客户的问题，协调公司内部解决客户投诉，为客户提供良好的专业服务，提高客户的满意度和忠诚度

3. 合规与风险部门

合规与风险部门是公司内部的监督部门，主要包括监察稽核部和风险管理部。其具体职责见表 11-2-4。

表 11-2-4 合规与风险部门职责

部门	职责
监察稽核部	监察稽核部负责公司的法律合规事务。主要职责是监督检查基金运作和公司运作的合法、合规情况及公司内部控制情况，并及时向管理层报告。监察稽核部在规范公司运作、保护基金持有人合法权益、完善公司内部控制制度、查错防弊、堵塞漏洞方面起到了相当重要的作用
风险管理部	风险管理部负责对公司经营过程中产生的或潜在的风险进行有效识别、管理和报告

4. 后台运营部门

后台运营部门是为基金公司管理的资产运营和公司运营提供支持，可以细分为注册登记、资金清算、基金会计和信息技术等几个部门。

注册登记、资金清算和基金会计部门是围绕基金公司的基金组合和其他资产组合提供服务。

信息技术部是公司运营的支持部门，负责公司信息化平台的规划、建设；根据公司业务发展和管理需求制定系统软、硬件标准。

5. 其他支持性部门

公司的其他支持性部门包括人力资源部、财务部、行政管理部等，具体职责见表 11-2-5。

表 11-2-5　其他支持性部门

部门	职责
人力资源部	人力资源部的职责是制订适合公司战略发展需要的人力资源管理体系，制订和实施薪酬福利方案，制订和实施公司的招聘计划、招聘流程，建立完善的绩效管理体系和绩效考核制度
财务部	财务部是负责处理基金管理公司自身财务事务的部门，包括有关费用支付、管理费收缴、公司员工的薪酬发放、公司年度财务预算和决算等
行政管理部	行政管理部是基金管理公司的后勤部门，为基金管理公司的日常运作提供文件管理、文字秘书、劳动保障、员工聘用、人力资源培训等行政事务的后台支持

第三节　风险管理

『扫码』免费刷好题 听考点串讲

为了保护基金份额持有人的利益，促进公司持续稳定的发展，基金管理人应强化风险意识，建立健全风险管理体系。

一、风险管理的目标和原则

基金公司围绕公司总体经营战略，从董事会、管理层到全体员工全员参与，在日常经营中，识别潜在风险，评估风险的影响程度，并根据公司风险偏好制定风险应对策略，有效管理公司各环节风险的持续过程就是基金公司的风险管理。

（一）风险管理的目标

基金公司风险管理的目标主要包括以下几个方面：

第一，严格遵守国家有关法律法规和公司各项规章制度、自觉形成守法经营、规范运作的经营思想和经营风格。

第二，不断提高公司经营管理和专业水平，提高对投资决策、经营管理中存在风险的警觉性，有效维护公司股东及基金投资者的利益。

第三，建立行之有效的风险控制制度，确保公司各项业务的顺利运行，确保基金资产和公司财产的安全完整，确保公司取得长期稳定的发展。

第四，维护公司信誉，树立良好的公司形象，及时、高效地配合监管部门的工作。

（二）风险管理的原则

基金公司在风险管理中应当遵循以下基本原则，具体内容见表 11-3-1。

表 11-3-1　基金公司风险管理的原则

原则	内容
最高性原则	风险管理作为公司的标志与文化，代表着公司管理层对基金投资者的承诺，公司管理层应始终把风险控制在经营管理的首要地位并对此做出承诺
全面性原则	风险控制必须覆盖公司的各项业务、各个部门和各个岗位，渗透到决策、执行、反馈等各个业务环节
权责匹配原则	公司的董事会、管理层和各个部门应当明确各自在风险管理体系中享有的职权及承担的责任，做到权责分明，权责对等
独立性原则	公司应设立相对独立的风险管理职能部门或岗位，负责评估、监控、检查和报告公司风险管理状况，并具有相对独立的汇报路线
定性和定量相结合原则	针对具体业务部门，公司应建立具体的风险控制指标体系，并以主要绩效指标进行风险衡量和考绩，使风险控制具有客观性和可操作性

续表

原则	内容
适时性原则	公司风险控制制度的制定应具有前瞻性，并且必须随着公司经营战略、经营方针、经营管理等内部环境的变化和国家法律法规、政策制度等外部环境的改变及时进行相应的修改和完善

考题精练

某基金管理公司的总经理在内部会议上谈到自己对风险管理的认识，以下他的观点存在错误的是（　　）。

A. 公司应当根据自身风险偏好制定风险应对策略

B. 公司应当围绕总体经营战略制定风险管理战略

C. 风险管理是公司有效管理各环节风险的持续过程

D. 风险管理是公司风险管理职能部门独自承担的职责

[答案] D

二、组织架构和职能

对于基金公司而言，高度重视风险管理的组织保障和制度保障。基金公司的风险管理组织架构主要包括董事会、监事会和经理层。其具体内容见表 11-3-2。

表 11-3-2　基金公司的组织架构和职能

组织架构	职能
董事会	董事会对有效的风险管理承担最终责任，履行以下风险管理职责：确定公司风险管理总体目标，制定公司风险管理战略和风险应对策略；审议重大事件、重大决策的风险评估意见，审批重大风险的解决方案，批准公司基本风险管理制度；审议公司风险管理报告；可以授权董事会下设的风险管理委员会或其他专门委员会履行相应风险管理和监督职责
管理层	公司管理层应对有效的风险管理承担直接责任，履行以下风险管理职责：根据董事会的风险管理战略，制定与公司发展战略、整体风险承受能力相匹配的风险管理制度，并确保风险管理制度得以全面、有效执行；在董事会授权范围内批准重大事件、重大决策的风险评估意见和重大风险的解决方案，并按章程或董事会相关规定履行报告程序；根据公司风险管理战略和各职能部门与业务单元职责分工，组织实施风险解决方案；组织各职能部门和各业务单元开展风险管理工作；向董事会或董事会下设专门委员会提交风险管理报告
职能委员会	为协助管理层履行风险管理职能，公司管理层下可以设立履行风险管理职能的委员会，如操作风险委员会、股票投资风险委员会、信用风险委员会等。这些专业风险管理委员会对管理层负责，协助管理层履行以下职责：指导、协调和监督各职能部门和各业务单元开展风险管理工作；制订相关风险控制政策，审批风险管理重要流程和风险敞口管理体系，并与公司整体业务发展战略和风险承受能力相一致；识别公司各项业务所涉及的各类重大风险，对重大事件、重大决策和重要业务流程的风险进行评估，制定重大风险的解决方案；识别和评估新产品、新业务的新增风险，并制定控制措施；重点关注内控机制薄弱环节和那些可能给公司带来重大损失的事件，提出控制措施和解决方案；根据公司风险管理总体策略和各职能部门与业务单元职责分工，组织实施风险应对方案
风险管理部门	基金公司应设立独立于业务体系汇报路径的风险管理职能部门或岗位，并配备有效的风险管理系统和足够的专业的人员。风险管理职能部门或岗位对公司的风险管理承担独立评估、监控、检查和报告职责
业务部门	各业务部门应当执行风险管理的基本制度流程，定期对本部门的风险进行评估，对其风险管理制度和流程的有效性负责

各业务部门负责人是其部门风险管理的第一责任人，基金经理是相应投资组合风险管理的第一责任人。公司所有员工是本岗位风险管理的直接责任人，负责具体风险管理职责的实施。

第11章

考题精练

关于基金管理人业务部门的风险管理职责，如下说法错误的是（　　）。

A. 业务部门分管高管是部门风险管理的第一责任人

B. 业务部门应当评估本部门的风险

C. 业务部门应当执行风险管理的基本制度流程

D. 业务部门应当对部门风险管理制度和流程的有效性负责

[答案] A

[解析] 在风险管理责任的划分上，各业务部门负责人是其部门风险管理的第一责任人。

三、风险分类和管理程序

(一) 风险分类

对于基金公司而言，面临着各种各样的风险，按照不同的分类标准，可以将其划分为不同的类型。从基金公司内外部面临的风险来看，基金公司日常运营中的风险主要包括业务风险、投资风险和操作风险。

1. 投资风险

投资风险是公司投资管理投资组合过程中所产生的，主要包括市场风险、流动性风险和信用风险，主要责任人是投资部门，具体内容见表 11-3-3。

表 11-3-3　投资风险的分类

类型	内容
市场风险	市场风险是指因受各种因素影响而引起的证券及其衍生品市场价格不利波动，使投资组合资产、公司资产面临损失的风险。管理市场风险，要严格遵循谨慎、分散风险的原则，充分考虑客户财产的安全性和流动性，实行专业化管理和控制，防范、化解市场风险
流动性风险	流动性风险是指因市场交易量不足，导致不能以合理价格及时进行证券交易的风险，或投资组合无法应付客户赎回要求所引起的违约风险。管理流动性风险，要通过建立适时、合理、有效的风险管理机制，将流动性风险控制在可承受的范围之内
信用风险	信用风险是指由于债券发行人出现拒绝支付利息或到期时拒绝支付本息，或由于债券发行人信用质量降低导致债券价格下跌，以及因交易对手违约而产生的风险。管理信用风险，要对交易对手、投资品种的信用风险进行有效的评估和防范，将信用风险控制于可接受范围内的前提下，获得最高的风险调整收益

考题精练

以下风险类型与基金管理公司在对管理投资组合过程关系最密切的风险是（　　）。

A. 新业务风险　　B. 流动性风险

C. 制度和流程风险　　D. 业务持续风险

[答案] B

[解析] 投资风险是公司投资管理投资组合过程中所产生的，主要包括市场风险、流动性风险和信用风险，主要责任人是投资部门。

2. 操作风险

操作风险是全公司所有部门要应对的，是指由于内部程序、人员和系统的不完备或失效，或外部事件而导致的直接或间接损失的风险，主要包括制度和流程风险、信息技术风险、业务持续风险、人力资源风险、新业务风险和道德风险。建立有效的制度和流程控制机制，减少人为错误、系统失灵和内部控制的缺陷才能减少操作风险的发生。

制度和流程风险包括两方面：①适当性，公司关键业务、新业务操作缺乏制度、操作流程和授权，或者制度流程设计不合理会带来风险；②有效性，制度、操作流程和授权没有得到有效执行。

管理信息系统风险对于以信息技术系统为主的基金公司非常重要。信息技术系统不能提供正常服务、在系统中授权不当等，造成的损失都是重大的。

人员的风险包括两方面：①管理人力资源不当所产生的风险，包括缺少符合岗位专业素质要求的员工、过高的关键人员流失率、关键岗位缺乏适用的储备人员和激励机制不当带来的风险。②员工个人的道德风险，指员工违背法律法规、公司制度和职业道德，通过不法手段谋取利益所带来的风险。

为防范员工个人道德风险的发生，公司一要加强道德风险防范制度建设，通过制度流程、系统监控、核查检查等控制措施加强员工管理；二要倡导良好的职业道德文化，定期开展员工职业道德培训；三要制定员工守则，使员工行为规范有所依据。

基金公司应要求所有员工必须签署“员工行为操守准则”，基金经理还需签署“基金经理操守准则”。

3. 业务持续风险

业务持续风险是指由于公司危机处理机制、备份机制准备不足，导致危机发生时公司不能持续运作的风险。

公司的业务持续风险管理系统应该包括两方面内容：①日常运营中，公司主要业务的风险评估和监测办法、重要部门风险指标考核体系以及业务人员的道德风险防范系统等；②危机情况下的风险处置，公司需要有灵活有效的应急、应变措施和危机处理机制。基金公司在公司总部及分公司必须制订书面的商业应急和灾难恢复计划。

危机处理应遵循的原则见图 11-3-1。

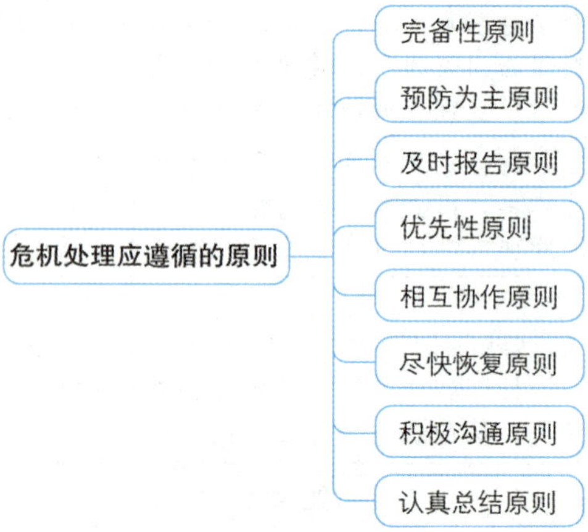

图 11-3-1　危机处理应遵循的原则

（二）风险管理程序

风险识别、风险评估、风险应对、风险报告与监控、风险管理体系的评价是风险管理中的主要环节，见图 11-3-2。

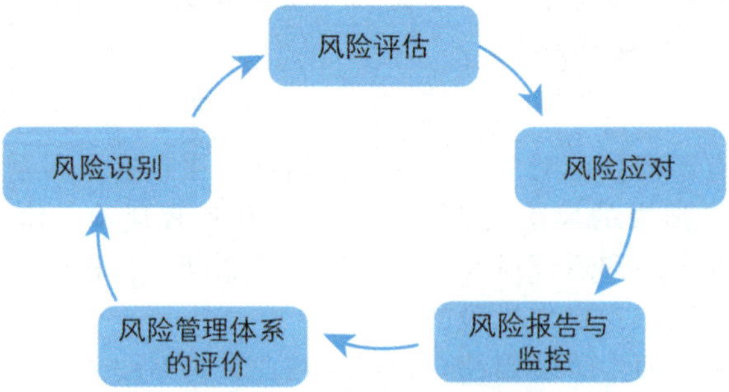

图 11-3-2　风险管理的环节

每一环节应当相互关联、相互影响、循环互动，并依据内部环境、市场环境、法规环境等内外部因素的变化及时更新完善。风险管理的程序见表 11-3-4。

表 11-3-4 风险管理的程序

程序	内容
风险识别	风险识别环节非常重要，应在对业务流程进行梳理和评估的基础上，覆盖基金公司各个业务环节，涵盖所有风险类型。对已识别的风险进行定期回顾，并针对新法规、新业务、新产品、新的金融工具等及时进行了解和研究
风险评估	风险评估是对已经识别的风险点进行定性或定量分析，或者利用定性和定量相结合的方法进行分析，确定风险的等级。风险评估方法应该保持一致性，协调好整体风险和单个风险、长期风险和中短期风险的关系
风险应对	风险应对是根据已经识别的风险性质和级别，制定相应的控制措施，不同的风险采取不同的风险控制措施，并明确相应的控制人员，不断完善业务流程
风险报告与监控	风险报告与监控是风险管理中的核心操作环节。基金公司应当建立清晰的报告监测体系，对风险指标进行系统和有效的监控，根据风险事件发生频率和事件的影响来确定风险报告的频率和路径。风险报告应明确风险等级、关键风险点、风险后果及相关责任、责任部门、责任人、风险处理建议和责任部门反馈意见等，确保公司管理层能够及时获得真实、准确、完整的风险动态监控信息，明确并落实各相关部门的监控职责
风险管理体系的评价	基金公司应当对风险管理体系进行定期评价，对风险管理系统的安全性、合理性、适用性和成本与效益进行分析、检查、评估和修正，以提高风险管理的有效性，并根据检验结果、外部环境的变化和公司新业务的开展情况进行调整、补充、完善或重建

考题精练

风险管理的基本流程不包括（　　）。

A. 风险识别　　B. 风险报告和监控

C. 风险评估　　D. 风险消除

[答案] D

第十二章　基金管理人的内部控制

知识结构

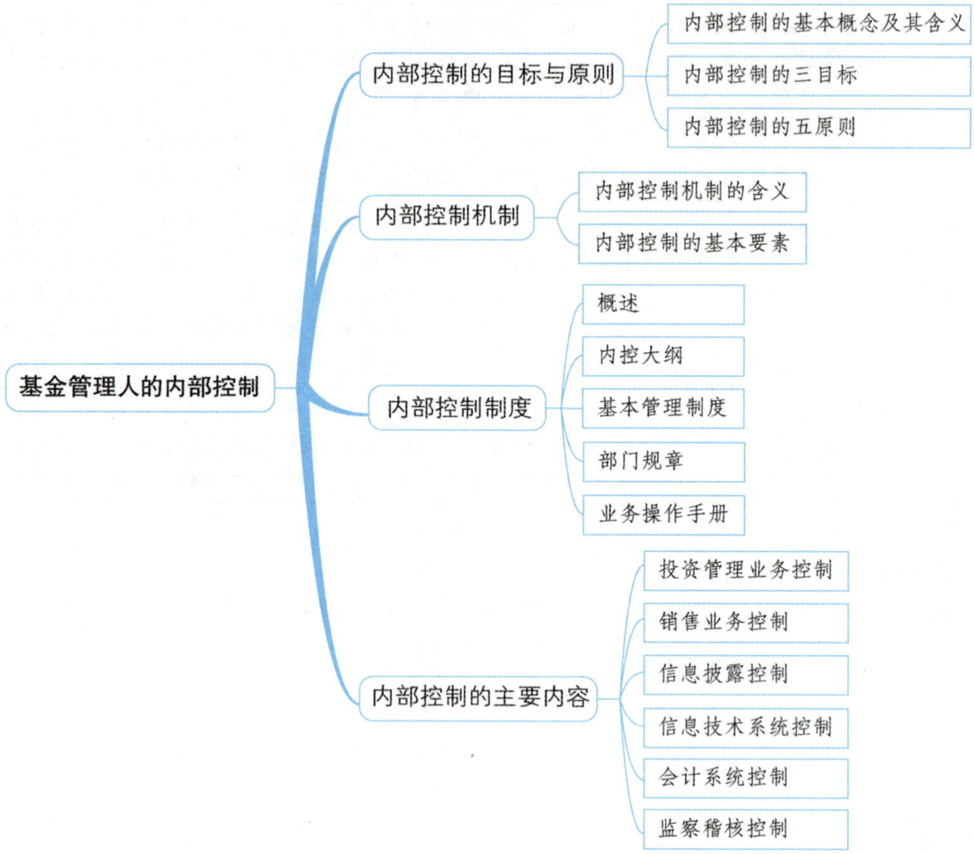

第一节　内部控制的目标和原则

根据《证券投资基金法》规定，基金管理人、基金托管人在管理、运用基金财产，从事证券投资基金活动，应当遵循自愿、公平、诚实信用的原则，不得损害国家利益和社会公共利益。基金财产应独立于基金管理人、基金托管人的固有财产，基金管理人、基金托管人不得将基金财产归入其固有财产。

一、内部控制的基本概念及其含义

基金管理人的内部控制跟公司内部控制体系和风险管理的框架设计密切相关。

（一）内部控制

基金管理人的内部控制是指公司为防范和化解风险，保证经营运作符合公司的发展规划，在充分考虑内外部环境的基础上，通过建立组织机制、运用管理方法、实施操作程序与控制措施而形成的系统。

基金管理人的内部控制要求部门设置体现权责明确、相互制约的原则；严格授权控制；强化内部监督稽核控制；建立完善岗位责任制度和科学、严格的岗位分离制度；严格控制基金财产财务风险；建立完善的信息披露制度；建立严格的信息技术系统管理制度；建立科学严密的风险管理系统。

(二) 风险管理

企业风险管理框架是由美国 Treadway 委员会所属的发起人委员会（COSO）委托普华永道会计师事务所开发的《COSO 风险管理整合框架》，其在内部控制框架的基础上，于 2004 年 9 月正式提出企业风险管理的概念。

企业风险管理基本框架包括八个方面的内容，见表 12-1-1。

表 12-1-1　企业风险管理基本框架

要素	内容
内部环境	基金管理人的内部环境是其他所有风险管理要素的基础，为其他要素提供规则和结构，其中特别重要的是经理层的风险偏好。内部环境的要素包括：①全体员工的诚信、道德价值观和胜任能力；②管理层的理念和经营风格；③管理层分配权力和划分责任、组织和开发其员工的方式，以及董事会给予的关注和指导
目标设定	基金管理人的风险管理就是提供给企业管理层一个适当的过程，将目标与企业的任务或预期联系在一起，保证制定的目标与企业的风险偏好相一致
事项识别	风险管理要求辨别可能对基金管理人目标产生影响的所有重要情况或事项。事项识别的基础是对事项相关因素进行分析并加以分类，从而区分事项可能带来的风险与机会
风险评估	风险评估就是识别和分析与实现目标相关的风险，从而为确定应该如何管理风险奠定基础。风险评估的过程根据不同的情况，可采用定性和定量相结合的方法
风险应对	基金管理人要对每一个重要的风险及其对应的回报进行评价和平衡，采取包括回避、接受、共担或降低这些风险等措施。风险应对是企业风险管理的整体重要组成部分
控制活动	控制活动包括在整个公司内部使用的审核、批准、授权、确认以及对经营绩效考核、资产安全管理、不相容职务分离等方法
信息与沟通	鼓励员工就其意识到的重要风险与公司管理层进行交流，管理层应当重视员工的意见
行为监控	行为监控以日常经营中发生的事件和交易为对象，包括基金管理人的经理层和监控人员的活动

考题精练

基金管理人风险管理的内部环境要素包括（　　）。

Ⅰ. 员工的诚信、道德价值观和胜任能力

Ⅱ. 管理层的理念和经营风格

Ⅲ. 管理层分配权力和划分责任、组织和开发其员工的方式

Ⅳ. 董事会给予的关注和指导

A. Ⅰ、Ⅱ、Ⅳ

B. Ⅰ、Ⅱ、Ⅲ、Ⅳ

C. Ⅰ、Ⅱ、Ⅲ

D. Ⅱ、Ⅲ、Ⅳ

[答案] B

二、内部控制的三目标

内部控制目标是决定公司内部控制运行方式和方向的关键，也是认识内部控制基本理论的出发点。

基金管理人与一般的公司不同，内部控制的总体目标见表 12-1-2。

表 12-1-2　内部控制的目标

目标	内容
保证公司经营运作严格遵守国家有关法律法规和行业监管规则，自觉形成守法经营、规范运作的经营思想和经营理念	内部控制系统的目标就是直接促进组织目标的实现，所有的组织活动和控制行为必须以促进实现组织的最高目标为依据
	基金管理人必须服从监管部门制定的法律法规、职业道德规则以及利益集团之间的竞争因素等所施加的外部控制。内部控制系统必须保证基金管理人遵循各项相关的法律法规和行业监管规则，引导所有员工形成自觉的规范运作理念
防范和化解经营风险，提高经营管理效益，确保经营业务的稳健运行和受托资产的安全完整，实现公司的持续、稳定、健康发展	在风险评估基础上，基金管理人通过加强内部控制，建立风险防范机制，主要内容包括：建立企业风险评估机构，制定防范或规避风险的措施，设立风险信息反馈机制，制定防范风险的奖惩制度等
	内部控制的目标是在一定的范围内降低或消除经营风险，提高基金管理人的经营效益。随着基金行业管理力度的不断加大，基金管理人面临越来越高的违规成本，内部控制在提高经营管理效益方面具有非常重要的现实意义
确保基金和基金管理人的财务和其他信息真实、准确、完整、及时	基金管理人内部控制和信息是密不可分的。管理者需要利用信息来监督和控制组织行为，同时，决策信息系统特别是财务信息系统也依赖于内部控制系统来确保提供相关、可靠和及时的信息。内部控制系统必须与确保信息收集、处理和报告的正确性的控制相联系。内部控制可以大大提高证券市场运行和基金运作的效率

考题精练

基金管理人内部控制的目标包括（　　）。

Ⅰ. 保证公司经营运作遵规守法　　Ⅱ. 防范和化解经营风险，实现公司持续盈利

Ⅲ. 确保基金和管理人财务真实　　Ⅳ. 确保基金和管理人信息披露真实

A. Ⅰ、Ⅱ、Ⅳ　　B. Ⅰ、Ⅱ、Ⅲ　　C. Ⅱ、Ⅲ、Ⅳ　　D. Ⅰ、Ⅲ、Ⅳ

[答案] D

三、内部控制的五原则

内部控制的原则主要有五个，具体内容见表 12-1-3。

表 12-1-3　内部控制的原则

原则	定义	内容
健全性原则	健全性是指内部控制应当包括公司的各项业务、各个部门或机构和各级人员，并涵盖决策、执行、监督、反馈等各个环节	基金管理人内部控制必须覆盖所有人员，要求各部门之间、人员之间应相互配合、协调同步、紧密衔接，避免只管相互牵制而不顾办事效率的做法，导致不必要的扯皮和脱节现象。为此，必须做到既相互牵制，又相互协调，保证经营管理活动连续、有效地进行
有效性原则	有效性是指内部控制必须讲求效率和效果，所有的控制制度必须得到贯彻执行。内部控制应当约束基金管理人内部涉及基金管理工作的所有人员，任何个人都不得拥有超越内部控制的权利	基金管理人内部控制的有效性主要包含两层含义：一是指基金管理人所实施的内部控制政策与措施能否适应基金监管的法律法规要求；二是指基金管理人内部控制在设计完整、合理的前提下，在基金管理的运作过程中，能够得到持续的贯彻执行并发挥作用，为实现提高公司经营效率、财务信息的可靠性和法律法规的遵守提供合理保证
独立性原则	独立性是指基金管理人各机构、部门和岗位职责应当保持相对独立，基金资产、自有资产、其他资产的运作应当分离	岗位职责主要解决的是不相容职务的分离，在设置岗位时必须考虑到授权岗位和执行岗位的分离；执行岗位和审核岗位的分离；保管岗位和记账岗位的分离等，通过不相容职责的划分，保证各部门和人员之间的独立性，防止员工的“合谋”舞弊行为

续表

原则	定义	内容
相互制约原则	相互制约是指基金管理人内部部门和岗位的设置应当权责分明、相互制衡	就具体的内部控制措施来说，相互牵制必须考虑横向控制和纵向控制两方面的制约关系。从横向关系来讲，完成某个环节的工作需有来自彼此独立的两个部门或人员协调运作、相互监督、相互制约、相互证明；从纵向关系来讲，完成某个工作需经过互不隶属的两个或两个以上的岗位和环节，以使下级受上级监督，上级受下级牵制
成本效益原则	成本效益是指基金管理人运用科学化的经营管理方法降低运作成本，提高经济效益，以合理的成本控制达到最佳的内部控制效果	在设计基金管理人内部控制制度时，一定要考虑控制投入成本和控制产出效益之比。一般来讲，对那些在业务处理过程中发挥作用大、影响范围广的关键控制点（如投资和研究部门）应进行严格控制；对那些只在局部发挥作用、影响特定范围的一般控制点，只要能起到监控作用即可，而不必花费大量的人力、物力进行控制。控制点设定的数量需根据实际情况科学设立，力争以最小的控制成本获取最大的内控效果

考题精练

基金管理人内部控制的原则不包括（　　）。

A. 强制性原则　　B. 有效性原则　　C. 独立性原则　　D. 相互制约原则

［答案］A

第二节　内部控制机制

扫码 免费刷好题 听考点串讲

一、内部控制机制的含义

内部控制机制是指公司的内部组织结构及其相互之间的运作制约关系，也就是一个企业组织为了实现计划目标，防范和减少风险的发生，由全体员工共同参与，对内部组织机构业务流程进行全过程的介入和监控，采取权力分配、相互制衡手段，制定出系统的、制度保证的运行过程。

基金管理人内部控制机制一般包括四个层次，具体内容见图 12-2-1。

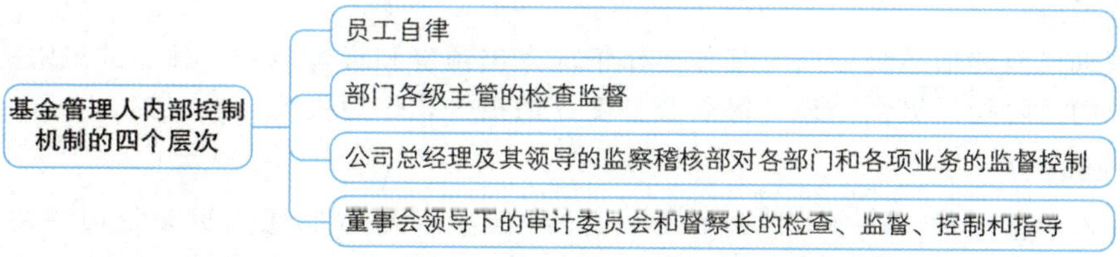

图 12-2-1　基金管理人内部控制机制的四个层次

一般来说，基金管理人内部控制机制建设应在表 12-2-1 所示的四个方面加强。

表 12-2-1　内部控制机制的建设

项目	内容
在内部控制机构设置上	不能出现重眼前商业利润、不注重专职内部控制机构建立的偏向
在内部控制制度建立上	不能出现重内部管理制度建立、不注重内部核心部门"防火墙"制度建立的偏向
在内部控制制度执行上	不能出现重非经常性发生事项控制、不注重经常性发生事项控制的偏向
在内部控制监督上	不能出现重程序监督、不注重对"内部人"监督的偏向。首先，要加强对基金管理人的内部控制监督，建立基金管理人重大决策集体审批等制度，以杜绝业务管理层负责人独断专行；其次，要加强对基金管理人部门管理的控制监督，建立部门之间相互牵制的制度，以杜绝部门权力过大或集体徇私舞弊；最后，要加强对关键岗位管理人员的控制监督，建立关键岗位轮岗和定期稽查制度，以杜绝基金管理人中层经理人员以权谋私或串通作案，从而建立健全企业内部控制监督机制

考题精练

以下不属于基金管理人内部控制机制的四个层次的是（　　）。

A. 管理层自律

B. 董事会领导下的审计委员会和督察长的检查、监督、控制和指导

C. 各级主管的检查监督

D. 公司总经理及其领导的监察稽核部对各部门的各项业务监督控制

［答案］A

［解析］内部控制机制的层次之一是员工自律，而非管理层自律。

二、内部控制的基本要素

基金管理人内部控制的基本要素包括控制环境、风险评估、控制活动、信息沟通和内部监控。

（一）控制环境

控制环境构成公司内部控制的基础，包括经营理念和内控文化、公司治理结构、组织结构、员工道德素质等内容。

基金管理人应当依据自身经营特点设立顺序递进、权责统一、严密有效的内控防线。内控防线的具体内容见图 12-2-2。

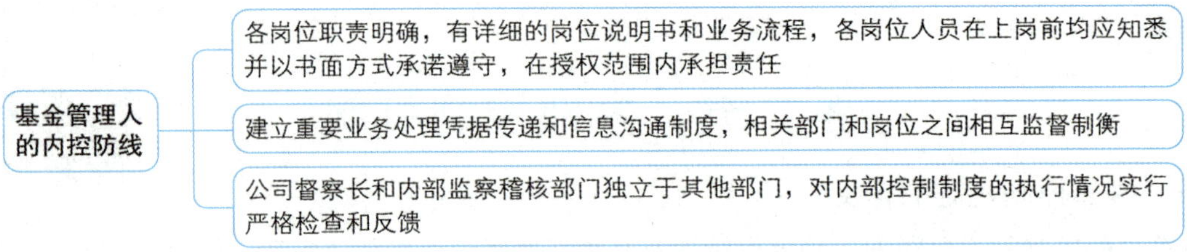

图 12-2-2　基金管理人的内控防线

（二）风险评估

基金管理人应当建立科学严密的风险评估体系，对公司内外部风险进行识别、评估和分析，及时防范和化解风险。

基金管理人风险评估系统可以对基金运作情况发出预警和报警讯号；独立的风险业绩评估小组对基金管理中的风险指标提供每日、每周及月度评估报告，作为决策参考依据。

（三）控制活动

基金管理人应通过授权控制来控制业务活动的运作。授权控制应当贯穿公司经营活动的始终，授权控制的主要内容包括：

（1）股东会、董事会、监事会和管理层应当充分了解和履行各自的职权，建立健全公司授权标准和程序，确保授权制度的贯彻执行。

（2）公司各业务部门、分支机构和公司员工应当在规定授权范围内行使相应的职责。

（3）公司重大业务的授权应当采取书面形式，授权书应当明确授权内容和时效。

（4）公司授权要适当，对已获授权的部门和人员应建立有效的评价和反馈机制，对已不适用的授权应及时修改或取消授权。

公司应当建立完善的资产分离制度，基金资产与公司资产、不同基金的资产和其他委托资产要实行独立运作，分别核算。

公司应当建立科学、严格的岗位分离制度，明确划分各岗位职责，投资和交易、交易和清算、基金会计和公司会计等重要岗位不得有人员的重叠，重要业务部门和岗位应当进行物理隔离。

考题精练

控制活动是基金管理人内部控制的基本要素，关于控制活动，以下说法错误的是（　　）。

A. 基金管理人应当对同一机构的多个委托资产账户进行统一运作和核算

B. 基金管理人应通过授权控制来控制业务活动的运作

C. 基金管理人应当建立危机处理机制和程序

D. 基金管理人应当建立科学、严格的岗位分离制度

［答案］A

［解析］公司应当建立完善的资产分离制度，基金资产与公司资产、不同基金的资产和其他委托资产要实行独立运作，分别核算，A 项错误。

（四）信息沟通

基金管理人应当维护信息沟通渠道的畅通，建立清晰的报告系统。公司管理层有责任保证所有员工得到充分、最新的公司规章制度以及应该得知的信息。在公司管理和基金运作中各部门应保持各自独立向管理层的报告渠道。

（五）内部监控

基金管理人应当建立有效的内部监控制度，设置督察长和独立的监察稽核部门，对公司内部控制制度的执行情况进行持续的监督，保证内部控制制度落实。

考题精练

基金管理人内部控制的基本要素包括控制环境、风险评估、控制活动、信息沟通和（　　）。

A. 内部监控　　B. 监督指导

C. 审批监督　　D. 员工自律

［答案］A

第三节　内部控制制度

『扫码』免费刷好题 听考点串讲

一、概述

内部控制制度是基金管理人为了保护其资产的安全完整，保证其经营活动符合国家法律、法规和内部规章要求，提高经营管理效率，防止舞弊，控制风险等目的，而在公司内部采取的一系列相互联系、相互制约的制度和方法。

基金管理公司内部控制制度由内部控制大纲、基本管理制度、部门业务规章等部分组成。基金管理人制定内部控制制度一般应当遵循的原则见图 12-3-1。

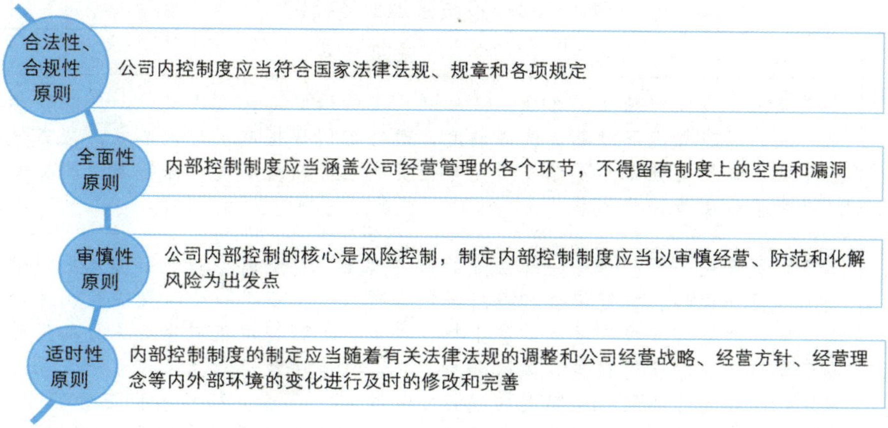

图 12-3-1　基金管理人制定内部控制制度应遵循的原则

考题精练

关于基金公司内部控制制度合法性、合规性原则，以下表述错误的是（　　）。

A. 符合股东要求　　B. 符合国家法律法规

C. 符合部门规章　　D. 符合行业自律规则

［答案］A

二、内部控制大纲

公司内部控制大纲是对公司章程规定的内控原则的细化和展开，是各项基本管理制度的纲要和总揽。内部控制大纲应当明确内控目标、内控原则、控制环境、内控措施等内容。

三、基本管理制度

基本管理制度应当至少包括风险控制、投资管理、基金会计、信息披露、监察稽核、信息技术管理、公司财务、资料档案管理、业绩评估考核和紧急应变等。

四、部门规章

部门业务规章是在基本管理制度的基础上，对各部门的主要职责、岗位设置、岗位责任、操作守则等的具体说明。

考题精练

以下不属于基金管理人部门业务规章主要内容的是（　　）。

A. 业务操作流程　　B. 部门岗位设置

C. 部门岗位责任　　D. 部门主要职责

［答案］A

五、业务操作手册

业务操作手册是在基金管理人确定相关业务基础上，对业务的性质、种类以及相关的管理规定和操作流程及要求进行明确的说明，是业务人员上岗操作的指南。

第四节　内部控制的主要内容

『扫码』免费刷好题 听考点串讲

一、投资管理业务控制

基金管理人应当自觉遵守国家有关法律法规，按照投资管理业务的性质和特点严格制定管理规章、操作流程和岗位手册，明确揭示不同业务可能存在的风险点并采取控制措施。对于投资管理业务的控制主要体现在三个方面，具体内容见表 12-4-1。

表 12-4-1　投资管理业务控制

项目	主要内容
研究业务控制	①研究工作应保持独立、客观。②建立严密的研究工作业务流程，形成科学、有效的研究方法。③建立投资对象备选库制度，研究部门根据基金契约要求，在充分研究的基础上建立和维护备选库。④建立研究与投资的业务交流制度，保持通畅的交流渠道。⑤建立研究报告质量评价体系
投资决策业务控制	①投资决策应当严格遵守法律法规的有关规定，符合基金契约所规定的投资目标、投资范围、投资策略、投资组合和投资限制等要求。②健全投资决策授权制度，明确界定投资权限，严格遵守投资限制，防止越权决策。③投资决策应当有充分的投资依据，重要投资要有详细的研究报告和风险分析支持，并有决策记录。④建立投资风险评估与管理制度，在设定的风险权限额度内进行投资决策。⑤建立科学的投资管理业绩评价体系，包括投资组合情况、是否符合基金产品特征和决策程序、基金绩效分析等内容

第12章

续表

项目	主要内容
基金交易业务控制	①基金交易应实行集中交易制度，基金经理不得直接向交易员下达投资指令或者直接进行交易。②公司应当建立交易监测系统、预警系统和交易反馈系统，完善相关的安全设施。③投资指令应当进行审核，确认其合法、合规与完整后方可执行，如出现指令违法违规或者其他异常情况，应当及时报告相应部门与人员。④公司应当执行公平的交易分配制度，确保不同投资者的利益能够得到公平对待。⑤建立完善的交易记录制度，每日投资组合列表等应当及时核对并存档保管。⑥建立科学的交易绩效评价体系

场外交易、网下申购等特殊交易应当根据内部控制的原则制定相应的流程和规则。

基金管理人应当建立严格有效的投资管理业务制度，防止不正当关联交易损害基金持有人利益。基金投资涉及关联交易的，应在相关投资研究报告中特别说明，并报公司相关机构批准。

考题精练

以下属于研究业务控制主要内容的是（　　）。

A. 健全投资决策授权制度，明确界定投资权限

B. 建立严密的研究工作业务流程，形成科学、有效的研究方法

C. 建立投资风险评估与管理制度

D. 建立交易监测系统、预警系统和交易反馈系统

[答案] B

[解析] A、C两项，“健全投资决策授权制度，明确界定投资权限”与“建立投资风险评估与管理制度”属于投资决策业务控制的内容。D项，“建立交易监测系统、预警系统和交易反馈系统”属于基金交易业务控制的主要内容。

二、销售业务控制

销售业务控制的具体内容见图12-4-1。

销售业务控制
- 宣传推介材料必须经过审核
- 严格审核客户开户资料，符合反洗钱与销售适用性规定
- 申购、赎回和转换交易申请均经过客户的合理授权，并被准确、及时地执行
- 建立代销机构的尽职调查流程，严格选择合作的基金销售机构，审核销售协议，监督基金代销行为符合协议约定
- 制定销售行为的规范，防止延时交易、商业贿赂以及误导、欺诈和不公平对待投资者等违法违规行为的发生
- 制定销售人员的行为规范，保证会议费用、礼品费用规范得到遵守
- 制定相关政策，确保投资者信息得到保护
- 客户投诉得到及时、恰当的记录和处理

图12-4-1　销售业务控制

三、信息披露控制

信息披露是基金管理人必须履行的一项义务。信息披露可能对证券市场价格和投资者行为产生重大影响，加强基金管理人信息披露的控制，是保证证券市场公开、公平和公正三原则的重要支持。

基金管理人应当按照法律、法规和中国证监会有关规定，建立完善的信息披露制度，保证公开披露的信息真实、准确、完整、及时，有相应的部门或岗位负责信息披露工作，进行信息的组织、

审核和发布。基金管理人需要对掌握未公开信息的人员进行严格的行为控制，在信息公开披露前不得泄露其内容。

四、信息技术系统控制

随着信息技术在证券交易和基金管理中的广泛应用，信息技术系统的内部控制已具有现实意义。信息技术系统控制的具体内容见表 12-4-2。

表 12-4-2　信息技术系统控制

项目	内容
设计开发	基金管理信息技术系统的设计开发应该符合国家、金融行业软件工程标准的要求，编写完整的技术资料；在实现业务电子化时，应设置保密系统和相应控制机制，并保证计算机系统的可稽性；信息技术系统投入运行前，应当经过业务、运营、监察稽核等部门的联合验收
系统运行	应当通过严格的授权制度、岗位责任制度、门禁制度、内外网分离制度等管理措施，确保系统安全运行。计算机机房、设备、网络等硬件要求应当符合有关标准，设备运行和维护整个过程实施明确的责任管理，严格划分业务操作、技术维护等方面的职责
软件使用	公司软件的使用应充分考虑软件的安全性、可靠性、稳定性和可扩展性，应具备身份验证、访问控制、故障恢复、安全保护、分权制约等功能。信息技术系统设计、软件开发等技术人员不得介入实际的业务操作。数据库和操作系统的密码口令应当分别由不同人员保管
信息数据管理	公司应对信息数据实行严格的管理，保证信息数据的安全、真实和完整，并能及时、准确地传递到会计等各职能部门；严格计算机交易数据的授权修改程序，并坚持电子信息数据的定期查验制度
保存备份制度	基金管理人应建立电子信息数据的即时保存和备份制度，重要数据应当异地备份并且长期保存。信息技术系统应当定期稽核检查，完善业务数据保管等安全措施，进行故障排除、灾难恢复的演习，确保系统可靠、稳定、安全地运行

考题精练

基金管理人应建立电子信息数据的即时保存和备份制度，重要数据应当（　　）。

A. 异地备份并且永久保存　　B. 远程备份并且永久保存

C. 云端备份并且长期保存　　D. 异地备份并且长期保存

［答案］D

五、会计系统控制

公司对所管理的基金应当以基金为会计核算主体，独立建账、独立核算，保证不同基金之间在名册登记、账户设置、资金划拨、账簿记录等方面相互独立。各基金会计核算应当独立于公司会计核算。

基金管理人应当采取适当的会计控制措施，以确保会计核算系统的正常运转：

（1）应当建立凭证制度，通过凭证设计、登录、传递、归档等一系列凭证管理制度，确保正确记载经济业务，明确经济责任。

（2）应当建立账务组织和账务处理体系，正确设置会计账簿，有效控制会计记账程序。

（3）应当建立复核制度，通过会计复核和业务复核防止会计差错的产生。

（4）应当采取合理的估值方法和科学的估值程序，公允反映基金所投资的有价证券在估值时点的价值。

（5）应当规范基金清算交割工作，在授权范围内，及时准确地完成基金清算，确保基金资产的安全。

（6）应当建立严格的成本控制和业绩考核制度，强化会计的事前、事中和事后监督。

（7）应制定完善的会计档案保管和财务交接制度，财会部门应妥善保管密押、业务用章、支票等重要凭据和会计档案，严格会计资料的调阅手续，防止会计数据的毁损、散失和泄密。严格制定财务收支审批制度和费用报销管理办法，自觉遵守国家财税制度和财经纪律。

考题精练

基金管理公司设立基金产品时，以下会计行为正确的是（　　）。

A. 将同类产品合并记账，提高记账效率

B. 为提高基金估值效率，对产品投资标的统一采用成本法估值

C. 将基金资产计入公司净资产

D. 建立复核制度，防止会计差错产生

［答案］D

［解析］公司对所管理的基金应当以基金为会计核算主体，独立建账、独立核算，保证不同基金之间在名册登记、账户设置、资金划拨、账簿记录等方面相互独立，故 A 项错误。应当采取合理的估值方法和科学的估值程序，公允反映基金所投资的有价证券在估值时点的价值，故 B 项错误。各基金会计核算应当独立于公司会计核算，故 C 项错误。

六、监察稽核控制

基金管理人应当设立监察稽核部门，对公司经营层负责，开展监察稽核工作，公司应保证监察稽核部门的独立性和权威性。监察稽核控制的具体内容见表 12-4-3。

表 12-4-3　监察稽核控制

项目	职责
监察稽核部门	公司应当明确监察稽核部门及内部各岗位的具体职责，配备充足的监察稽核人员，严格监察稽核人员的专业任职条件，严格监察稽核的操作程序和组织纪律
督察长	基金管理人应当设立督察长，对董事会负责，经董事会聘任，报中国证监会核准。根据公司监察稽核工作的需要和董事会授权，督察长可以列席公司相关会议，调阅公司相关档案，就内部控制制度的执行情况独立地履行检查、评价、报告、建议职能
内部检查制度	基金管理人应当强化内部检查制度，通过定期或不定期检查内部控制制度的执行情况，确保公司各项经营管理活动的有效运行。基金管理人董事会和管理层应当重视和支持监察稽核工作，对违反法律法规和公司内部控制制度的，应当追究有关部门和人员的责任

第十三章　基金管理人的合规管理

知识结构

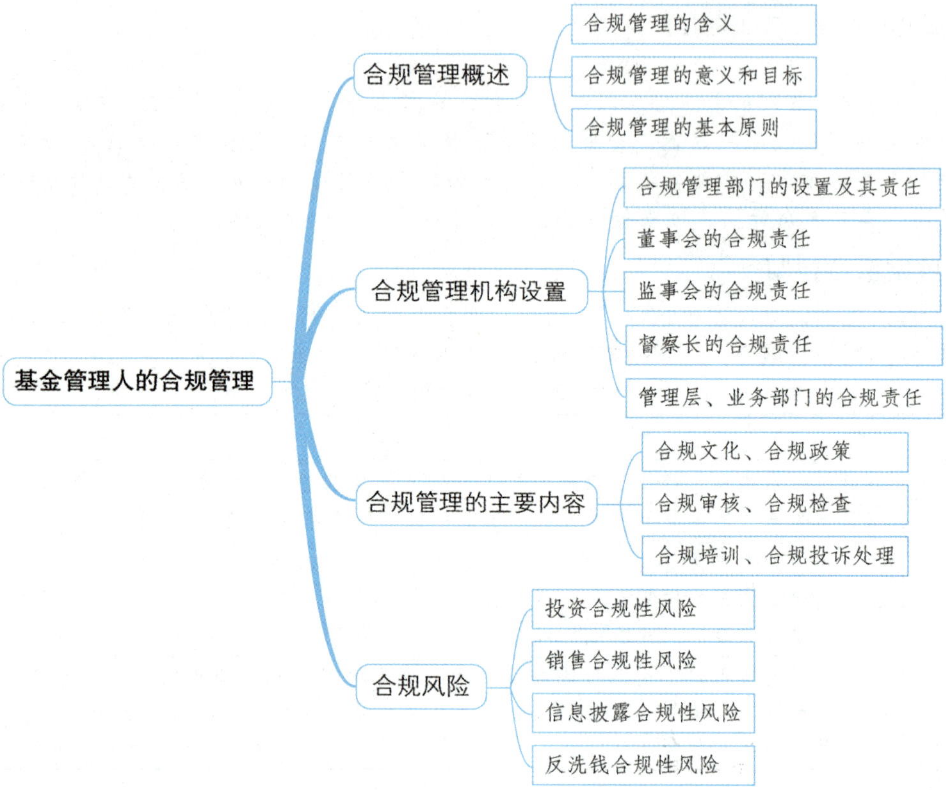

第一节　合规管理概述

一、合规管理的含义

合规是指基金管理人的经营管理活动与法律、规则和准则一致。

基金管理人的合规管理可以定义为"对基金管理人的相关业务是否遵循法律、监管规定、规则、自律性组织制定的有关准则以及公众投资者的基本需求等行为进行风险识别、检查、通报、评估、处置的管理活动"。

上述相关规则包括：①立法机关和证监会发布的基本法律规则；②基金业协会和证券业协会等自律性组织制定的适用于全行业的规范、标准、惯例等；③公司章程以及企业的各种内部规章制度以及应当遵守的诚实、守信的职业道德。

二、合规管理的意义

对于基金来说，如果在基金运作的主要环节出现违规行为，将会给基金管理人带来风险损失和名誉损害，因此加强基金的合规管理具有很强的现实意义。

合规管理一方面可以帮助基金管理人控制违规风险，减少违规处罚导致的损失以及由于声誉风险导致的潜在损失，加强合规管理不仅对基金管理人也对基金行业具有非常长远的战略意义。

合规管理要真正发挥作用，还应确保合规独立性的存在。合规独立性是指基金管理人的合规管理应当在体制机制、组织架构、人力资源、管理流程等诸多方面独立于内部其他风险部门、业务部门、内部审计部门等。独立性原则是指合规管理应当独立于基金管理人的业务经营活动，以真正起到牵制制约的作用，是合规管理的关键性原则。

合规独立性包括部门、机制和问责等独立性，其中，合规部门的独立性最为重要。

合规管理部门的独立性主要包括的要素见图 13-1-1。

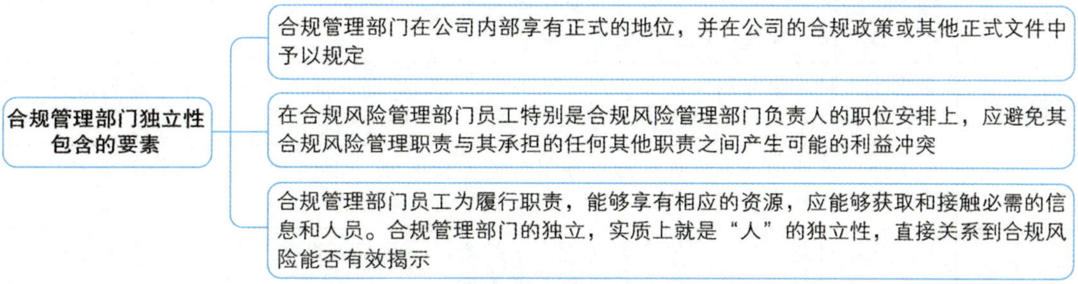

图 13-1-1　合规管理部门独立性包含的要素

考题精练

某基金公司的合规部负责人同时兼任投资部的负责人，违背了合规管理中的（　　）要求。

A. 投资部门的独立性

B. 合规机制的独立性

C. 问责的独立性

D. 合规部门的独立性

［答案］D

三、合规管理的目标

合规管理的目标主要包括的内容见图 13-1-2。

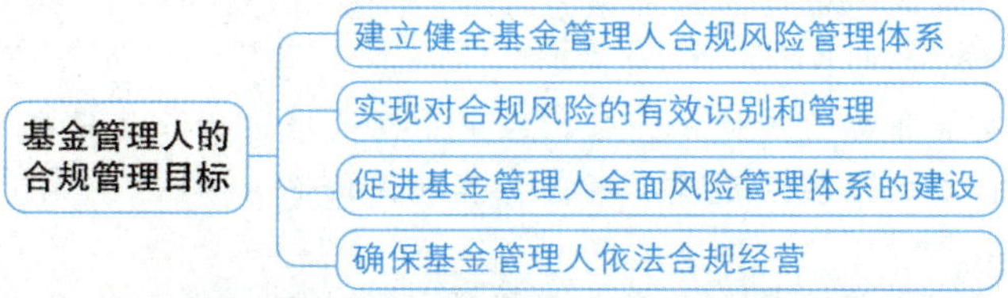

图 13-1-2　基金管理人的合规管理目标

基金管理人应当建立良好的内部治理结构，明确各部门的职责权限，确保基金管理人各部门的合规运作。公司组织结构应当体现职责明确、相互制约的原则，各部门有明确的授权分工，操作相互独立。公司应当建立决策科学、运营规范、管理高效的运行机制。

基金管理人可以开展合规自律探讨和合规文化活动来提高全体员工对合规重要性的认识，有效实现合规管理的目标。

考题精练

基金公司合规管理的目标包括（　　）。

Ⅰ. 建立健全基金管理人合规风险管理体系

Ⅱ. 实现对合规风险的有效识别和管理

Ⅲ. 促进基金管理人人员的稳定

Ⅳ. 确保基金管理人依法合规经营

A. Ⅰ、Ⅱ、Ⅳ　　B. Ⅰ、Ⅱ、Ⅲ

C. Ⅰ、Ⅲ、Ⅳ　　D. Ⅱ、Ⅲ、Ⅳ

［答案］A

四、合规管理的基本原则

合规管理的基本原则主要包括独立性原则、客观性原则、公正性原则、专业性原则、协调性原则。这些基本原则的具体内容见表 13-1-1。

表 13-1-1　合规管理的基本原则

原则	内容
独立性原则	独立性原则主要是指合规部门和督察长在基金公司组织体系中应当有独立地位，合规管理应当独立于其他各项业务经营活动
客观性原则	客观性原则是指合规人员应当依照相关法规对违规事实进行客观评价，避免出现合规人员自身与业务人员合谋的违规行为
公正性原则	公正性原则是指合规人员在对业务部门进行核查时，应当坚持统一标准来对违规行为风险进行评估和报告
专业性原则	专业性原则是指合规人员应当熟悉业务制度，了解基金管理人各种业务的运作流程，并准确理解和把握法律法规的规定和变动趋势
协调性原则	协调性原则是指合规人员应当正确处理与公司其他部门及监管部门的关系，努力形成公司的合规合力，避免内部消耗

考题精练

1. 合规管理人员应当熟悉业务制度，了解基金管理人各种业务的运作流程，并把握法律法规的规定。前述内容属于合规管理基本原则中的（　　）。

A. 独立性原则　　B. 专业性原则

C. 公正性原则　　D. 客观性原则

[答案] B

2. 关于基金管理人合规管理基本原则，以下表述错误的是（　　）。

A. 合规人员应当与公司其他部门形成合规合力

B. 合规人员应当熟悉业务制度

C. 合规人员在对不同业务部门进行核查时，应用不同标准进行评估报告

D. 合规人员应当依据相关法规对违规事实进行客观评价

[答案] C

[解析] 公正性原则是指合规人员在对业务部门进行核查时，应当坚持统一标准来对违规行为风险进行评估和报告，C 项错误。

第二节　合规管理机构设置

扫码 免费刷好题 听考点串讲

一、合规管理部门的设置及其责任

根据基金管理人的实际情况，负责合规管理的部门可能有专门的合规部，或称法律合规部，也有称监察稽核部。基金管理人在董事会和管理层会设立专门的风险控制委员会，公司督察长负责合规管理工作。

合规管理部门是负责基金公司合规工作的具体组织和执行部门，依照所规定的职责、权限、方法和程序独立开展工作，负责公司各部门和全体员工的合规管理工作。

合规管理部门应在督察长的管理下协助高级管理层有效识别和管理所面临的合规风险并且履行图 13-2-1 中的基本职责。

- **合规管理部门的基本职责**
  - 持续关注法律、规则和准则的最新发展，正确理解法律、规则和准则的规定及其精神，准确把握法律、规则和准则对基金经营的影响，及时为高级管理层提供合规建议
  - 制定并执行风险为本的合规管理计划，包括特定政策和程序的实施与评价、合规风险评估、合规性测试、合规培训与教育等
  - 审核评价基金管理人各项政策、程序和操作指南的合规性，组织、协调和督促各业务条线和内部控制部门对各项政策、程序和操作指南进行梳理和修订，确保各项政策、程序和操作指南符合法律、规则和准则的要求
  - 协助相关培训和教育部门对员工进行合规培训，包括新员工的合规培训，以及所有员工的定期合规培训，并成为员工咨询有关合规问题的内部联络部门
  - 组织制定合规管理程序以及合规手册、员工行为准则等合规指南，并评估合规管理程序和合规指南的适当性，为员工恰当执行法律、规则和准则提供指导
  - 积极主动地识别和评估与基金管理人经营活动相关的合规风险，包括为新产品和新业务的开发提供必要的合规性审核和测试，识别和评估新业务方式的拓展、新客户关系的建立以及客户关系的性质发生重大变化等所产生的合规风险
  - 收集、筛选可能预示潜在合规问题的数据，如消费者投诉的增长数、异常交易等，建立合规风险监测指标，按照风险矩阵衡量合规风险发生的可能性和影响，确定合规风险的优先考虑序列
  - 实施充分且有代表性的合规风险评估和测试，包括通过现场审核对各项政策和程序的合规性进行测试，询问政策和程序存在的缺陷，并进行相应的调查，合规性测试结果应按照基金管理人的内部风险管理程序，通过合规风险报告路线向上报告，以确保各项政策和程序符合法律、规则和准则的要求
  - 保持与监管机构日常的工作联系，跟踪和评估监管意见和监管要求的落实情况

图 13-2-1　合规管理部门的基本职责

二、董事会的合规责任

基金管理人董事会设定公司的合规管理目标，审核、监督公司风险控制制度的有效执行，对合规管理的有效性承担责任。

董事会可以下设合规与风险管理委员会，负责对公司经营管理与基金运作的风险控制及合法合规性进行审议、监督和检查，草拟公司风险管理战略，评估公司风险管理状况。

董事会的合规管理职责见图 13-2-2。

- **董事会的合规责任**
  - 审议批准合规管理的基本制度
  - 审议批准公司年度合规报告
  - 决定解聘对发生重大合规风险负有主要责任或者领导责任的高级管理人员
  - 决定合规负责人的聘任、解聘、考核及薪酬事项
  - 建立与合规负责人的直接沟通机制
  - 评估合规管理的有效性，督促解决合规管理中存在的问题
  - 公司章程规定的其他合规管理职责

图 13-2-2　董事会的合规责任

三、监事会的合规责任

为了完成合规监督职能，基金管理人的监事会不仅要进行会计监督，而且要进行业务监督。不仅要有事后监督，而且要有事前和事中监督（即计划、决策时的监督）。

监事会对经营管理的业务监督包括以下四个方面：第一，通知业务机构停止其违法行为。第二，随时调查公司的财务状况，审查账册文件，并有权要求董事会向其提供情况。第三，审核董事

会编制的提供给股东会的各种报表，并把审核意见向股东会报告。第四，当监事会认为有必要时，一般是在公司出现重大问题时，可以提议召开股东会。

此外，在以下特殊情况下，监事会有代表公司的权利：

（1）当公司与董事间发生诉讼时，除法律另有规定外，由监事会代表公司作为诉讼一方处理有关法律事宜。

（2）当董事自己或他人与本公司有交涉时，由监事会代表公司与董事进行交涉。

（3）当监事调查公司业务及财务状况、审核账册报表时，有权代表公司委托律师、会计师或其他第三方人员协助调查。

基金管理人设监事会，监事会向股东会负责。监事会依法行使图 13-2-3 中的职权。

监事会的职权

- 检查公司的财务
- 对公司董事、总经理和其他高级管理人员执行公司职务时违反法律、行政法规或者公司章程的行为进行监督
- 对发生重大合规风险负有主要责任或者领导责任的董事和高级管理人员提出罢免的建议
- 提议召开临时股东会
- 列席董事会会议
- 公司章程规定的其他职权

图 13-2-3　监事会的职权

监事会每年至少召开一次会议，监事会会议应当在全体监事出席时方可举行，每名监事有一票表决权。监事会决议至少须经半数以上监事投票通过。

考题精练

基金公司监事会履行合规监督职能，以下表述错误的是（　　）。

A. 监事会有权委托会计师或其他第三方对公司业务及财务状况进行调查

B. 经股东批准，监事会可以调查公司的财务状况

C. 可以提议召开临时股东会

D. 当董事或经理人员开展业务违法时，监事有权通知他们停止违法活动

［答案］B

［解析］监事会可以随时调查公司的财务状况，审查账册文件，不需要股东批准。

四、督察长的合规责任

基金管理人应保证督察长的独立性。督察长负责组织指导公司监察稽核工作，履行职责的范围应当涵盖基金及公司运作的所有业务环节。

督察长履行职责，应当重点关注下列事项，具体内容见图 13-2-4。

督察长履行职责重点关注事项

- 基金销售是否遵守法律法规、基金合同和招募说明书的规定，将适当的产品、服务提供给适合的客户，是否存在误导、欺诈投资人和不正当竞争等违法违规行为
- 基金投资是否符合法律法规和基金合同的规定，是否遵守公司制定的投资业务流程等相关制度，是否存在内幕交易、操纵市场等违法行为以及不正当关联交易、利益输送和不公平对待不同投资人的行为
- 基金及公司的信息披露是否真实、准确、完整、及时，是否存在虚假记载、误导性陈述或者重大遗漏等问题
- 基金运营是否安全，信息技术系统运行是否稳定，客户资料和交易数据是否做到备份和有效保存，是否出现延时交易、数据遗失等情况
- 公司资产是否安全完整，是否出现被抽逃、挪用、违规担保、冻结等情况

图 13-2-4　督察长履行职责重点关注事项

督察长监督检查公司内部风险控制情况，应当重点关注下列事项：

（1）公司是否按照法律法规和中国证监会的规定制定和修改各项业务规章制度及业务操作流程。

（2）公司是否对各项业务制定和实施相应的风险控制制度。

（3）公司员工是否严格有效执行公司规章制度。

督察长应当对公司推出新产品、开展新业务的合法合规性问题提出意见。督察长应当关注员工的合规与风险意识，促进公司内部风险控制水平的提高及合规文化的形成。督察长应当指导、督促公司妥善处理投资人的重大投诉，保护投资人的合法权益。

督察长应当定期或者不定期向全体董事报送工作报告，并在董事会及董事会下设的相关专门委员会定期会议上报告基金及公司运作的合法合规情况及公司内部风险控制情况。

督察长享有充分的知情权和独立的调查权。督察长根据履行职责的需要，有权参加或者列席公司董事会以及公司业务、投资决策、风险管理等相关会议，有权调阅公司相关文件、档案。

督察长发现基金及公司运作中存在问题时，应当及时告知公司总经理和相关业务负责人，提出处理意见和整改建议，并监督整改措施的制定和落实；基金公司总经理对存在问题不整改或者整改未达到要求的，督察长应当向公司董事会、中国证监会及相关派出机构报告。

发现下列情形之一的，督察长应当及时向公司董事会、中国证监会及相关派出机构报告：①基金及公司发生违法违规行为；②基金及公司存在重大经营风险或者隐患；③督察长依法认为需要报告的其他情形；④中国证监会规定的其他情形。

五、管理层的合规责任

基金管理人的管理层负责落实合规管理目标，对合规运营承担责任，履行合规管理职责。基金管理人的管理层的合规责任见图 13-2-5。

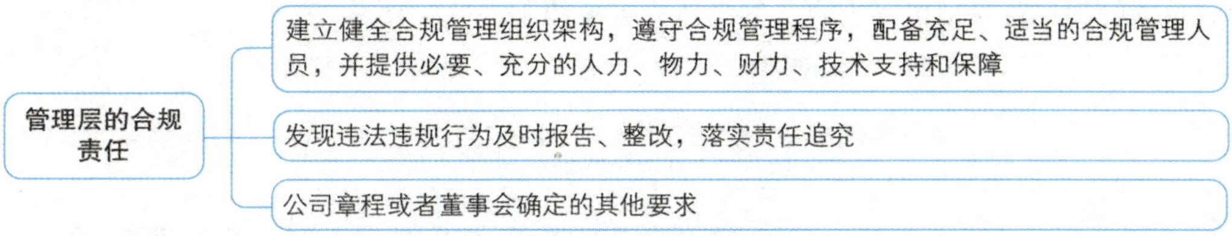

图 13-2-5　管理层的合规责任

经理层人员应当熟悉相关法律、行政法规及中国证监会的监管要求，依法合规、勤勉、审慎地行使职权，促进基金财产的高效运作，为基金份额持有人谋求最大利益。

经理层人员对于股东虚假出资、抽逃或者变相抽逃出资、以任何形式占有或者转移公司资产等行为以及为股东提供融资或者担保等不当要求，应当予以抵制，并立即向中国证监会及相关派出机构报告。

经理层可下设投资决策委员会、风险控制委员会等专门委员会。设立专门委员会的，公司应当对专门委员会的职责、人员组成、议事规则、决策程序等做出明确规定。

六、业务部门的合规责任

为追求客户合法利益的最大化，公司对客户负有忠实义务。这种忠实义务主要体现在以下三个方面：

（1）在不违反法律、法规的前提下，公司必须保证给客户的所有建议和为客户进行的所有交易都是本着客户利益第一的原则。

（2）公司还必须保证为客户进行交易时，合理、谨慎地关注以保证交易对象的可靠性及交易条件在可得到的范围内为最佳。

（3）公司应确定客户的身份真实，了解客户的有关信息及投资目标，以备监管机构的监管。

公司所有员工不得从事以下违反忠实义务的行为，具体内容见图 13-2-6。

- **不得从事的违反忠实义务的行为**
  - 以任何行为欺骗或欺诈任何公司现有或将来的客户
  - 对重大事实作虚假陈述或隐瞒重要事实，该事实隐瞒会使得其陈述具有误导性
  - 参与任何对客户或将来的客户构成欺诈或欺骗的行为、实践或商业交往
  - 参与任何操纵市场的行为
  - 向其他人透露（除非是代表客户履行职责的行为）关于客户、公司的任何证券交易或与此有关的信息

图 13-2-6　不得从事的违反忠实义务的行为

公司在市场行为和遵纪守法方面应保持最高标准，公司及全体员工必须遵守相关的法律法规。

除此之外，基金公司、部门及员工不得参与以下市场行为：①通过单独或合谋包括集中资金优势、持股优势或者利用信息优势联合或者连续买卖，操纵证券市场价格。②与他人串通，以事先约定的时间、价格和方式相互进行证券交易或者相互买卖并不持有的证券，影响证券交易价格或者证券成交量。③以自己为交易对象，进行不转移所有权的自买自卖，影响证券交易价格或者证券成交量。④为获取利益或减少损失为目的，利用资金、信息等优势或滥用职权操纵市场，影响证券市场价格，制造证券市场假象，诱导或者致使投资者在不了解事实真相的情况下做出投资决定，扰乱证券市场秩序。

第三节　合规管理的主要内容

一、合规管理活动概述

基金管理人的合规管理旨在构造公司监督系统，对公司的决策系统、执行系统进行全程、动态的合规监控，监督的对象覆盖公司经营管理的全部内容。基金管理人的合规管理涉及风险控制、公司治理、投资管理、监察稽核等内容。其具体内容见图 13-3-1。

- **基金管理人合规管理的具体内容**
  - 定期传达监管要求，营造公司合规文化，提高员工合规意识
  - 审核各业务部门对外签订的合同，控制风险，防范商业贿赂；审核业务部门修订的制度；负责审核公司对外披露的各类信息
  - 根据法律法规及公司制度的要求，检查评估基金发行及日常运作中（销售、投资、运营）各项活动的合规性，防范运作风险
  - 梳理整合各项法律法规、规章制度，开展合规培训
  - 参与基金管理人的组织构架和业务流程再造，为新产品提供合规支持
  - 开展法律咨询，协助外部律师共同处理公司法律纠纷以及投诉

图 13-3-1　基金管理人合规管理的具体内容

二、合规文化

合规文化建设是合规风险管理的一部分，同时也是企业文化建设的一部分。如果基金管理公司各部门员工都严格遵守高标准的道德行为准则，那么合规风险的管理是最为有效的。

基金管理人加强合规文化建设，应在以下方面努力：

（1）基金管理人管理层对合规文化建设工作足够重视。

（2）加强合规管理部门与业务部、监察稽核部等各部门之间的信息交流和良好的互动性，实现资源共享。

（3）有效落实合规考核机制。将合规考核结果与员工的绩效工作和高管人员竞聘考核相结合。

（4）积极推行全员合规理念，加强合规文化思想教育。

基金管理人可以通过完善公司治理来促进合规文化建设。同时，基金管理公司应当结合基金行业特点建立长效激励约束机制，营造规范、诚信、创新、和谐的合规文化。

考题精练

在基金管理人加强合规文化建设过程中，下列不包括的是（　　）。

A. 有效落实合规考核机制

B. 加强合规管理部门与业务部门、监察稽核部门等各部门之间的信息交流

C. 引导并加强其他外部合作机构的合规经营意识

D. 加强管理层对合规文化建设工作的重视程度

［答案］C

三、合规政策

（一）合规政策的制定

基金管理人的高级管理层负责制定书面的合规政策，并根据合规风险管理状况以及法律、规则和准则的变化情况适时修订合规政策，报经董事会审议批准后传达给全体员工定期评价各项合规政策和执行状况；若发现重大的合规问题，管理层必须立即向董事会汇报。

基金管理人的合规政策应明确所有员工和业务条线需要遵守的基本原则，以及识别和管理合规风险的主要程序，并对合规管理职能的有关事项做出规定，至少应包括图 13-3-2 中的几个方面。

合规政策的内容

- 合规管理部门的功能和职责
- 合规管理部门的权限，包括享有与基金管理人任何员工进行沟通并获取履行职责所需的任何记录或档案材料的权利等
- 合规负责人的合规管理职责
- 保证合规负责人和合规管理部门独立性的各项措施，包括确保合规负责人和合规管理人员的合规管理职责与其承担的任何其他职责之间不产生利益冲突等
- 合规管理部门与其他部门之间的协作关系
- 设立业务条线和分支机构合规管理部门的原则

图 13-3-2　合规政策的内容

（二）合规政策的落实

公司经理层负责贯彻执行合规政策，确保发现违规事件时及时采取适当的纠正措施，并追究违规责任人的相应责任。

各业务部门应当遵循公司合规政策，研究制定本部门或业务单元业务决策和运作的各项制度流程并组织实施，定期对本部门的合规风险进行评估，对其合规管理的有效性负责。

合规与风险控制部为合规风险的日常管理部门，主要负责识别、评估和监控基金管理人面临的合规风险，并向高级管理层和董事会提出合规建议和报告。

四、合规审核

随着基金行业合规要求的不断加强，基金行业合规审核越来越有必要。对于合规审核，就是把外部监督可能发现的问题及时在内部发现并进行有效的处理。合规审核的把公司可能受到的处罚降到最低。一般来说，基金管理人的合规审核程序见表 13-3-1。

表 13-3-1　合规审核的程序

程序	内容
制定合规审核机制	基金管理人在开展合规工作时，首先需要制订合规审核计划，需要列出审核的目标、步骤和流程。一旦审核开始，不能随意变更计划。一旦审核工作扩大规模，也需要及时修正审核机制
合规审核调查	基金管理人在公司内部开展合规审核时，可能出现内部人员不配合，刻意隐瞒实情，需要合规部门人员进行审核调查。合规审核调查需要利用先进的技术包括数据分析技术，但审核调查手段不能干扰公司日常的业务运作

续表

程序	内容
合规审核评价	合规审核工作需要进行阶段性的评估，这种评估可以引入第三方评估，将合规审核评价作为对下一次审核计划制定的重要决策依据，同时，对审核工作人员的工作绩效也是一种评价，以便改进合规部门的工作

考题精练

基金管理人的合规审核程序不包括（　　）。

A. 制定合规审核机制　　B. 确定合规审查人员

C. 合规审核调查　　D. 合规审核评价

［答案］B

五、合规检查

合规检查的主要目标是制度、程序和流程的执行情况。

一般来说，基金管理人合规部门的合规检查包括：

（1）公司是否独立运作；股东会、董事会、监事会是否有效制衡；董事、监事是否按照相关法律法规和公司章程的规定履行职责，特别是独立董事是否独立、客观、公正地发表意见；公司相关会议的原始会议记录及会议纪要是否真实、准确、完整，是否按规定存档。

（2）公平交易制度建设及执行情况，检查公平交易分析的方法及其有效性，是否存在违反公平交易的行为；公司管理的旗下不同性质基金账户之间，是否遵循了公平交易原则。

（3）重大关联交易的执行情况，检查基金管理人运用基金财产买卖基金管理人、基金托管人及其控股股东、实际控制人或者与其有其他重大利害关系的公司发行的证券或承销期内承销的证券，或者从事其他重大关联交易的，是否遵循基金份额持有人利益优先的原则，是否存在利益输送的情况，是否履行信息披露义务等。

（4）公司员工特别是投资、研究人员及其配偶、利害关系人的证券投资活动管理制度是否健全有效，是否存在利用基金未公开信息获取利益的情况。

（5）基金公司投资决策的依据，以及公司的规定和投资决策流程是否有被突破。

（6）风险管理制度是否涵盖了不同风险控制环节；是否涵盖了对各类产品、业务的各类风险的管理；是否涵盖了基金运作及公司日常管理主要的业务风险，特别是投资风险、后台运营风险和信息技术系统风险等；是否建立了有效的子公司业务风险管理制度和母子公司业务防火墙制度、关联交易制度等，防范可能出现的风险传递、利益冲突和利益输送。

六、合规培训

有效进行合规培训管理，通过一套完善的系统监控、跟踪和评估的流程，保证员工能够符合国家的法律和法规以及公司最新的合规政策、流程规范等，从而帮助公司全面实现既定目标，有效降低运作风险，并最终使合规培训成为基金管理人降低成本的关键。

基金管理人合规培训的具体内容包括：①国家制定颁布的与基金行业有关的法律法规；②公司内部的员工守则和各项业务的合规制度；③案例警示教育。

七、合规投诉处理

合规部门收集事实并调查准确数据以便确认真正问题所在，记录相关投诉信息并复述每一条数据，强调共同利益并且负责任地承诺解决问题，可以降低基金公司运作风险。

考题精练

管理人收到基金份额持有人的合规投诉，合规部门处理客户投诉时采取的方式不恰当的是（　　）。

A. 与客服部门协作、负责地承诺解决问题

B. 强调基金有风险、买者自负原则，劝说份额持有人撤销投诉

C. 收集事实并调查准确数据
D. 记录投诉信息并复述每一条数据
［答案］B

第四节　合规风险

一、合规风险及其种类

合规风险是指因公司及员工违反法律法规、基金合同和公司内部规章制度等而导致公司可能遭受法律制裁、监管处罚、重大财务损失和声誉损失的风险。

合规风险的主要种类包括投资合规性风险、销售合规性风险、信息披露合规性风险和反洗钱合规性风险。合规风险不能简单视同于操作风险、声誉风险和道德风险。

考题精练

（　　）风险不属于合规风险。
A. 投资合规　　B. 信息披露合规　　C. 声誉　　D. 销售合规
［答案］C

二、投资合规性风险

投资合规性风险是指基金管理人投资业务人员违反相关法律法规和公司内部规章带来的处罚和损失风险。

基金管理投资合规性风险涉及基金管理人未按法规及基金合同规定建立和管理投资对象备选库；基金管理人利用基金财产为基金份额持有人以外的第三人牟取利益；利用因职务便利获取的内幕信息以外的其他未公开信息，从事或者明示、暗示他人从事相关交易活动，运用基金财产从事操纵证券交易价格及其他不正当的证券交易活动；不公平对待不同投资组合，直接或者通过与第三方的交易安排在不同投资组合之间进行利益输送；基金收益分配违规失信以及公司内控薄弱、从业人员未勤勉尽责，导致基金操作失误等风险事件。

根据《基金管理公司风险管理指引（试行）》，投资合规性风险管理的主要措施见图 13-4-1。

投资合规性风险管理的主要措施

- 建立有效的投资流程和投资授权制度
- 通过在交易系统中设置风险参数，对投资的合规风险进行自动控制，对于无法在交易系统自动控制的投资合规限制，应通过加强手工监控、多人复核等措施予以控制
- 重点监控投资组合投资中是否存在内幕交易、利益输送和不公平对待不同投资者等行为
- 对交易异常行为进行定义，并通过事后评估对基金经理、交易员和其他人员的交易行为（包括交易价格、交易品种、交易对手、交易频度、交易时机等）进行监控，加强对异常交易的跟踪、监测和分析
- 每日跟踪评估投资比例、投资范围等合规性指标执行情况，确保投资组合投资的合规性指标符合法律法规和基金合同的规定
- 关注估值政策和估值方法隐含的风险，定期评估第三方估值服务机构的估值质量，对于以摊余成本法估值的资产，应特别关注影子价格及两者的偏差带来的风险，进行情景压力测试并及时制定风险管理情景应对方案

图 13-4-1　投资合规性风险管理的主要措施

考题精练

以下基金公司的风险事件中，属于投资合规性风险的有（　　）。
Ⅰ. 未向客户充分揭示投资风险，违规承诺投资收益
Ⅱ. 基金管理人利用基金财产为基金份额持有人以外的第三人牟取利益

Ⅲ. 未准确地披露投资收益情况，对基金投资者形成了误导

Ⅳ. 直接或通过与第三方的交易安排在不同投资组合之间进行利益输送

A. Ⅰ、Ⅲ　　B. Ⅰ、Ⅱ　　C. Ⅱ、Ⅲ　　D. Ⅱ、Ⅳ

[答案] D

三、销售合规性风险

基金管理人的销售环节是基金市场竞争的核心，相关业务人员为了提高销售业绩和争抢客户，出现违反相关法律法规和公司规章，为基金管理人带来处罚和声誉损失的风险。这就是销售合规性风险。

根据《基金管理公司风险管理指引（试行）》，销售合规性风险管理的主要措施包括：第一，对宣传推介材料进行合规审核。第二，对销售协议的签订进行合规审核，对销售机构签约前进行审慎调查，严格选择合作的基金销售机构。第三，制定适当的销售政策和监督措施，防范销售人员违法违规和违反职业操守。第四，加强销售行为的规范和监督，防止延时交易、商业贿赂、误导、欺诈和不公平对待投资者等违法违规行为的发生。

四、信息披露合规性风险

基金管理人信息披露合规性风险是指基金管理人在信息披露过程中，违反相关法律法规和公司规章，对基金投资者形成了误导或对基金行业造成了不良声誉，受到处罚和声誉损失的风险。

根据《基金管理公司风险管理指引（试行）》，信息披露合规性风险管理的主要措施包括：①建立信息披露风险责任制，将应披露的信息落实到各相关部门，并明确其对提供的信息的真实、准确、完整和及时性负全部责任；②信息披露前应经过必要的合规性审查。

考题精练

关于基金管理人信息披露合规风险管理的主要措施，如下表述错误的是（　　）。

A. 基金管理人应将披露的信息落实到各相关部门

B. 基金管理人应建立信息披露风险责任制

C. 基金管理人在进行信息披露前不需要经过合规性审查

D. 基金管理人的信息披露应由合规部门及业务部门配合完成

[答案] C

五、反洗钱合规性风险

基金管理人是我国资本市场反洗钱的主要金融机构。反洗钱合规性风险是基金管理人违反相关法律法规和公司内部规章，违反公平交易原则，利用不同身份账户进行非法资金转移，受到相关处罚和损失的风险。根据《基金管理公司风险管理指引（试行）》，反洗钱合规性风险管理的主要措施见图 13-4-2。

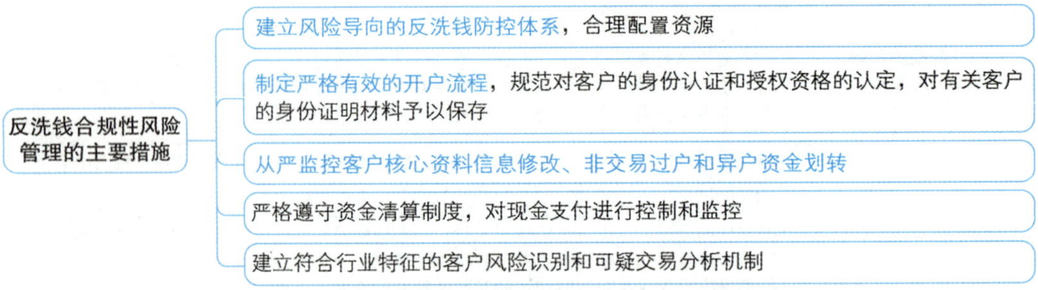

图 13-4-2　反洗钱合规性风险管理的主要措施

考题精练

反洗钱合规风险的主要管理措施，不包括（　　）。

A. 建立风险导向的反洗钱防控体系　　B. 从严监控客户核心资料信息修改、非交易过户

C. 制定严格有效的开户流程和规范　　D. 监控不公平对待不同投资者的行为

[答案] D